劳动科学
论坛 2015

LABOUR
SCIENCE SYMPOSIUM

本书主要由从事劳动科学研究的师生和研究人员向"第七届劳动科学论坛"提交的部分优秀论文汇编而成。本次论坛由北京物资学院和中国劳动学会共同主办,北京物资学院劳动科学与法律学院以及北京物资学院中关村人才特区人力资源研究中心承办,首都经贸大学劳动经济学院、东方慧博人力资源有限公司协办。论坛主题是"新常态下中国劳动力市场的实践与发展"。在本次论坛上,来自相关政府管理部门、专业研究机构、高等学校以及企业等雇主机构和人力资源中介服务机构等诸多单位的政策制定者、理论研究者、实务工作者汇聚一堂,围绕本次论坛的主题,创新思路,畅所欲言,深入研讨,提出了诸多具有理论基础和实践价值的建议和主张,有助于推动我国新常态下劳动力市场相关理论与实践的创新和发展,对推动我国劳动力市场的健康发展,促进经济结构优化升级,具有积极的理论和现实意义。

尚 珂 唐华茂 主编

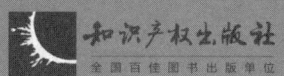

知识产权出版社
全国百佳图书出版单位

图书在版编目（CIP）数据

劳动科学论坛 . 2015 / 尚珂，唐华茂主编 . —北京：知识
产权出版社，2016.8

ISBN 978-7-5130-4355-7

Ⅰ . ①劳… Ⅱ . ①尚… ②唐… Ⅲ . ①劳动经济—中国—
2015—文集 Ⅳ . ①F249.2-53

中国版本图书馆 CIP 数据核字（2016）第 191294 号

内容提要

本书主要由从事劳动科学研究的师生和研究人员向"第七届劳动科学论坛"提交的部分优秀论文汇编而成。本次论坛由北京物资学院和中国劳动学会共同主办，北京物资学院劳动科学与法律学院以及北京物资学院中关村人才特区人力资源研究中心承办，首都经贸大学劳动经济学院、东方慧博人力资源有限公司协办。论坛主题是"新常态下中国劳动力市场的实践与发展"。在本次论坛上，来自相关政府管理部门、专业研究机构、高等学校以及企业等雇主机构和人力资源中介服务机构等诸多单位的政策制定者、理论研究者、实务工作者汇聚一堂，围绕本次论坛的主题，创新思路，畅所欲言，深入研讨，提出了诸多具有理论基础和实践价值的建议和主张，有助于推动我国新常态下劳动力市场相关理论与实践的创新和发展，对推动我国劳动力市场的健康发展，促进经济结构优化升级，具有积极的理论和现实意义。

责任编辑：纪萍萍　　　　　　责任校对：谷　洋
　　　　　　　　　　　　　　责任出版：刘译文

劳动科学论坛（2015）

尚　珂　唐华茂　主编

出版发行：知识产权出版社 有限责任公司	网　　址：http://www.ipph.cn
社　　址：北京市海淀区西外太平庄 55 号	邮　　编：100081
责编电话：010-82000860 转 8387	责编邮箱：jpp99@126.com
发行电话：010-82000860 转 8101/8102	发行传真：010-82000893/82005070/82000270
印　　刷：三河市国英印务有限公司	经　　销：各大网上书店、新华书店及相关专业书店
开　　本：787mm×1092mm　1/16	印　　张：20.25
版　　次：2016 年 8 月第 1 版	印　　次：2016 年 8 月第 1 次印刷
字　　数：350 千字	定　　价：59.00 元

ISBN 978-7-5130-4355-7

前　　言

2014 年 5 月，习近平总书记在河南考察时首次提及"新常态"，指出"我国发展仍处于重要战略机遇期，要增强信心，从当前我国经济发展的阶段性特征出发，适应新常态，保持战略上的平常心态。"两年来，"新常态"成为洞悉中国发展的最新焦点。新常态是中国经济发展进入新阶段的规律性呈现，是走向更高发展境界的必然历史过程。新常态下，我国经济发展的方式逐步转变，需求结构、供给结构、市场结构开始了重塑过程。

新常态下，劳动力市场的结构也发生了重大变化。产业结构升级的同时，就业结构性矛盾依然突出，实施积极的人力资本投资政策，治理结构性失业、确保就业局势稳定，依然是未来很长一段时间劳动力市场治理的重点。人口老龄化趋势的日趋严重，加之社会保障覆盖范围的扩展，防范社会保障基金巨大缺口造成的风险已经成为确保社会保障体系良性运转的重要内容。与此同时，人力资源多样性、人才高流动性也对企业的人力资源管理提出了新的挑战。

党的十八大提出了"推动实现更高质量就业""千方百计增加居民收入"，这为新常态下劳动力市场就业政策、收入分配政策、人力资本投资政策、社会保障政策、人力资源管理体制的调整和变革指明了方向。

2015 年 11 月 14 日，由北京物资学院和中国劳动学会共同主办了"第七届劳动科学论坛——新常态下中国劳动力市场的实践与发展"。本次论坛邀请了来自相关政府管理部门、专业研究机构、高校以及企业等雇主机构和人力资源中介服务机构等诸多单位的政策制定者、理论研究者、实务工作者，围绕论坛的主题展开广泛而深入的讨论和交流，提出了诸多具有理论基础和实践价值的建议和主张，促进了劳动科学领域的学术交流，有助于推动新常态下我国劳动力市场的健康发展。

论坛组织者现将本次论坛研讨的部分观点和成果结集出版，有利于传播学术观点，促进学术创新和科研创新，进一步推动劳动科学学科发展。

目　　录

劳动力与就业促进

劳动关系问题研究

过度劳动与社会保障研究

人力资源管理理论及实证研究

人力资源管理方法与技术

人才培养与就业指导

劳动力与就业促进

人口世代更迭与经济增长速度

——兼析新常态下的人口政策选择

杨华磊[*]

内容提要：大体上中国的"80后"为婴儿潮世代，"90后"和"00后"为出生低谷世代。当"80后"出生高峰进入劳动力市场的2003～2013年，历史数据显示，中国经济增速轨迹同样呈现一个先上升后下降的倒U型特征。当"90后"和"00后"依次进入劳动力市场时，更确切地说，2007年之后中国经济跌入人口悬崖，模拟和统计预测显示，中国经济增速呈现剧烈下降的趋势。此时中国经济只有从依靠劳动力数量，转向依靠人口素质、资本、技术以及要素使用效率等因素。随着"90后"和"00后"进入劳动力市场，2016年左右，人口红利开始消失，为防止中国经济更快跌入人口悬崖，本文评价了延迟退休和放开生育政策制度。发现"90后"和"00后"进入劳动力市场的2010～2030年，其一，延迟退休比不延迟退休好，维持生育政策不变比放开生育政策好且调整退休制度的效果较大，长期来看却相反。其二，从迫切性和重要性上看，退休制度要先行；生育观念转变需要时日，生育政策对宏观经济的作用长期才逐渐凸显，加上对储蓄的替代，故生育政策重要但不急迫，选择何种生育政策需要谨慎。

关键词：婴儿潮 出生低谷 GDP增速 "80后" "90后"和"00后" 延迟退休 生育政策

一、引言

2000年左右，随着"80后"婴儿潮开始进入劳动力市场，劳动力数量逐年上升，社会负担下降，虽然2007年后中国经济增速开始下滑，2012年中国经济增速跌破10%，但在1999～2013年中国经济平均增速也高达

---

* 杨华磊（1986—），男，博士研究生，研究方向为人口经济学。

14.6％左右，当然这也是中国经济高速发展的 10 多年。2015 年左右，随着"60 后"婴儿潮逐步进入退休年龄❶，"90 后"陆续进入劳动力市场，由于我国 20 世纪 90 年代出生人口数量逐年下降，引致中国老年人口增速开始上升和劳动力开始出现短缺，人口红利消失，社会负担加重，储蓄率下降，经济进入新的低速常态。如果中国经济不能从依靠人口数量，转向依靠技术、资本、要素配置以及人口素质，同时进行积极的产业升级，中国很有可能无法迈出中等收入陷阱，出现未富先老的状况。类似 90 年代初的日本，经济跌入人口悬崖，出现昏迷的经济状态。如果历史上出生的人口世代更迭演进的过程影响中国现在和未来的宏观经济，面对此情景，当前我们迫切需要熟悉中国历史上的人口世代"80 后""90 后"以及"00 后"，特别是最近的"90 后"和"00 后"世代依次进入劳动力市场的 2010～2030 年对中国劳动力市场、资本积累以及对中国未来经济增速产生何种影响。明晰这种事实后，制定出适宜的前瞻性措施，避免再次重演日本的悲剧，辅助中国跨过中等收入陷阱，迈入发达国家行列，实现民族的全面复兴。

有关人口世代的研究，如 Mankiw & Weil（1989）在 Poterba（1984）的基础上仅考虑人口结构改变对住房需求的影响，研究发现，美国婴儿潮一代（1946～1964）步入购房年龄是美国 20 世纪 70 年代住房价格上涨的关键，婴儿低谷一代进入住房市场，引致 90 年代美国房屋需求增长缓慢。陈斌开等（2012）以及杨华磊等（2015）利用人口普查的微观数据发现，中国"80 后"婴儿潮一代步入劳动力市场和进入婚姻市场时对住房产出的需求很有可能是 2004 年以后房价上涨的重要原因，同时随着老龄化时代的到来，由于老年人口的去世或换入更小的住房，会引致住房价格面临下降的压力。陆旸和蔡昉（2014）比较了中日的人口结构，陈述了中国所面临的人口结构问题和 90 年代日本所面临的人口结构问题类似：人口红利开始消失，社会负担加重以及潜在经济增长率下降。李银珩和李硕珩（2006）陈述了美国1946～1964 年一代婴儿潮步入退休，退出劳动力市场以及进入高龄化，使得美国出现劳动力短缺，消费降低以及社会保障体系负担加重等问题。有关人口结构的研究，特别是人口世代的演进对其他的影响，如张春生和蒋海（2014）陈述美国婴儿潮一代对美国 20 世纪 80～90 年代股市的影响；对资

---

❶ 由于我国现行的退休政策主要由 20 世纪 50 年代制定的退休政策、1978 年国务院 104 号文件及其后的一系列文件组成。其中，关于退休年龄的规定主要为：除特殊情况以外，男性无论干部还是工人都是 60 岁退休，女性则分为干部 55 岁退休，工人 50 岁退休（姚远等，2012）。考虑到我国退休年龄在性别和行业上差别较大，在不影响分析结果下，在退休年龄上不再区分男女和行业，统一假定维持退休制度不变下的平均退休年龄近似为 55 岁。

本市场以及社会保障的考察可以参考 Andrew（2003）以及 Brooks（2002）的工作；婴儿潮进入老龄化对医疗行业的影响可以参考 Reinhardt（2000）的研究，当然婴儿潮对社会和经济的影响是多方面的。

虽然存在 Mankiw & Weil（1989）等人对婴儿潮世代的研究工作，但是美国和中国是不同的，人口结构问题对美国经济的制约作用没有中国严重，因为美国是个移民国家，历史上美国本体居民生育水平下降引致的现在和未来劳动力短缺可以用年轻的移民劳动力来填补，更不同的是美国1975年后每年出生人数整体趋势是增加的。陈斌开等（2012）缺乏对中国人口结构的明细分析，缺乏明细陈述中国历史上的婴儿潮世代和出生低谷世代，也就没有陈述婴儿潮和出生低谷可能对中国宏观经济趋势性特征的影响，如随着婴儿潮一代以及相继而来的出生低谷一代的成长，即教育、工作、结婚、消费、退休以及去世等一系列的生命活动，特别是进入劳动力市场时会对相应的经济产生何种影响。陆旸和蔡昉（2014）虽然比较了中日人口结构，但是没有明确地提出人口世代以及世代更迭的概念，忽视婴儿潮和出生低谷交替进入劳动力市场和退出劳动力市场对经济增速的趋势性特征的影响。少有学者看到婴儿潮既带来人口红利，也会带来老龄化下的人口结构问题；老龄化实际上就是婴儿潮处在高龄期，出生低谷处在劳动年龄阶段，人口红利期就是婴儿潮处在劳动年龄阶段，出生低谷处在青少年阶段。综上，虽然存在上述研究成果，但对中国婴儿潮和出生低谷界定的研究工作还是较少，更遗憾的是国内外经济学家从人口世代更迭角度分析中国"80后""90后"以及"00后"交替进入劳动力市场时对经济增速产生的影响，并在此基础上提出政策建议的研究工作还是不充分的。

本文采用统计性描述和一般均衡的分析方法，首先界定了中国的"80后"婴儿潮世代以及"90后"和"00后"出生低谷世代。其次描述和模拟了"80后""90后"及"00后"交替进入劳动市场时对经济增速产生的影响：通过历史数据统计描述了"80后"进入劳动力市场对经济增速的影响，根据上述经验关系演绎出"90后"及"00后"进入劳动力市场时对中国经济增速的可能影响，还通过资本内生化和人口外生给定的优化模型模拟"90后"和"00后"世代进入劳动力市场的2010～2030年对中国经济增速的影响，并对比模拟值和经验值。最后为了规避未来中国经济增速急剧下降的趋势，延长人口红利和顺利跨越中等收入陷阱，为长期内给产业升级、技术进步、提高要素使用效率及提高人口素质赢得时间，为缓解短期内"90后"和"00后"进入劳动力市场以及"60后"婴儿潮退休对社会经济系统的冲击，本文在积累制的养老制度下考察了放开生育和延迟退休对经济增速的影响，基于此提出合适的政策建议。

二、中国历史上的婴儿潮和出生低谷

由于本文重点考察"80后""90后"以及"00后"世代进入劳动力市场时对中国经济增速的影响，故本文不再陈述"80后"之前的人口世代，如"60后"婴儿潮和"70后"出生低谷依次进入劳动力市场时对中国经济增速的影响。下文先陈述"80后"以及以后人口世代的特征，其次陈述这种特征转换对宏观经济增速产生的影响。为了定义人口世代和考察人口世代的特征，以及人口世代更迭引致的人口结构和社会负担的变化，先观察历史上中国历年出生人口的特征。

1. 中国历史上的人口世代

从图1看出，其一，1979～1987年中国历年出生人数大体上呈现逐年上升的特征，从1979年的1738万急剧增加到1987年的2550万左右，由于历史上1958年、1959年及1960年的自然灾害，引致24年后，1982年、1983年以及1984年出生人数呈现一定波动；1987～2003年出生人数大体上呈现逐年下降的趋势，从1987年的2550万骤降到2003年的1604万左右；2003～2012年，出生人数在低水位1600万上呈现轻微的波动。其二，

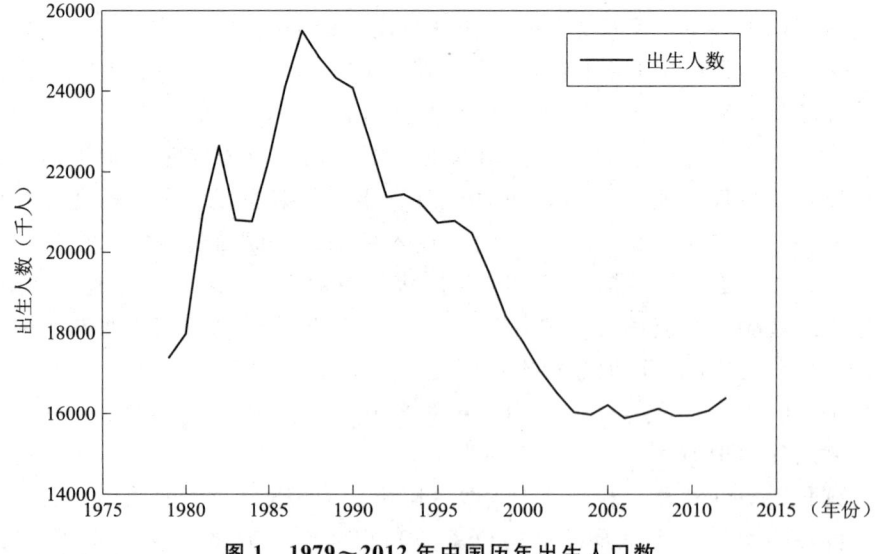

图1　1979～2012年中国历年出生人口数

资料来源：由2013年中国统计年鉴整理得

1979～2012 年中国存在一个 1981～1993 年的婴儿潮世代，峰部为 1987 年，因为大多为"80 后"，所以可以近似简称为"80 后"出生高峰。在本文以后陈述中，如果涉及"80 后"等概念的陈述时候，不加以特殊说明的话大多默认所陈述的是"80 后"出生高峰；1993 年以后为出生低谷世代，由于这个时间段内多为"90 后"和"00 后"，故可以近似简称为"90 后"和"00 后"出生低谷，当然以后在本文中涉及"90 后"和"00 后"时，不再特殊说明的话，一般是上述界定的"90 后"和"00 后"出生低谷。需要说明的是，出生高峰和出生低谷在节点时间上是重合的。

总之，1979～1987 年出生人数逐年上升，1987～2003 年出生人数逐年下降，2003 年之后出生人数维持在一个低水位上呈现轻微波动；中国存在一个 1981～1993 年的婴儿潮世代❶以及 1993 年后的出生低谷世代。大体上，60 年代存在一出生高峰，70 年代的出生人数逐年下降，80 年代存在一出生高峰，"90 后"和"00 后"为出生低谷，90 年代出生人数逐年下降，00 年代出生人数平稳地处在较低的水平上。

2. 人口世代下的人口结构和社会负担

随着教育年限的延长以及考虑到中国传统的文化，在此把 19 岁以前的人口称为青少年人口；根据上述假定，以 55 岁为平均退休年龄，故 20～54 岁的人口为劳动人口，55 岁以上的人口为老年人口。青少年和老年人口不参与社会劳动且被劳动人口抚养或赡养。未来各个年龄阶段上人口结构数据采用杨华磊等（2015）在维持生育政策不变（总和生育率 TFR 维持在 1.5 左右）的情景下的预测值，则未来青少年、劳动力以及老年人口数量如图 2 所示。

从图 2 可看出，2001～2030 年青少年人口数量呈现一直下降的趋势，从 2002 年的 3.69 亿下降到 2030 年的 2.42 亿；老年人口呈现一直上升的趋势，从 2002 年的 2.02 亿增加到 2030 年的 4.79 亿；劳动人口呈现先上升后下降的倒 U 型趋势，峰部为 2016 年，从 2002 年的 6.87 亿增加到 2016 年的 7.88 亿，从 2016 年的 7.88 亿下降到 2030 年的 6.31 亿；同时老年人口在 2015 年开始超过青少年人口。基本上在"80 后"婴儿潮进入劳动力市场时中国劳动力数量逐年增加；"90 后"和"00 后"进入劳动力市场时劳动力数量开始减少，这也是当前很多专家所陈述的如今中国人口红利开始消失的时间段，即"90 后"和"00 后"出生低谷陆续进入劳动力市场时间段。为

---

❶ 因为节点选择的不同，如对于我国的第二次出生高峰，有学者说是 1983～1990 年，有的说是 1981～1991 年，还有的说是 1986～1990 年，在此以用得较多的 1981～1992 年，也就是按照上述原则制定的节点。

什么 2015 年之后劳动力总量开始减少呢？中国历史上最大的婴儿潮世代"60 后"于 2015 年左右开始陆续退休，又由于 90 年代，即 1987 年之后历年出生人口数逐年减少引致 20 年后历年净进入劳动力市场的人口量逐年降低，故 2016 年左右新增劳动数量开始出现负值。

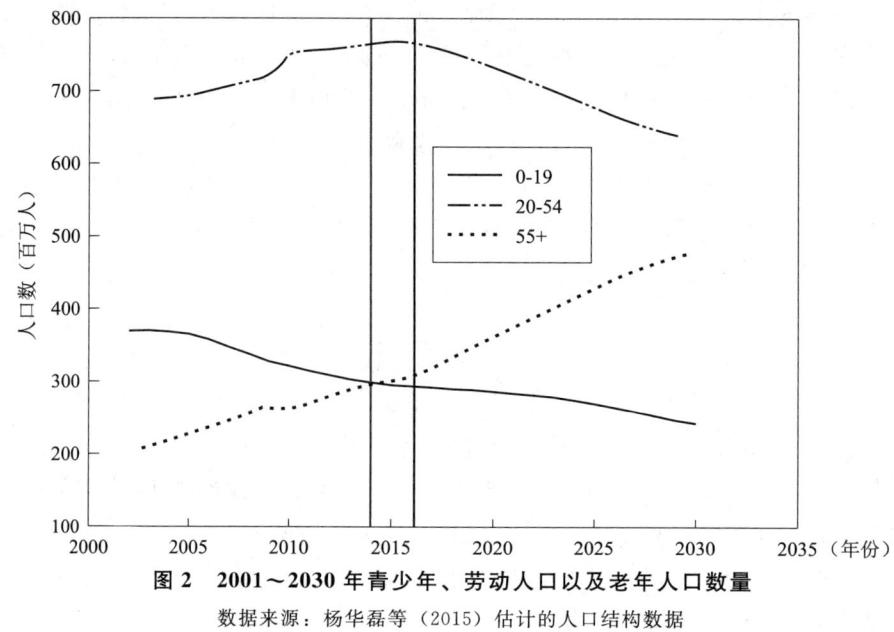

图 2　2001～2030 年青少年、劳动人口以及老年人口数量

数据来源：杨华磊等（2015）估计的人口结构数据

把青少年人口数量和老年人口数量之和除以劳动人口数量定义为社会总负担。从图 3 可看出，2002～2010 年社会负担大体上呈现下降的趋势，从 2002 年的 0.83 下降到 2010 年的 0.77；2010～2016 年社会负担稳定在 0.77 的低位上；2016 年后社会总负担急剧上升，从 2016 年的 0.77 上升到 2030 年的 1.14 左右，且 2025 年左右不劳动的青少年和老年人口数之和首次超过劳动人口数量。2002～2010 年由于中国的"80 后"婴儿潮陆续进入劳动力市场，同时"60 后"婴儿潮还处在劳动年龄阶段，故社会总负担呈现下降的趋势。2010 年之后随着"90 后"进入劳动力市场，由于"90 后"进入劳动力市场的人口数还基本上大于或者等于"55 后"陆续退出劳动力市场的人口数，故人口负担基本上维持不变。2016 年左右，由于 1996 年出生的人口 20 年后进入劳动力市场的数量开始小于 1961 出生的人口"55 年"之后退出劳动力市场的数量，故劳动力数量开始出现减少。未来随着中国"60 后"婴儿潮世代退休以及"90 后"和"00 后"生育低谷陆续进入劳动力市场，引致老年人口数量急剧增加和劳动力人口急剧减少，最终社会负担呈现剧烈上升的趋势。

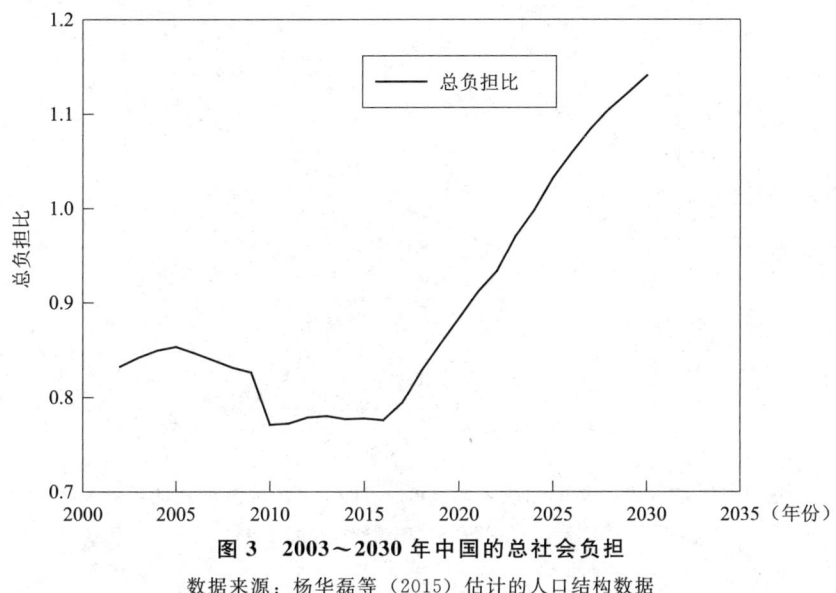

图 3　2003～2030 年中国的总社会负担
数据来源：杨华磊等（2015）估计的人口结构数据

三、"80 后"婴儿潮和中国过去经济增速

上述考察了中国历史上的人口世代以及中国过去和未来的人口结构。随着 "80 后""90 后" 以及 "00 后" 依次进入劳动力市场，即中国的婴儿潮和出生低谷交替进入劳动力市场时中国宏观经济会表现何种性态呢？因为 "80 后" 婴儿潮进入劳动力市场已经发生，那在 1983～1993 年历年出生人数的特征必然在 2003～2013 年的宏观经济增速上有所反映。影响产出的因素为资本、劳动、要素使用效率以及资本贡献份额等，如果除劳动之外的其他因素不变，那影响 2003 年后产出的因素就是劳动项。因为总产出受到货币等因素的影响，所以在考察人口结构变化对产出的影响时，选取人口结构对无量纲的产出增速的影响，此时引起产出增速变化的就是劳动力的增速。如果 2003～2013 年退出劳动力市场的劳动增速较为平稳，则 2003～2013 年劳动力增速可以用 1983～1993 年的人口出生率近似衡量。上述假定是为了直观上获得人口结构对经济增速影响的印象。这样做，某种程度上也是合理的，因为短期内要素使用效率技术和人口素质无法提升，产业升级又不可能在短期实现，加上较大资本存量和短期内消费行为较为稳定，故上述假设近似成立。

从图 4 可看出，其一，20 年前的出生率与 20 年后中国产出增速存在正

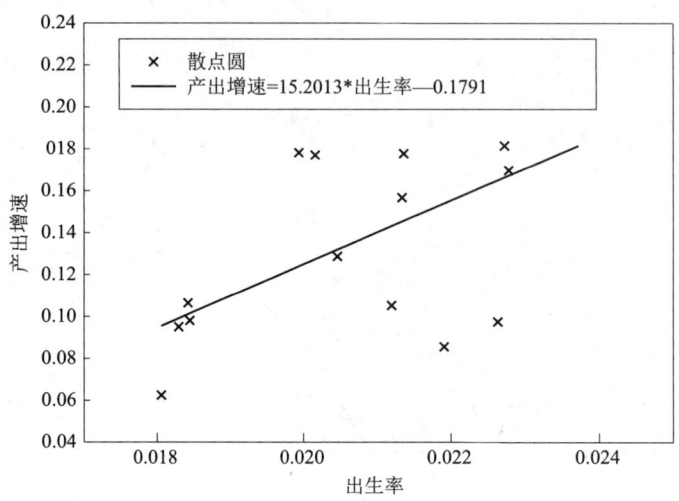

图 4 1983～1993 年的出生率与 2003～2013 年的经济增速的统计关系

资料来源：由 2013 年中国统计年鉴整理得

相关性，20 年前出生率较高的年份，20 年后对应年份的产出增速也就越高，如出生率最高的 1987 年为 2.37％，则对应的 2007 年的产出增速为 22.88％。其二，20 年前的出生率每提高 1 个百分点，则 20 年后的产出增速提高 15.2 个百分点。其三，如果正相关的关系一直存在，因 1979～1987 年出生率一直上升，从 1.81％增加到 2.37％，故 1999～2007 年的产出增速应一直上升；1987～2003 年出生率一直下降，从 2.37％下降到 1.25％，则 20 年后的 2007～2023 年的产出增速也应一直下降；2003～2012 年出生率保持在 1.2％左右，则 2023 年后的经济增速也应比较稳定。总之，"80 后"是个出生高峰，那在"80 后"进入劳动力市场的 2000～2010 年中国经济增速应该呈现一个先增后减的倒 U 型轨迹，峰值约在 2007 年；"90 后"和"00 后"出生低谷进入劳动力市场的 2010 年后中国经济增速应呈现一直下降的趋势。整体上"80 后""90 后"以及"00 后"依次进入劳动力市场时中国经济增速应该呈现一个先急剧增加后急剧减少，最后稳定的左偏的，类似 20 年前出生率特征的倒 U 型轨迹。为印证这种推断，1979～1993 年出生率数据和 1999～2013 年的产出增速数据如图 5 所示。

从图 5 可看出，1979～1993 年出生率呈现一个先上升后下降的倒 U 型轨迹，峰部在 1987 年，20 年后"80 后"进入劳动力市场的 1999～2013 年中国经济增速也呈现一个先上升后下降的倒 U 型轨迹，峰部是在 2007 年；1987 年后出生率逐年下降，同样 2007 年之后剔除政策对经济的影响，中国

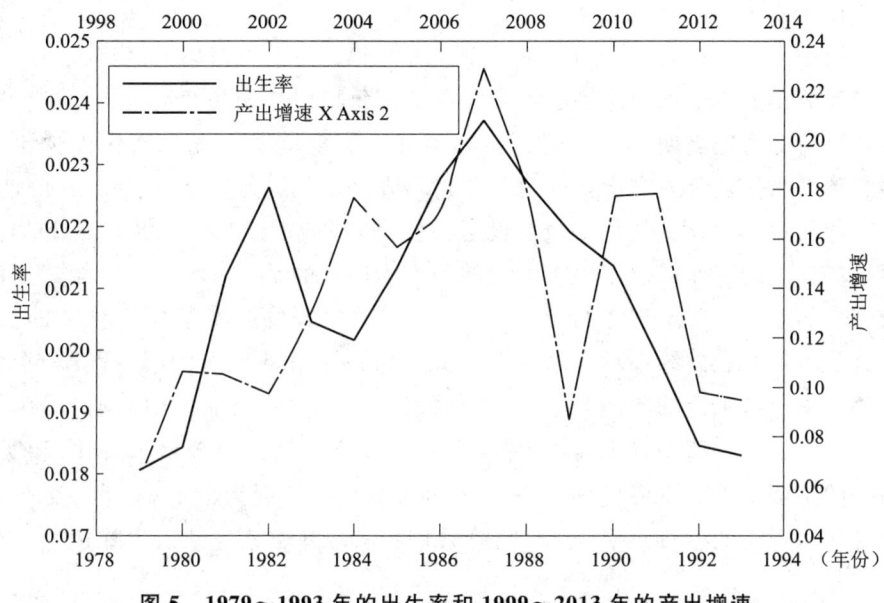

图5 1979～1993年的出生率和1999～2013年的产出增速

资料来源：由2013年中国统计年鉴整理得

经济增速大体上也呈现下降的趋势。这当然不是偶然，背后有中国人口世代更迭的因素，即"80后"出生高峰和"90后"生育低谷依次进入劳动力市场引致。在"80后"进入劳动市场的10年内中国经济增速平均在每年14.5％左右。随着"90后"陆续进入劳动力市场的未来10年，如果要素使用效率、资本贡献份额以及资本不变，中国经济增速将持续下降且基本上低于10％，直到2023年以后中国经济增速将保持在一个低位上。总之，在"80后"进入劳动力市场时，由于80年代存在一个出生高峰，故引致经济增速在2000～2010年呈现一个先上升后下降的倒U型的轨迹。

四、"90后"和"00后"出生低谷与未来中国经济增速

"90后"和"00后"出生低谷进入劳动力市场时的经济增速真如上述统计所陈述的那样——2007年之后呈现一直下降，2023年以后维持在一个低位上？在维持生育政策不变和生育水平完全受生育政策控制下，在储蓄家庭部门内生选择的情况下，在要素使用效率不变、资本贡献份额不变，不考虑人力资本以及不考虑折旧的情况下，采用动态规划的方法，模拟"90后"和"00后"依次进入劳动力市场的2010～2030年中国经济增速的变化。

1. 理论框架和参数设定

把任何一年的人口分为三种类型：青少年、劳动人口以及老年人口，青少年和老年人口不做出决策也不参与劳动。每期由当期的劳动力人口进行决策，决策如何把当期的收入用于当期消费、当期储蓄、抚养当代青少年支出、赡养当代老年人支出，同时在支付养老金之间进行分配，获得当期收入带来的效用最大化。效用函数的设定根据 Barro & Becker（1989）和杨华磊等（2015）的工作，效用关于消费的弹性为固定的 σ，并且 $\sigma < 1$。第二期消费带来的效用折现到现在的折现系数为 β，政府收取的养老金比例为 τ，成年劳动力按照道德约束对一个老人赡养支付占工资的比例为 ϕ，抚养一个青少年的支出占工资的比例为 μ；当期的消费、储蓄以及下一期的消费为 C_i^1、S_i 以及 C_i^2；当期青少年数量、成年人数量以及老年人口数量 H_i、L_i 和 O_i；当期的工资水平、下一期的工资水平和利率水平分别为 w_i、w_{i+1} 以及 r_{i+1}；生育政策规定的生育水平为 $\overline{n}$，同时采用积累制下的养老制度❶陈述基本模型框架。

积累制的养老制度是国家在每一代人年轻时连续征收若干年一定额度或者一定比例的养老金，并在每一代人变成老人时再连续返还给这代人的养老制度。在积累制的养老制度下每期成年劳动力的目标函数为当期收入带来的效用。约束条件表现为，假设劳动人口在第 i 期的总劳动收入为 $L_i w_i$，这些收入在当期用于以下各项支出：消费为 C_i^1，储蓄为 S_i，扶养子女的费用 $H_i \mu w_i$，扶养老人的费用 $tau\ w_i O_i$，缴纳养老金 $\tau L_i w_i$。C_i^1 是当期收入在当期发生的消费；当期储蓄 S_i 在下一期将给其带来 $S_i(1+r_{i+1})$ 收入，当期养老金 $\tau L_i w_i$ 将在下一期给其带来 $\tau L_i w_i(1+r_{i+1})$ 单位收入，当期赡养老人的 $tau\ w_i O_i$ 费用和扶养费用 $H_i \mu w_i$ 将在下一期给其带来 $tau\ Q_{i+1} w_{i+1}$ 单位收入，故储蓄、养老金、抚养子女以及赡养老人费用在下期产生效用流❷。在积累制的养老制度下，在不同的养老制度和生育政策下，每期劳动人口在每一期最终面临的规划是，如何选择当期的消费水平 C_i^1 和储蓄水平 S_i，以实

---

❶ 积累制下的养老制度是国家在每一代的成年劳动力身上连续征收若干年一定额度或者一定比例的养老金，并在每一代人年老不能工作的时候，再连续地返还给这代人的养老制度。这种养老制度类似家庭的储蓄养老，属于自己养自己的老，只不过国家强制代管你的养老金，有别于子女抚养和单纯的政府抚养。

❷ 需要说明的是，从规划来看，每一期的劳动力收入分配方案至少满足从当期和下一期综合来看是最优的，下一期把上期存的钱取出，经过规划之后，再把本钱存起来，依次这样迭代下去，每过一年必须实行一次规划，每一次规划由每期的劳动人口作出，对上一期的资金结清来满足变化的人口结构。

现当期收入带来的效用最大化，对目标函数和约束条件整理得：

$$Max\ U_i = (C_i^1)^\sigma + \beta\ (C_i^2)^\sigma$$

$$s.t.\begin{cases} (1-\tau)L_i w_i = C_i^1 + S_i + H_i \mu w_i + tau\ O_i w_i \\ C_i^2 = S_i(1+r_{i+1}) + \tau L_i w_i(1+r_{i+1}) + tau\ Q_{i+1} w_{i+1} \\ n_i = \overline{n} \\ 0 \leqslant \sigma, \beta, \gamma, \tau, \mu_i \leqslant 1 \end{cases} \tag{1}$$

不妨设生产函数为 C—D 形式，进一步假设生产函数规模报酬和资本贡献份额 α 不变，全要素生产率 A 是一个需要校准的量，则当期和下一期的生产函数可以写成：

$$\begin{cases} Y_i = A\ (K_i)^\alpha (L_i)^{1-\alpha} \\ Y_{i+1} = A\ (K_{i+1})^\alpha (L_{i+1})^{1-\alpha} \end{cases} \tag{2}$$

在积累制养老制度下政府当期对劳动力人口收缴的养老金用来在下一期消费，政府收缴的养老金类似储蓄的功能，在不考虑资本折旧的情况下，储蓄等于投资，养老金全部用于投资以及不存在闲置的情景下，第 $i+1$ 期的资本量 K_{i+1} 等于第 i 期的资本 K_i 加上第 i 期的储蓄 S_i 和政府收缴的养老金 $\tau L_i w_i$，最终积累制养老制度下的资本运动方程表征为：

$$K_{i+1} = K_i + S_i + \tau L_i w_i \tag{3}$$

如果把第 i 期看作基期，把每期的资本运动方程分别代入生产函数之中；根据厂商利润最大化的条件，每期资本的边际收益等于每期资本的边际成本（利率），劳动的边际收益等于劳动力的边际成本（工资），则：

$$\begin{cases} w_i = A(1-\alpha)(K_i)^\alpha (L_i)^{-\alpha} \\ r_i = A\alpha\ (K_i)^{\alpha-1}(L_i)^{1-\alpha} \\ w_{i+1} = A(1-\alpha)(K_i+S_i+\tau L_i w_i)^\alpha (L_{i+1})^{-\alpha} \\ r_{i+1} = A\alpha\ (K_i+S_i+\tau L_i w_i)^{\alpha-1}(L_{i+1})^{1-\alpha} \end{cases} \tag{4}$$

最终劳动人口在积累制的养老制度和生育政策的约束下，如何把当期的上缴养老金后的收入在抚养自己子女费用、储蓄、赡养老年人费用以及当期消费之间进行分配，以实现自己当期收入带来的效用的最大化。上述除决策变量消费水平和储蓄水平外，其他变量和参数要么外生给定，要么由生产部门决定，要么由上一期和初始条件决定，要么通过初始校准获得。在不同的退休制度和生育政策下可以知道未来历年的人口结构，最终可以模拟在"90后""00后"出生低谷进入劳动力市场时的经济增速，为长期内产业升级、提高人口素质以及提高技术赢得时间，同时可以在不同的生育政策和退休政策下比较经济增速的差别，短期内甄选退休制度和生育政策。需要说明的是：其一，不同的生育政策体现在不同的人口结构上，不同的退休政策影响的是劳动力数量和老年人数量，在此假设生育政策完全落实，即生育政策所要求的生育水平就是实际生育水平，生育政策所要求的生育威力完全释放，通过何种手段完全释放这股政策生育力量，让实际生育水平等于政策生育水平呢？计划配额下的准生权交易可以实现，让不符合条件的想生的家庭去置换符和条件但不想生的家庭，故在此假设政策生育水平和实际生育水平相同，在政策上是可以实现的，所以这样假设也是合理的；其二，下述研究结论和根据结论给出的政策建议是在生育水平外生，移民政策不变，不存在结构性失业和结构性劳动力短缺，不存在摩擦性失业，劳动力参与率100％，不再区分劳动力的性别和人力资本等差异性，劳动力是同质的，所以适龄的劳动人口就是劳动力数量，要素报酬按照边际产出偿付，资本贡献份额不变，储蓄等于投资，养老金全部用于投资，资本不存在折旧，劳动和资本使用效率不变等假设下得出的（见表1）。

表 1　各个参数和初值的取值

参数和初值	取值	设定依据
初始资本存量 K_i（亿元）	887 958.72	参考古明明和张勇（2012）的工作
初始劳动力数量（人）	752 692 220	根据第六次人口普查数据
资本贡献份额 α	0.6	参考 Liao（2013）的工作
全要素生产率 A	0.030 480 126 和 0.029 254 746	校准获得
跨期替代弹性 σ	0.95	参考杨子晖（2006）和 Barro & Becker（1989）的工作
折现系数 β	0.9	参考黄宇（2010）及 Liao（2013）的工作
抚养一个子女的费用占工资的比例 μ	0.2	参照 Liao（2013）的工作
抚养一个老年人占工资的比例	0.05	参照杨黎源（2013）的工作

2．"90 后"和"00 后"进入劳动市场时的经济增速

预测值 2 是在资本内生化的情景下模拟的"90 后"和"00 后"依次进入劳动力市场时的经济增速；预测值 1 是根据 1979～1993 年出生率与 1999～2013 年经济增速间的统计关系预测的"90 后"及"00 后"依次进入劳动力市场时的经济增速；实际值是 1999～2013 年的经济增速。从图 6 可看出，无论是统计值，还是模拟值，"90 后"陆续进入劳动力市场的一段时间内经济增速都将呈现下降的趋势。实际数据显示 2011 年以后的两年中国

经济增速呈现下降趋势且都小于 10%；统计预测结果显示，由于 20 世纪 90 年代出生率逐年下降，引致 20 年后产出增速也将出现剧烈下降，2013 年左右经济增速首次跌破 10%，到 2023 年时首次跌到 1%左右；优化模型结果显示，"90 后"陆续进入劳动力市场的 2011 年左右中国经济增速为 8.5 左右且以后呈现下降的趋势，到 2023 年时为 3%左右。"00 后"进入劳动市场的 2021 年以后中国经济增速在一个低位上轻微下降：统计预测显示从 2023 年的 1%左右跌到 2031 年的 0.3%左右；优化模型显示从 2023 年的 3%下降到 2031 年的 2.1%。相对优化模型，统计预测的经济增速在 2011~2023 年下降更剧烈，而 2023~2030 年较为平缓，内生优化模型整体下降平缓，但呈现一直下降的趋势。

整体上，在"80 后"进入劳动力市场的 1999~2013 年，中国经济增速呈现先上升后下降的倒 U 型过程，峰值在 2007 年。2007 年以后，由于 1987 年以后出生人数逐年下降，随着"80 后"完全进入劳动力市场，"90 后"和"00 后"陆续进入劳动力市场的 2010~2030 年中国经济增速呈现急剧下降的趋势，在剔除政策因素下，意味着中国经济从 2007 年之后开始跌入人口悬崖，但是在"00 后"进入劳动力市场的时段内，中国经济增速虽然呈现下降，但下降幅度较小。1999~2007 年中国经济增速逐年上升，2007 年之后中国经济增速跌入人口悬崖，逐年下降，2023 年之后中国经济增速在低位上轻微下降。即"80 后"进入劳动力市场的时段内中国经济增速呈现一个先上升后下降的倒 U 型轨迹，节点是 2007 年，"90 后"进入劳动力的时段内中国经济增速呈现一直剧烈下降的特征，"00 后"开始进入劳动力市场的时段内中国经济增速呈现先急剧下降，后在一个低位上轻微下降的趋势，节点为 2023 年。

由于我国还处在跨越中等收入陷阱之中，人均 GDP 才 7000 美元左右，如果未来中国不把经济增长的动力从依靠劳动力数量转向依靠人口素质、技术、改革以及资本等要素中，同时通过放开生育补充未来劳动力，延迟退休和吸纳优质移民补充现在的劳动力短缺，中国经济将是东亚地区将跌入人口悬崖损失最惨重的国家。为了给国家的战略方针，如长期内产业升级、技术进步以及提高人口素质等赢得时间，同时也为了国家的长期发展，相对维持生育政策和退休制度不变，基于经济增速的目标，评价延迟退休和放开生育政策。

3. 不同退休和生育政策下的未来中国经济增速

在此主要考察两种生育政策，一种是维持生育政策不变（简称 TFR1.5），一种是全面放开二胎（简称 TFR2.0），放开生育政策和维持生

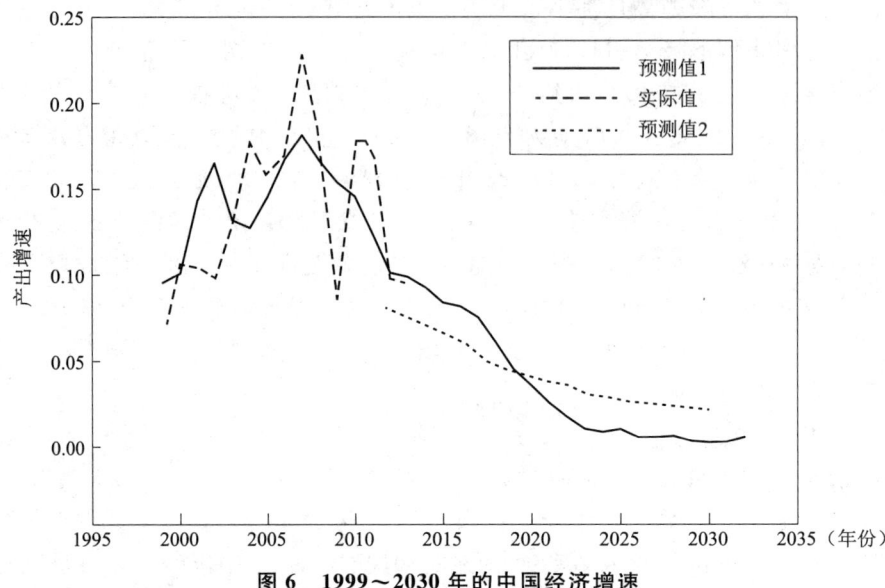

图 6　1999～2030 年的中国经济增速

数据来源：原始数据通过 2013 年统计年鉴获得，其他数据通过统计推断和模拟获得

育政策不变下，未来历年各个年龄段上的人口数据采用杨华磊等（2015）的预测。在此选择两种退休制度，根据上述假定，其一，维持现状的退休制度不变（简称 RA55），平均退休年龄近似为 55 岁，青少年人口数量为 0～19 岁的人口数量，劳动力数量为 20～54 岁的人口数量，老年人口数量为 55 岁和 55 岁以上的人口数量；其二，延迟退休方案（简称 RA60），平均退休年龄近似为 60 岁，青少人口数量依然是 0～19 岁的人口数量，但是劳动力数量为 20～59 岁的人口数量，老年人口数量为 60 岁和 60 岁以上的人口数量，故不同的退休制度不影响青少年人口数量，仅影响劳动力数量和老年人口数量。此节主要是在生育水平外生给定和资本通过家庭内生选择下，采用上述的理论模型，模拟不同的退休制度和生育制度对经济增速的影响，并在此基础上基于经济增速最大化的目标，甄选合适的退休制度和生育政策组合。需要说明的是，下述研究结论和政策建议是在移民政策和养老制度不变，政策生育水平等于实际生育水平❶，不存在结构性失业和摩擦性失业，劳动参与率为 100%，不考虑人力资本，劳动力是同质的，资本贡献份额不变，不考虑折旧，储蓄等于投资，养老金不存在闲置和腐败，积累制下的养老金全部参与投资，不考虑人力资本、技术进步以及要素配置，要素报酬按照边际产

---

❶　生育政策的落实可以通过国家权力，如惩罚和奖励措施，或者计划配额下的准生权交易。

出偿付以及产业不进行升级等假设下，单纯考察人口世代更迭对经济增速的影响下得出的，当然，改变这些假设条件是文章下一步需要延拓的方向。

从图 7 可看出，其一，无论是哪种退休制度和生育政策都无法改变 2010 年后经济增速急剧下降的趋势，大体上从 8.5% 左右跌到 2.0% 左右，且各种情景下未来历年经济增速差别小于 1%，源于中国已经错过放开生育的最佳时机："80 后"出生高峰进入婚配的 2000～2013 年❶。其二，2010～2017 年经济增速呈现一定程度的波动，放开生育政策下的经济增速轻微小于维持不变下的经济增速；延迟退休下的经济增速开始稍高于不延迟退休下的经济增速，随后不延迟退休下的经济增速稍高于延迟退休下的经济增速，这基本符合图 2 和图 3 所陈述，中国劳动力数量开始减少，社会总负担开始急剧上升也正是出现在 2016 年左右。其三，2017～2030 年维持生育政策不变且延迟退休情景下的产出增速最高，放开生育政策和延迟退休下的产出增速次之，最低的是放开生育政策同时不延迟退休下的产出增速；结合 2017 年前的波动特征，大体上延迟退休下的产出增速高于不延迟退休下的产出增速，维持生育政策不变下的产出增速高于放开生育政策下的产出增速，且维持生育政策下的产出增速轻微高于放开生育政策下的产出增速，延迟退休下的产出增速远高于不延迟退休下的产出增速，故短期内延迟退休更能够较大幅度地提升经济增速。其四，2030 年之后放开生育政策下的经济增速开始

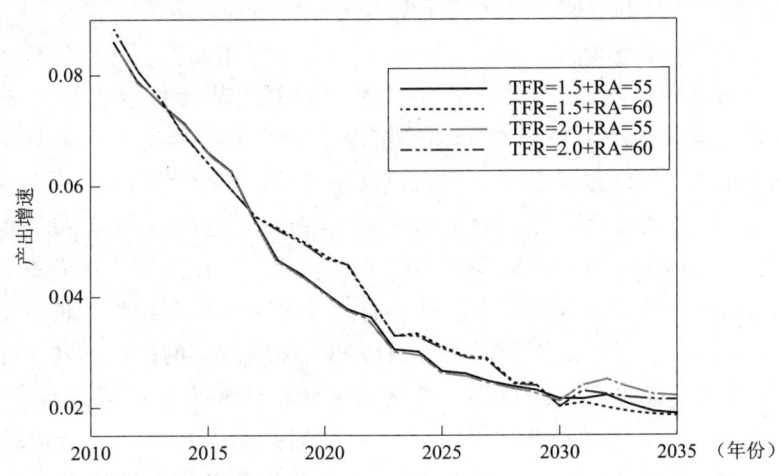

图 7　不同退休制度和生育政策下的中国产出增速

资料来源：通过模拟获得

---

❶　更确切地说是 2007 年之前，因为 1980～1993 年是一个婴儿潮世代，1987 年为婴儿潮世代的峰部。

大于维持不变下的经济增速，不延迟退休下的经济增速开始高于延迟退休下的经济增速。

总之，"90后"和"00后"进入劳动力市场的时段内，大体上，在经济增速目标上延迟退休好于不延迟退休，维持生育政策不变好于放开生育政策；2030年之后恰恰相反，源于"90后"和"00后"进入劳动力市场的2010～2030年，由于劳动人口的减少和老龄人口的增多，放开生育政策在短期会加重本来减少且养老负担重的劳动力的抚养子女负担，引致储蓄减少，随着生育子女进入劳动力市场，长期却有利于降低劳动力负担；同时延迟退休短期内增加了劳动力供给，减少了老年人口数量，降低养老负担，增加了储蓄，但长期内，随着延迟退休制度的稳定，对经济增速的影响作用就弱化了。在"90后"和"00后"进入劳动力市场的2010～2030年，放开生育政策和延迟退休无法改变中国经济增速下降的态势，源于中国错过放开生育的最佳时机，2007年以前，同时在2030年前改变退休制度比生育政策改变更有效。最终基于产出增速最大化的目标，短期内应该选择延迟退休和维持生育政策不变的制度组合。

五、结语

本文考察了中国1979年之后的出生人口的特征，并界定了中国历史上的婴儿潮和出生低谷世代，在此基础上基于统计描述和一般均衡的分析，分析了"80后"婴儿潮世代、"90后"以及"00后"出生低谷世代于2000～2030年依次进入劳动力市场对中国经济增速的影响。为防止类似日本，避免中国经济跌入人口悬崖之后的长期超低速增长，同时考虑到中国还处在跨越中等收入陷阱的征途之中，为了给中国经济长期内产业升级，提高人口素质和技术赢得时间，短期内在积累制的养老制度下，在要素使用效率、资本贡献份额以及市场出清等假设下，在生育水平外生和储蓄内生的情景下，采用动态规划的方法考察了不同的生育政策和退休制度下的产出增速，在此基础上基于产出增速最大化的目标，甄选合适的退休和生育政策。研究发现：1979～1987年出生人数逐年上升，1987年之后出生人数逐年下降，2003年之后呈现轻微下降的趋势；1981～1993年为婴儿潮世代，1993年之后为出生低谷世代，大体上中国的"80后"为婴儿潮世代，"90后"和"00后"为出生低谷世代。在"80后"婴儿潮（出生高峰）进入劳动力市场的2003～2013年，历史数据显示，中国经济增速呈现一个类似80年代历年出生人数的轨迹，即先上升后下降的倒U型轨迹，且滞后20年的出生数据与经济增速数据吻合度非常高。当"90后"和"00后"依次进入劳动力市场时，历史和模拟数据显示，2007年之后中国经济跌入人口悬崖，增速呈现急速下降。为防止中国经济更快跌入人口悬崖，评价了延迟退休和放开生育政策制度。发现"90后"和"00后"进入劳动力市场的2010～2030年，大体上，延迟退休比不延迟退休好，维持生育政策不变比放开生育政策好且调整退休制度的效果较大，长期来看却相反。从迫切性上看，因为当前要马上面临"60后"婴儿潮的退休潮，加上"90后"和"00后"生育低谷持续进入劳动力市场，退休制度要先行，急迫且重要；因为生育观念转变需要时日，生育政策短期影响轻微，长期内对宏观经济的作用才逐渐突显，加上抚养子女对储蓄的替代作用，生育政策重要但不急迫，故选择何种生育政策需要谨慎。

需要说明的是，其一，考虑到短期的人口结构问题突出，人口负担过重，劳动力短缺；考虑长期代际生育权的平等，人口基数依然很大，生态和环境的压力依然很大，加上生活水平的持续提高以及城镇居民生育水平提高后对子女人力资本投资和家庭储蓄水平的降低作用相对较弱，虽要放开生育，但不能全面放开二胎，可以实行差异的生育政策和有条件的二胎的生育政策，如考虑鼓励城镇居民生育政策，同时为保障有条件二胎政策目标的实现，国家可以尝试计划配额下的准生权交易机制。其二，对于退休制度，考虑到由于传统的不均衡的产业、城乡发展以及区域战略引致的中国部门、城乡以及区域的工资、津贴以及养老待遇不同，加上中国的劳动力短缺也是结构性的短缺，如低端和高端短缺，由于延迟退休是对利益的重新分配，最终造成不同的既得利益个体对待退休的态度不同，所以中国的延迟退休需要结合这种差异性，实行结构性延迟策略。

在"90后"和"00后"生育低谷进入劳动力市场时，为缓解"60后"婴儿潮退休对社会经济系统的冲击，且为产业结构升级、技术进步以及提高人口素质赢得时间，从迫切性和重要性上，延迟退休制度要先行，生育政策选择重要但不急迫。同时缓解短期人口红利消失的阵痛和为长期结构调整赢得时间，短期除改变退休制度外，还可以改变养老制度，如把子女养育父母现收现付的养老制度改为自己养育自己的积累制的养老制度，加大基本养老覆盖面，削减部分行业的养老金水平，鼓励家庭储蓄养老，发展商业养老保险，降低退休后的工资水平，推迟退休后领取养老金的时间，为避免养老金的缩水，可以选取合适的产品和合适的投放比例，对养老金进行投资，同时为避免养老金腐败和养老金的安全，需要加强对养老金使用的监管；还可以提高劳动参与率，降低失业率，提高妇女劳动参与率，提高老年人的就业水平；促进要素市场流动，继续推行城镇化战略，提高劳动力的生产率水平，继续促使全国范围内和各部门之间的人口和资本流动，使得劳动力和资本的结构性问题在全国和不同部门之间得到解决，改变传统的终身雇佣制和年功序列制，尝试普遍的实行合同制和进行绩效评估，促进劳动力市场的流动，提高企业效率；在劳动力引擎熄火后，短期可以依靠资本引擎。由于中国传统为支持出口导向和政府投资主导的经济模式，传统中国银行和股市是为效率低的国有企业服务，有效率的中小企业长期得不到资金的支持，在新的国际和国内形势下，这种模式变得不合时宜，需要对资本市场和货币市场进行改革，在加强监管同时，降低入市的门槛，发展场外交易系统，支持和发展为中小企业服务的金融结构，最终激活原本僵硬资本和货币市场，但随着人口红利的消失，资本红利也将慢慢消失。最终在未来老龄化的社会里，在拉动中国增长的劳动引擎熄火之后，以及随即而来推动中国经济的资本引擎和要素配置引擎熄火时，长期内中国经济增速的趋势特征的改变唯有依靠技术进步、人口素质的提高以及产业结构的升级。

（作者单位：中国农业大学经济管理学院）

参 考 文 献

[1] 陈斌开，徐帆，谭力. 人口结构转变与中国住房需求：1999～2025——基于人口普查数据的微观实证研究 [J]. 金融研究，2012 (1).

[2] 李银珩，李硕. 婴儿潮与人口高龄化对美国经济的影响 [J]. 人口学刊，2006 (2).

[3] 陆旸，蔡昉. 人口结构变化对潜在增长率的影响：中国和日本的比较 [J]. 世界经济，2014 (1).

[4] 张春生，蒋海. 人口结构与股票市场：文献综述 [J]. 国际金融研究，2014 (6).

[5] 杨华磊，温兴春，何凌云. 中国婴儿潮下的城镇住房需求 [J]. 中国经济问题，2015 (2).

[6] 杨华磊，温兴春，何凌云. 生育政策、人口结构与中国宏观经济 [J]. 制度经济学研究，2015 (48).

[7] 杨华磊，周晓波，胡振. 退休方案和养老制度对产出和福利的影响：兼析养老和退休制度的甄选 [J]. 保险研究，2015 (5).

[8] Andrew B A. The Effects of a Baby Boom on Stock Prices and Capital Accumulation in the Presence of Social Security [J]. Econometrica, 2003, 71 (2): 551-578.

[9] Barro J and Becker S. Fertility Choice in a Model of Economic Growth [J]. Econometrica, 1989, 57 (2): 481-501.

［10］ Brooks R. Asset-market Effects of the Baby Boom and Social－security Reform ［J］. American Economic Reviews，2002 （2）：402－406.

［11］ Liao PJ. The one-child policy：A macroeconomic analysis ［J］. Journal of Development Economics，2013，101 （3）：49－62.

［12］ Mankiw N G. and Weil D N. Baby boom，baby bust and the housing market ［J］. Regional Science and Urban Economics，1989，19 （2）：235－258.

［13］ Poterba J M. Tax Subsidies to Owner-Occupied Housing：An Asset － Market Approach ［J］. Quarterly Journal of Economics，1984，99 （4）：729－752.

［14］ Reinhardt，U E. Health Care for the Aging Baby Boom：Lessons from Abroad ［J］. Journal of Economic Perspectives，2000，14 （2）：71－83.

经济结构转型与劳动力成本问题研究

乔星冉　李广义 *

内容提要："新常态"的核心在于形成新的市场经济运行规则机制、结构与模式，并使其能够持续演进。在我国当前的发展阶段和环境语境下，"新常态"则是要适应经济发展进入转型期、资源环境约束不断强化的新形势，加快转变产业结构和经济发展方式优化升级，从要素驱动、投资驱动转向创新驱动，优化升级经济结构，而作为措施的实施者"人"——也称为劳动力在这之中的作用是至关重要的，只有解决好劳动力成本的问题才能使产业结构转型优化取得事半功倍的效果。

关键词：新常态　结构转型　劳动力成本

一、我国经济结构转型调整的现状

中国经济新常态的出现和 GDP 增长减速，其直接推动原因是国家经济良性发展的需要，同时也可以应对劳动力成本变化。因此，国家在战略层面上给予了经济结构调整高度的重视，在"十三五"规划前期研究的重大课题中包括：经济转型升级动力机制和制度环境研究、经济结构调整的主攻方向和战略举措研究、工业结构升级与布局优化研究等。《中共中央关于制定国民经济和社会发展第十三个五年规划的建议》中的六项基本原则之一——坚持深化改革，就是以全面深化改革作为经济和社会发展的动力，最大限度地凝聚全社会推进改革发展，创新工作机制和方式方法。以上这些都将成为推动经济结构转型调整更深层次的动力，当前经济结构转型调整的现状有以下方面。

---

* 乔星冉（1991—），河北邯郸人，硕士研究生，研究方向为人力资源管理；李广义（1962—），陕西大荔人，教授，研究方向为人力资源管理与社会保障。

1. 产业结构调整取得初步成效，改善就业结构

（1）第三产业成为 GDP 增长贡献最大的产业

由图 1 可以看出：从 1988 年开始我国第一产业所占比例在逐渐下降；第二产业所占比例变动较小，主要在 40%～50%变动；而第三产业呈现逐年增长趋势，并在 2013 年增长超过第二产业，成为经济增长的主要支撑。第三产业的发展将会带来就业机会，舒缓就业压力，同时也会对劳动力成本产生影响。

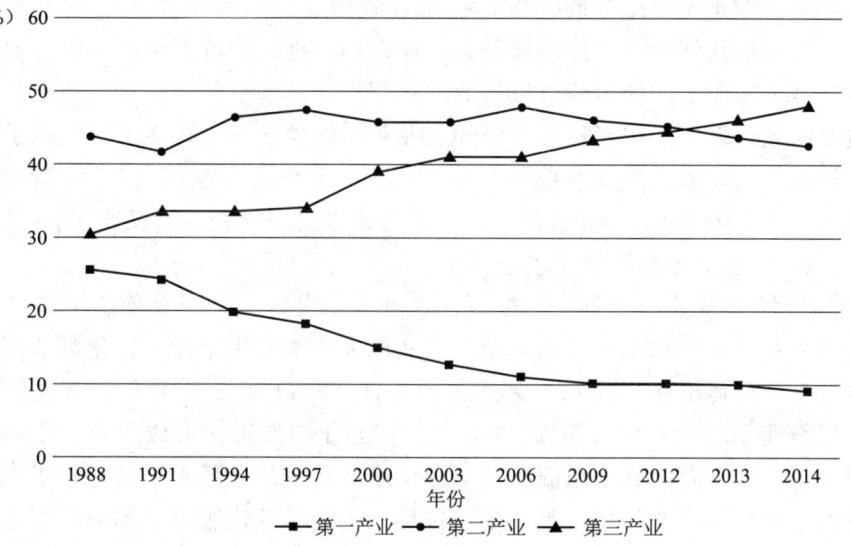

图 1　1988～2014 年三次产业结构比例

从图 2 可以看出，2014 年第一产业对 GDP 的贡献不足 10%，第二、三产业的贡献都高于 40%，并且第三产业的贡献率最高，成为经济增长的主要支撑。

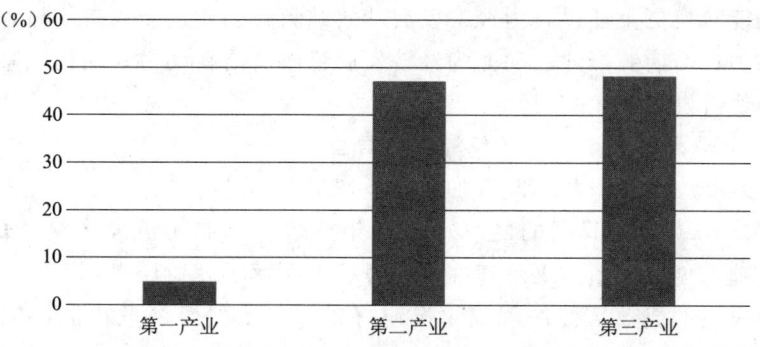

图 2　2014 年三次产业对 GDP 的贡献率柱状图

第三产业的快速发展与我国科技的进步和当前电子商务的火爆发展是分不开的，这是生产力提高和社会进步的结果。第三产业的发展有利于优化产业结构；扩大就业，缓解就业压力；促进市场经济体制的完善；增强第一、第二产业的发展后劲；提高人民的生活水平，实现小康社会；加快经济协调发展，有利于社会稳定；提高国民经济素质和国家竞争力。

（2）劳动力成本上升促进制造业转型升级，IT成为转型主导

第三产业成为经济的支撑，标志着我国经济结构调整开始发生质的飞跃，特别是软件和信息技术服务、工业设计、现代物流等生产性服务业的发展提升了工业生产的运营与流通效率。存货绝对水平的降低更好地提升了制造业的经营效率。在新科技革命和工业革命的推动下，许多工厂实现了无人化操作，机器换人的现象更加普遍。《2013年中国企业转型升级调查报告》显示IT成为企业转型升级的关键，并且未来将主导企业转型升级。

（3）"创业创新"舒缓就业困境

"大众创业、万众创新"被写入政府工作报告，在当今创新创业已经成为一种社会风尚和价值导向，青年人从原来的学而优则仕，转化为学而优则创，创业群体也从小众转为大众。据统计，2014年3～12月，全国新登记注册企业286.62万户，同比增长54%，创业潮流正在形成。新一轮的创业浪潮不断推动新产品、新服务的涌现，激发出新的市场需求，有利于充分发挥技术进步对产业结构调整的带动作用，也推动现代服务业和现代制造业发展；"创业创新"浪潮的发展有利于带动就业舒缓就业困境、活跃经济，更好地发挥市场在促进就业中的作用。

（4）新经济推动结构转型自我革命

新经济带动下中国的新兴产业正在蓬勃发展，国家不断创新执政思路，大力推动自我革命；"互联网＋"升温，电子商务不断激发市场活力；传统产业动能转换更重环保，为经济发展吐故纳新；创业创新成效初显，激发年轻新动力；新能源产业、动能为经济发展释放清洁新动力；结构调整逐渐优化，新经济发展令人瞩目。

2. 劳动力成本增加促进经济结构转型

（1）新增就业人数不断增加，就业情况预期较好

2010～2014年我国的经济增速逐年放缓，更加注重经济增长的质量，第三产业、创业创新发展迅速在一定程度上缓解了就业压力，产业结构转型也取得一定的成效，促使就业情况向好发展。虽然经济危机的影响还在持续，但我国经济的发展更加良性，2010～2014年新增就业人数逐年增加，并且超过预期（见图3）。

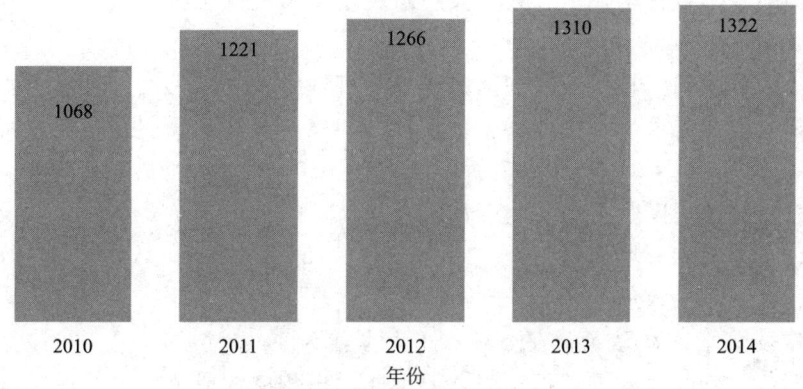

图 3　2010～2014 年新增就业人数（万人）

（2）第二、第三产业对 GDP 贡献差距逐渐缩小

1990～2014 年第一产业对经济发展的贡献率下降，常年低于 10％；第二、第三产业对经济发展贡献率的差距不断缩小，并于 2014 年超过第二产业；第二产业增速逐年放缓，产业结构不断优化升级；第三产业发展迅速，现在是三大产业中对经济贡献最大的产业，并将成为国民经济的支撑，有利于经济结构的转型发展，优化劳动力结构。结合图 4，第三产业占比的上升有利于缩小就业结构与产业结构的偏差。

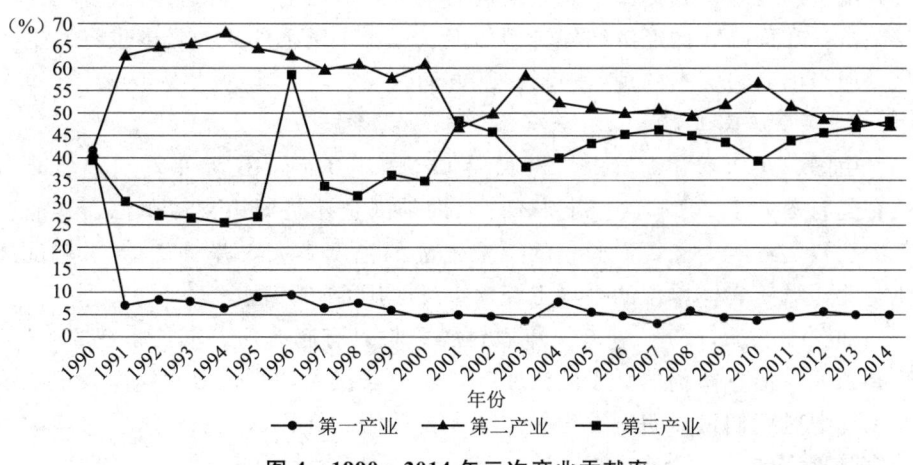

图 4　1990～2014 年三次产业贡献率

（3）劳动力成本的变化带来就业供给结构改善

据国家统计局公布的数据显示，2014 年新增大学生与进入市场的中等教育毕业生总数达 1304 万，新增城镇就业总数为 1070 万，新增大学生与进

入市场的中等教育毕业生总数大大超出新增城镇就业总数。

3．收入分配结构逐渐优化

收入分配问题直接关系到国民经济能否健康发展、人民生活水平能否提高、国内消费需求能否快速增长以及社会的稳定。当前我们在分配方面取得的成效有：

（1）城镇居民收入增长速度加快；

（2）劳动工资增速提高；

（3）民生投入增加。

4．企业的成本结构调整导致人工成本增加

企业经营的目的是获得利润，但也要付出相应的成本。为了适应新经济的发展需要，企业需要对自身的成本结构精心适时调整，而随着中国"世界工厂"的人工优势不断被超越，对高素质人才的需求缺口在被放大，企业的人工成本不断增加，也引起了多方面的思考。

二、劳动力成本的现状

改革开放以来，低成本比较优势支撑了我国 30 年的高速增长，但随着经济增长方式的转变，居民收入在国民收入分配中的比重以及劳动报酬在初次分配中的比重得到提高。利益结构的调整，势必对原有低劳动成本优势形成冲击，在面临我国经济结构转型的现状下，市场上的人力资本也将发生变化，而当前人力资本的现状包括以下方面。

1．城乡居民工资增长有涨有落

由图 5 可以看出，1995～2014 年城镇单位在岗职工年平均工资名义增长有起有落，于 2007 年达到顶峰，无论是国企还是城镇集体单位、其他职工的工资均逐年上涨，而国企的工资上涨的幅度最大，并于 2006 年超过其他企业，城镇集体单位的平均工资水平低于国企和其他。

如图 6 所示，1990～2014 年农村居民收入有起有落，增长率在 2010 年达到顶峰，但总体仍然低于城镇职工，农村居民人均收入上涨幅度大于城镇职工，但是我们可以明显看到并非如大家认为的那样——农村居民人均收入一直是上涨的。

2．劳动与资本更加注重公平的分配格局并未形成

根据图 7 以及中国统计年鉴可以看出，劳动与资本的分配格局并未发生实质性的改变，我国国民收入分配格局存在向企业和政府倾斜的失衡现象。这种分配格局直接削弱了居民消费，主要原因是企业利润增长快于居民收入

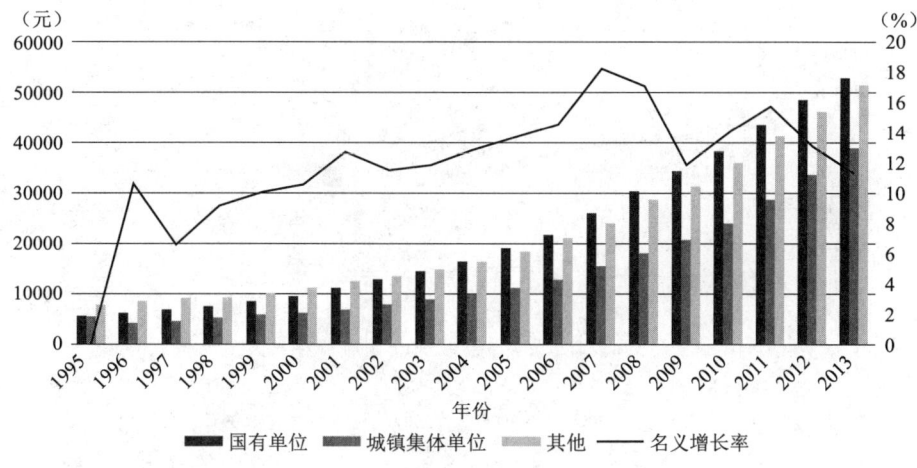

图 5　1995～2014 年城镇单位在岗职工年平均工资增长

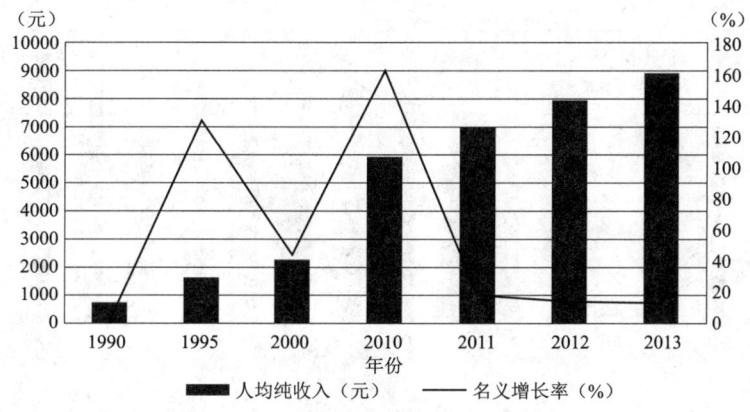

图 6　1990～2014 年农民工工资增长情况

增长。

3. 国民收入格局并未从根本改变

从图 8 可以看出：2000～2015 年，城市居民的消费价格指数始终高于农村居民消费价格指数，农村居民的消费价格指数增长率却比城市高，2008年城市、农村的增长率都最高，2011 年之后逐渐下降。较高的 CPI 意味着居民实际工资的减少，而且农村居民的实际收入减少得更多，同时 CPI 的升高也可能间接带来劳动力成本的上涨，国民收入的基本格局并未从根本上改变。

城市居民收入占 GDP 比重一直高于农村居民收入，并且农村居民收入占 GDP 的比重还在下降，差距在不断扩大（见图 9）。综合图 8 和图 9 可以

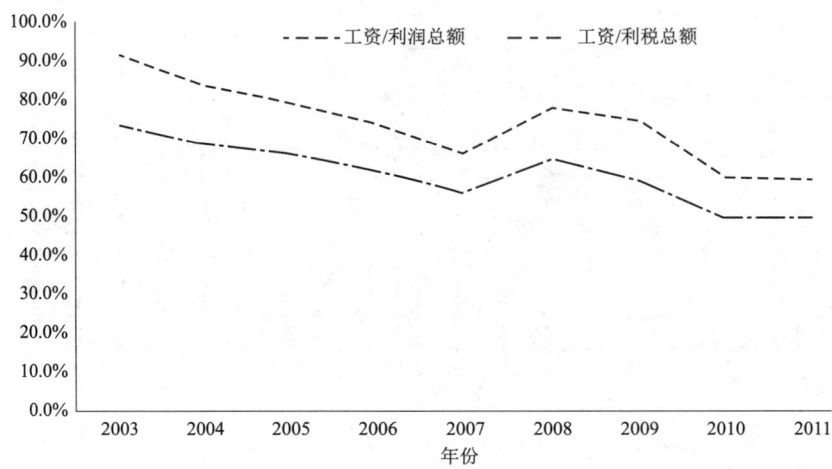

图7 2003～2011年工业企业工资总额占利税额比例变动趋势

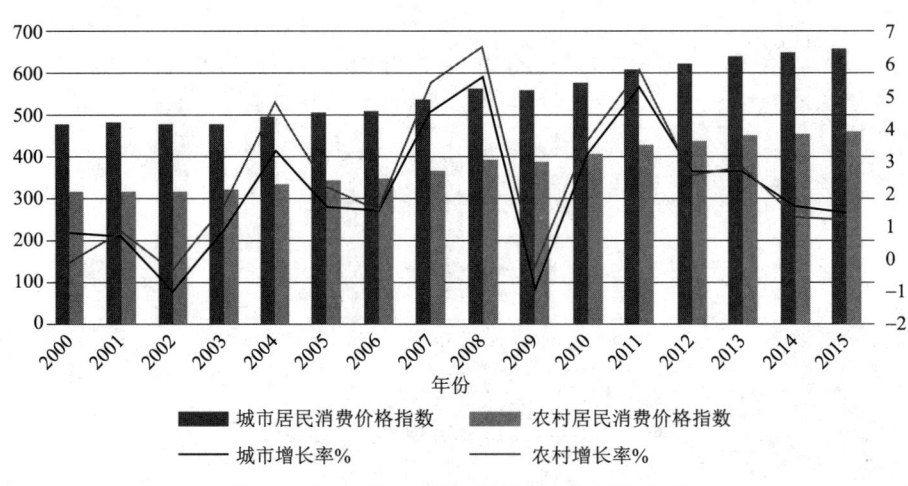

图8 2000～2015年居民消费价格指数水平

看出，我国国民收入格局并未根本改变，甚至令人担忧。

三、劳动力成本上升的原因

1. 政府政策和市场力量的双重作用

（1）劳动工资的决定因素

劳动工资作为劳动力市场的均衡价格，主要取决于劳动力供求总量和结构的变化。随着经济的发展，中国"世界工厂"的地位已经岌岌可危，但从

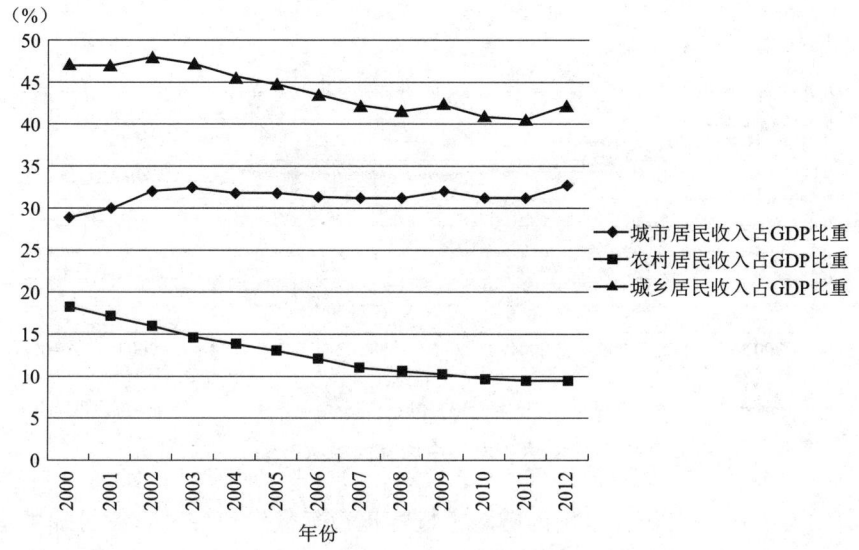

图9 城乡居民收入占 GDP 比重呈下降趋势

近年来登记失业率来看，我国城镇失业率有所升高。虽然 21 世纪以来我国产业结构不断优化升级，第三产业所占比例不断上升，并于 2013 年成为主要经济支撑，但一个不争的事实是高经济增长没有必然带来持续的高劳动力需求。近年来我国劳动力需求处于弹性波动下降的变化之中，2011 年三次产业增加值的就业弹性仅为 0.02，第二、第三产业增加值就业弹性仅为 0.17。此外，现阶段在整体劳动力供给仍然过剩的情况下，局部地区层面上仍存在"用工荒"与大学生"就业难"等问题。

（2）低生育、老龄化对劳动力成本的影响

从劳动力供给的长期趋势看，受低生育率、老龄化等原因的影响，劳动力短缺将更加严重，进而引发工资水平的上升。充沛的劳动年龄人口带来的"人口红利"及经济社会快速发展给我们带来了喜人的成果，但是我国的生育率已多年处于较低水平，人口结构逐渐向老龄化发展。劳动力市场的供需格局也在发生相应变化，当适龄劳动力减少后可能会引起劳动工资的上升，对制造业也将产生负面影响。

2. 劳动力的竞争优势

劳动力竞争优势并不取决于工资的绝对值，而是取决于"单位劳动成本"，通过计算单位劳动成本（ULC）反映出我国的劳动力成本仍然保持着明显的竞争优势。

从图 10 可以看出，与发达国家相比，我国的单位劳动力成本远低于他

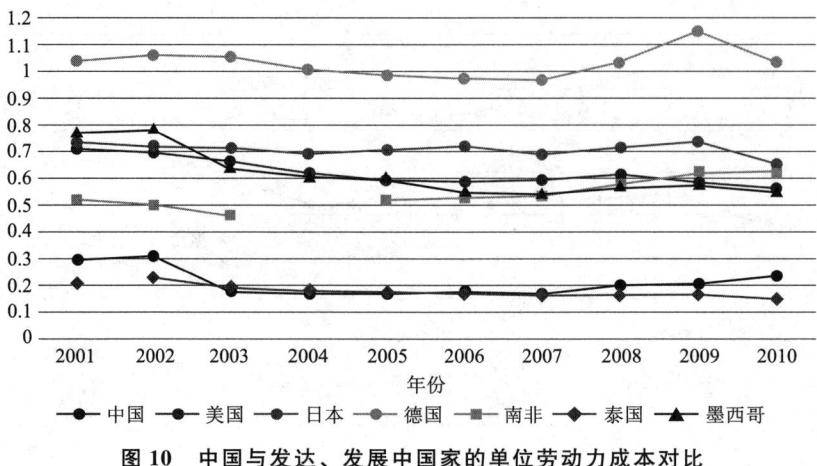

图10   中国与发达、发展中国家的单位劳动力成本对比

们，与发展中国家相比中国的劳动力成本也远远低于他们，由此可知中国的劳动力成本仍然具有竞争优势。

3. 劳动效率决定劳动成本

低劳动成本是否成为"优势"，关键在于劳动效率而不是工资水平。进一步降低单位劳动力成本，提升我国产品竞争力，在于提高劳动效率，而不是一味挤压劳动报酬。与发达国家相比，我国的劳动生产率远远低于他们，与发展中国家相比处于中等水平，我国的劳动生产率还有非常大的提升空间（见表1、图11）。

表1   中国与发达、发展中国家小时劳动生产率对比

各国小时劳动率对比（美元/小时）						
年份	中国	美国	日本	德国	南非	泰国	墨西哥
2001	2.37	37.24	31.11	24.39	5.65	3.31	7.06
2002	2.44	39.59	30.35	26.07	5.23	3.64	7.18
2003	4.85	43.33	33.47	32.32	8.52	3.95	8.38
2004	5.72	47.6	37.18	37.46	—	4.27	8.7
2005	5.88	51.28	36.3	38.55	10.64	4.67	9.5
2006	6.8	52.24	33.96	40.57	10.4	5.58	10.86
2007	8.89	54.48	34.92	45.02	10.67	6.42	11.53
2008	9.68	53.8	39.14	46.09	9.32	7.41	11.55
2009	10.41	58.19	41.42	39.91	9.34	6.84	9.92
2010	10.51	62.47	49.31	42.3	12.33	8.67	11.52

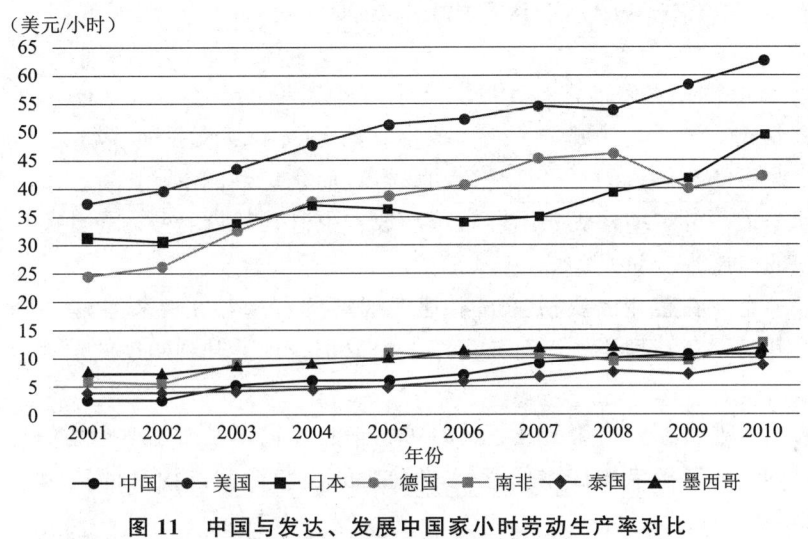

（美元/小时）

图 11　中国与发达、发展中国家小时劳动生产率对比

图例：—●— 中国　—●— 美国　—■— 日本　—●— 德国　—■— 南非　—◆— 泰国　—▲— 墨西哥

四、劳动工资具有的多重功能

首先，劳动成本不同于物耗成本、财务成本。其他成本价格上升时，使用价值并不增加；劳动工资的上涨却具有激励或"保健"功能。因此，劳动力成本上升并不一定影响企业竞争力。

其次，我国长期的低工资水平导致职工素质低下和积极性低落，大部分企业研发投入不足导致创新能力不足，阻碍了技术进步和产业升级。加大人力资本投资固然会增加企业的劳动成本，但同时能提高劳动生产率、增加产品附加值。高工资战略能够激励员工主动进行人力资本投资，吸引更多高技能人才、创新人才进入企业，促进企业增强创新能力，实现劳动者与企业双赢。

最后，劳动工资对全社会而言是一种消费能力，我国要获得持续的发展就必须转向以消费驱动为主的经济发展方式；必须提高劳动者报酬占比、城乡居民收入占比这两个比重，促进社会公平；劳动力成本的上升对提高劳动者收入水平和劳动者报酬在国民收入分配中的比重有积极作用，有利于促进消费增长，缓解产能过剩矛盾，实现国民经济良性循环。

五、针对劳动力成本上升的建议

1. 企业自身要优化成本结构

企业成本包括物耗成本、人工成本、财务成本以及各种市场交易成本，影响企业市场竞争力的不仅仅是劳动成本，而是综合成本。因此企业必须从各方面来进行成本结构优化。同时劳动成本上升是长期趋势，企业也可以采取其他的措施来应对：

（1）企业在整体上要树立成本管理战略的观念，完善管理体系降低成本，尤其是财务管理要精简财务程序，争取把管理上升到制度的层面，使管理有法可依。

（2）企业要善于借用科技，适时进行信息反馈，及时了解市场信息降低交易成本，要善于借鉴成本管理比较成功的经验，完善内部的控制监督制度，提高经营效率。

（3）在进行新产品开发时要注重对成本的适当控制，要根据本企业的具体情况制定适合自己的成本控制方法，降低产品过程中的浪费，同时要与时俱进改革那些成本较高的项目。

（4）要对自己的员工进行定期的适当培训，提升员工素质和创新力，提高生产率，完善薪酬管理制度，激发员工的创造积极性，减少员工的流动率，必要时精简人员，员工重在质而不在数。

（5）实施人才战略，在劳动成本上升过程中企业要加大研发投入，鼓励员工继续学习，加大员工的培训力度增强创新能力。企业要树立起创新文化，培训技术骨干，开展创新活动，建立良好的创新环境，提高员工的劳动效率。

2. 政府的宏观政策

解决企业成本结构调整，不仅需要企业自身的努力，还需要政府全面深化改革，为企业创造良好的发展环境。

（1）减少行政审批程序，降低行政成本

要取消各行政机关和国有企业的抓权揽权行为，清理非本部门行政许可的审批事项，消除审批管理的"灰色地带"，最大限度地减少自由裁量权，切实减少行政审批环节，明确管理责任，让市场起决定作用以降低行政成本。

（2）推进金融改革，降低资金成本

加快金融体制改革，提高金融服务实体经济效益。积极培育公开透明、健康发展的资本市场，推进股票和债券发行交易制度改革，提高直接融资比重，降低杠杆率。

（3）实施财税改革，降低税费成本

深化财税体制改革，建立事权和支出责任相适应的制度，适度加强中央事权和支出责任，调动企业的积极性。

（4）改善市场秩序，降低交易成本

政府要用好"有形的手"加强市场监督，完善市场经济制度和规则；建立更加健全的市场管理组织，加强市场这双"无形的手"的管理；加强社会信用建设，建立健全社会信用体系；发挥市场中介组织的服务、沟通、公证、监督作用。只要市场有序地运行，企业的交易成本自然就会降低。

（作者单位：北京物资学院劳动科学与法律学院）

参 考 文 献

[1] 唐任伍. 准确把握决胜"十三五"的重大意义和战略部署 [N]. 辽宁日报，2015－11－03.

[2] 胡迟. 制造业转型升级最新成效的分析与对策 [J]. 经济研究参考，2015（20）.

[3] 辜胜阻，曹冬梅，李睿. 创业创新引领新常态 [J]. 中国金融，2015（03）.

[5] 王欢，黄健元，王薇. 人口结构转变、产业及就业结构调整背景下劳动力供求关系分析 [J]. 人口与经济，2014（02）.

[6] 姜澄. 现代企业成本管理方法存在问题及对策探讨 [J]. 现代经济信息，2014（15）.

[7] 王友锋. 减少行政审批环节，净化中介执业环境 [J]. 世纪行，2014（08）.

[8] 中共中央关于制定国民经济和社会发展第十三个五年规划的建议 [N]. 新华社，2015－11－03.

从劳务派遣到业务外包——路有多远

罗 冬 胡爽雨 *

内容提要： 中国的"劳务派遣"与国外的解决弹性用工需求有着很大的差别，随着《劳动合同法》对劳务派遣用工方式的规制以及《劳务派遣实施条例》对派遣用工过多限制时，劳务派遣在中国的发展势必进入衰退期，但是不可否认，劳务派遣在二十多年的发展中充分实践了劳动合同制，体现了人力资源配置的市场化及这种用工机制的优势。本文从理论联系实际的角度分析认为劳务派遣机制应该多元化、灵活化。同时，本文结合客户需求分析制定出适用于现阶段企业派遣用工机制的调整方案，希望能给行业带来一定的参考价值和指导意义。

关键词： 劳务派遣 劳动用工 业务外包

一、劳务派遣的"有限存在"已成定局

纵观劳务派遣在中国的兴起和发展，其实从一开始"劳务派遣"就是具有中国特色的产物，从最初国家禁止外资企业的直接雇佣而成立外企服务中心开始，到后来 20 世纪 80 年代末 90 年代初的国企改制，为了解决大量下岗分流人员成立内部的人才交流中心，再到大量事业单位、国企央企为了解决编制需要，降低工资总额压力，通过派遣方式解决编外（体制外）人员聘用管理，可以看出中国的"劳务派遣"与国外的解决弹性用工需求有着很大的差别。因此，当《劳动合同法》对劳务派遣用工方式的规制以及《劳务派遣实施条例》对派遣用工过多限制时，劳务派遣在中国的发展势必进入衰退期。但是不可否认，劳务派遣在二十多年的发展中充分实践了劳动合同制，

* 罗冬（1970—），女，北京人，心理学专业（人力资源方向）硕士，高级经济师，研究方向为人力资源开发与管理；胡爽雨（1968—），女，北京人，心理学专业（人力资源方向）硕士，高级经济师，研究方向为人力资源开发与管理。

体现了人力资源配置的市场化及这种用工机制的优势。因而，当劳务派遣的概念被画上引号的时候，其真正发挥的作用机制并未消失。同时，在原有派遣规模减小的过程中，又产生了新的问题需要解决。

二、劳务派遣机制转型方式应该是"多选题"，而不是"单选题"，不同选择面对风险不同

1. 都转成自己聘用等于背上更大的"包袱"

派遣员工全部转为企业自聘员工既不现实也不经济，国企用工最大的特点是"能进不能出"，尤其是当实体经济下滑时，裁派遣员工比裁自有员工容易得多；且如果都转成自有员工，国资委对国企工资总额问题、薪酬级差或薪酬增长的控制和要求均将带来难以克服的问题。对于机关事业单位来说，管理者还存在两种不同制度体系由于适用的法律环境不同，而无法顺利衔接的矛盾。

2. 转成业务外包理论上可以实现，实际风险困难重重

劳务派遣转外包的需求，不是因为经济发展深度需求下的外包需求，而是劳动用工机制转换的外包需求。

3. 劳务派遣与专业外包在本质特征上大的差距，导致目前一步到位为专业外包几乎难以实现

我国现行法律调整的劳务派遣用工是以传统劳动关系为基础的劳务派遣，主要特征表现是：

（1）以劳动关系为前提——要求身份适格（学生、退休人员身份不适格），与派遣公司签订 2 年期的劳动合同；

（2）以全日制为基础——小时工不算；

（3）以劳动、服务关系的唯一性为共识——1 名派遣员工只能给 1 家提供劳动（法律、社保政策以及用工单位需求等均很难在实际操作层面实现 1 名派遣制员工同时为 2 家用工单位提供派遣服务）。

可以看出上述 3 个特征均不是业务外包的特征，业务外包的特征是：

（1）以利润分享为前提；

（2）专业具有不可替代性；

（3）规模集聚效应明显，效率高成本低。

4. 派遣转型过程中普遍面临的问题或难以突破的"困境"主要集中在以下情况：

（1）有的企业劳务派遣岗位种类较为复杂，无法在市场上找到一家能覆

盖所有派遣岗位的"专业"公司；

（2）即使完全转给专业公司做外包，外包公司出于利润考虑势必对人员进行筛选，选择的标准是"能干活、成本低、易管理"，但是目前很多企业劳务派遣岗位的员工都是在用工单位工作十余年，甚至二十余年的员工，不仅工资成本高，而且已习惯于被用工单位管理，因此面临原派遣员工解除劳动合同的各种风险；

（3）即使有专业外包公司，也存在小公司不规范、大公司太贵，或本来就是竞争对手的现象；

（4）业务外包的前提是行业有利润空间，但是目前派遣岗位大多是辅助性的、服务性质的，本身并不为企业直接创造价值。因此，用工单位无论是机关事业单位还是企业，目前还难以接受在转成外包时让渡企业"利润"；

（5）对那些在一家用工单位工作十余年以上的派遣员工来说，工龄延续问题、既往因国家政策法律法规执行不严或政策延续性差等原因在社保、加班等问题上可能有大批"潜在赔偿或补偿风险（欠债）"，转外包无论是协商解除还是变更劳动合同主体，势必集中爆发，企业恐难以承受由此带来的经济压力、法律争议、诉讼压力；

（6）混岗问题难以解决：很多企业的合同工与派遣工都在同一个部门，工作岗位和职责相同；或者是来自两家派遣公司的派遣工；而业务外包是以承包商完成发包方业务经营过程中某项任务（"某某事"）进行协商合作的，转成业务外包使目前的劳动关系难以处理；

（7）面对特殊工种、特殊工时岗位的派遣岗位，由于岗位特殊性要求，转业务外包几乎不可能。

三、派遣制用工转型期间客户需求分析

在劳务派遣转型过程中，用工单位的基本需求始终围绕以下三个要素：稳定、成本、管理权。而用工单位探讨转型方案的前提是以下几方面。

（1）人员稳定：无论是何种解决方案，对于机关事业单位或者国企央企来说，均必须以派遣员工的平稳转接为首要标准，避免集体争议诉讼；

（2）任务保障：原派遣岗位所涉及工作在质量、时间、进度、安全等方面不受影响；

（3）成本控制：与原来派遣制用工相比，尽可能少地或最好不增加成本；

（4）合法合规：无论何种方案，要确保不违法，有法可依，有据可查。

四、派遣制用工转型指导方案

现阶段企业派遣用工机制的调整方案需要坚持"转签一批、派遣一批、外包一批"的基本原则。同时，用工单位用工机制以及组织结构的调整也是转型期可以同步执行的方案。

1. 转签一批：选择少量派遣员工转成企业自己聘用方式。在对象选择上可以参考以下原则：

（1）确实属于既往工作成绩或表现突出，企业自行聘用后可以在岗位继续发挥作用的，有一定提升空间的员工；

（2）部分长期在企业工作，如果解除可能涉及经济补偿赔偿较多，且既往工作业绩或表现没有不合格、从未出现违反企业规章制度的员工；

（3）原岗位工作与主营业务的直接联系或影响较多，又无法通过外包方式完成，且员工基本素质和日常工作表现符合本企业自聘员工的聘用标准。

2. 派遣一批：充分利用目前法律对劳务派遣用工的政策，用足 10％的比例限制，保留派遣制用工机制；

3. 外包一批：不属于"三性岗位"，岗位所涉及工作内容可以较为清晰地划定管理界面或明确任务目标，且原来的派遣岗位没有混岗情况的，可以考虑采用外包。另外，派遣转外包的最大方面在于：派遣转外包是发包商与供应商商议，与员工无关，员工逐步过渡，不需支付经济补偿金。但是根据本文描述的转外包过程中存在的风险和问题，我们建议外包方案设计需要坚持"逐步过渡"原则，避免急于求成，也很难一步到位。建议的过渡包括三个阶段。

（1）过渡阶段：调整合作协议、劳动合同、结算方式；

（2）管理介入阶段：除协议、合同文本、结算方式外，更注重劳动过程管理；

（3）全面外包阶段：企业让渡一定利润，同时将人、财、物、产、供、销放权。

在实质性外包之前，目前可以采用的形式包括：劳务承揽、劳务外包、序段外包（上海地区多采用），其中劳务承揽和劳务外包概念已经在《中共中央国务院关于构建和谐劳动关系的意见》中明确，相信后续在工商注册以及税收政策等方面会出台相应的实施细则。外包方案设计时有五个要素决定了合作是否合规或可行。

（1）发包方共识：企业统一认识，转外包不是人力资源一个部门能决定的，在派遣转外包过程中，人力资源部、财务部、业务部、法务部等部门达成共识推动转型。

（2）人数：与劳务派遣不同，无论是哪个阶段的外包，承包方均有自主用工权。因此，承包方如何确保在没有实际用工自主权时保证发包方要求的工作进度或节奏、标准稳定将是合作方案中主要探讨的问题。

（3）成本：派遣转外包由于计价和取费方式截然不同，因此，从理论上讲，由于企业选择业务外包实际是利润的让渡，因此企业所需要支付的费用肯定是高于原来的派遣制，尤其是在人工成本测算方面，由于承包方承担了该项外包任务所需人员的全部雇主责任，势必对用工过程可能出现的用工风险进行预估，测算风险金，同时该部分风险也决定了承包方的利润空间，因此，成本方面也是合作协商的重点之一。

（4）管理权：管理权恰恰是区分不同外包阶段的主要内容，在形式上和法律层面外包阶段，尤其是在安全或质控方面有较高要求的任务（项目），发包方势必会要求较多的实际管理权。因此，在外包初期、中期阶段，既需要双方在合作协议和方案，以及实际工作现场中体现承包方的全部责任，又需要设计并行执行方案，满足发包方对任务进度、标准、数量等方面的管理控制需求。

（5）承包方：由于外包需要过渡方案，因此在承包方选择上也需慎重。既不能导致由于外包而影响企业核心竞争力，又需要避免在相关政策尚未完备时，引发不利于合作的法律争议。同时，承包方的专业度也是外包合作是否顺利的关键。具体有以下建议：

① 社会上专业外包公司——较少。规模小的不规范，规模大的成本高，且容易与主业形成竞争关系，慎重选择。

② 派遣公司——非主流不建议选择。有派遣嫌疑，不建议选择。

③ 原派遣公司成立的没有派遣资质的公司——其实对发包方任务最熟悉、最"专业"的是原来的派遣员工；对任何一家外包公司来说，都不可能让派遣员工在短期内达到对任务熟练程度的相关要求。所以，选择外包供应商时，现有的派遣公司成立新公司承接原来的派遣岗位所涉及的任务或项目是最经济、最"安全"、员工个人就业以及收入等合法权益得到"最大程度"保障的选择，建议选择。

④ 混合所有制——通过股份制、联营形式共同成立公司，适合用工人数较多的企业，建议选择。

⑤ 承包方应该有能力在不同合作阶段，在合规基础上，围绕双方经济合作协议编撰、员工劳动合同内容调整、管理流程和工作规范设计方面提供

适当的服务。

4. 用工企业的组织结构和用工机制调整方案建议

在目前形势下，即使按照上述原则进行派遣制用工转型，组织也需要在用工机制方面进行结构性的创新和调整，方能适应相关的转型需要。比如母子公司人力资源管控模式改变，在某些单位就可以避免集团某一家机构派遣比例超过标准，从而以最低成本满足派遣制用工的合法合规要求。

（作者单位：东方慧博人力资源有限公司）

参 考 文 献

[1] 董凤华. 我国现行劳务派遣制度存在的问题 [J]. 合作经济与科技，2010（8）.

[2] 常进. 浅议劳务派遣用工管理 [J]. 当代经济，2009（08）.

[3] 李坚，汪丽华，屠聂华. 浅析企业劳务派遣用工风险及其应对策略 [J]. 中国人力资源开发，2011（12）.

[4] 白永亮. 劳务派遣用工范围界定方式应调整 [N]. 中国劳动保障报，2012－12－04.

北京市老年人再就业促进研究

计娇娇 *

内容提要：据第六次人口普查数据，截至 2013 年年底，北京市 60 岁及以上户籍老年人口 279.3 万人，占总人口的 21.2%；65 岁及以上户籍老年人口 191.8 万人，占总人口的 14.6%。人口老龄化现象的产生和快速发展是经济、社会发展到一定阶段的必然产物。老龄化造成劳动力供给减少，抚养比升高，消费结构和储蓄率的变化，还影响经济的可持续发展。老年人再就业是缓解老龄化的有效途径，笔者分析了北京市老年人再就业的现状以及从性别、年龄、受教育水平、婚姻状况、养老金、子女数量方面分析了影响北京市老年人再就业的因素；分析了国外老年人再就业的有益做法，结合北京市老年人再就业现实情况，提出北京市老年人再就业促进政策。

关键词：再就业现状　影响因素　国际经验　再就业促进政策

一、北京市老年人再就业的必要性及可能性分析

1. 北京市老年人再就业的必要性

国际上通常用老龄化指数、抚养系数来反映一个地区的老龄化程度。截至 2013 年年底，全市户籍总人口 1316.3 万人，其中，60 岁及以上户籍老年人口 279.3 万人，占总人口的 21.2%；65 岁及以上户籍老年人口 191.8 万人，占总人口的 14.6%；80 岁及以上户籍老年人口 47.4 万人，占总人口的 3.6%。

根据表 1 和图 1 可以看出，近几年北京市老年人口的数量在不断增长，老年人口占总人口的比重在不断上升。根据国际上公认的划分，当一个国家或地区 65 岁及以上老年人口数量占总人口比例超过 7% 时，或者 60 岁及以上老年人口占总人口比例超过 10%，意味着这个国家或地区进入老龄化。

---

* 计娇娇（1990—），女，安徽淮北人，硕士研究生，主要从事人力资源管理研究。

根据这个标准，北京市早已进入老龄化的社会，且老龄化的程度在不断地加深。

表1 2009～2013年北京市分年龄组户籍老年人口状况

年份	总人数（万人）	60岁及以上（万人）	65岁及以上（万人）	60岁及以上占总人口比例（%）	65岁及以上占总人口比例（%）
2009	1245.8	226.6	166.7	18.2	13.4
2010	1257.8	235.0	170.5	18.7	13.6
2011	1277.9	247.9	177.6	19.4	13.9
2012	1297.5	262.9	184.6	20.3	14.2
2013	1316.3	279.3	191.8	21.2	14.6

资料来源：根据北京市2013年老年人口信息和老龄事业发展状况报告数据整理所得

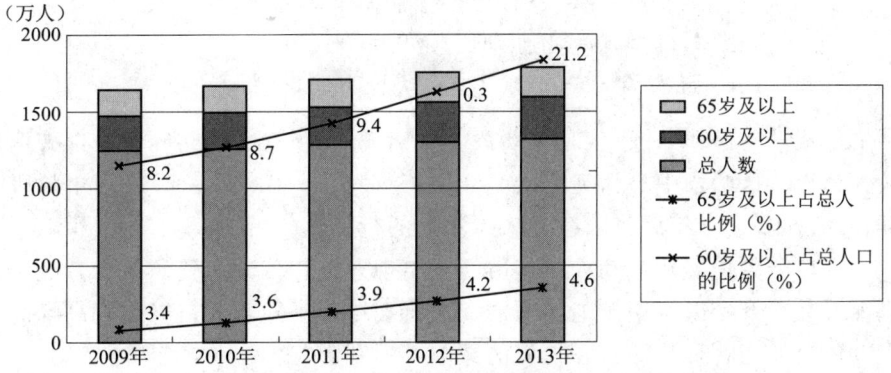

图1 2009～2013年老年人占总人口比重变化趋势图

资料来源：根据北京市2013年老年人口信息和老龄事业发展状况报告数据整理所得

国际上对人口老龄化程度的另一个检测标准就是供养系数，人口负担系数也称抚养系数、抚养比。它是指人口总体中非劳动年龄人口数与劳动年龄人口数之比，用百分比表示。它表明，从整个社会来看，每100名劳动年龄人口负担多少非劳动年龄人口。负担系数可分为总负担系数、少儿负担系数和老年负担系数。

根据以上北京市老年人抚养比的变化，可以看出北京市的老年抚养比在不断地上升，社会劳动力的负担在不断地加重，之前形成的人口红利也在慢慢地消失。

此外，根据2015年7月，北京市卫计委发布的《北京市卫生与人群健康状况报告》来看，北京市确实面临着严峻的老龄化现状，北京市的人口金

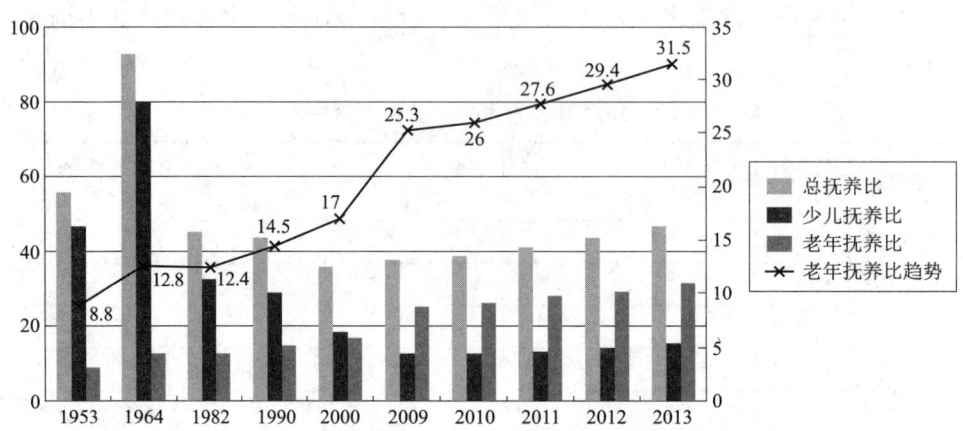

图 2　1953～2013 年北京市老年人抚养比的变化趋势

资料来源：1953～2000 年采用历届人口数据计算得来；2009～2013 年数据由
北京市 2013 年老年人口信息和老龄事业发展状况报告整理所得。
因为统计数据是个时间跨度较长的时间区间，所以并没有单独
列举 2001～2008 年单个年份的抚养比的数据。

字塔呈现"纺锤形"，也就是年龄段位于两端的人较少，"纺锤"中部有两段
较为突出。这两段中最为突出的是 45～60 岁这一年龄段，而这一年龄段人
群在经过 10～20 年后将陆续进入老年人的行列❶。

人口老龄化导致劳动人口年龄结构出现老化，劳动力资源减少，老年的
供养系数上升，国家用于老年人的支出将会增加，随着人口老龄化高峰的到
来，还会伴随着社会储蓄和投资的减少等不利影响。

2. 北京市老年人再就业的可能性

2013 年，全市共有 83％的老年人对自身健康的评价较好，其中 40％的
老年人认为自己身体健康，43％的老年人表示基本能保证正常的生活工作，
并且年龄越小的老年人身体健康状况的自我评价越好。北京市 60 岁及以上
户籍老年人口中，60～69 岁老年人口 141.6 万人，占 50.7％；70～79 岁老
年人口 90.3 万人，占 32.3％；80～89 岁老年人口 44.1 万人，占 15.8％；
90 岁及以上老年人口 3.3 万人，占 1.2％。由此可见北京市老年人中以 60～
69 岁的低龄老年人为主（见图 3）。

根据第二次中国城乡老年人口状况追踪调查显示，城市没上过学的老年
人占 16.4％，私塾占 2.4％，小学占 34.1％，初中占 23.9％，高中（中专）

---

❶ 中国老龄科学研究中心．北京已进入老龄化社会，每 5 个人就有一位老人［EB/OL］.
http://www.crca.cn/index.jsp，2015－06－30/2015－12－25.

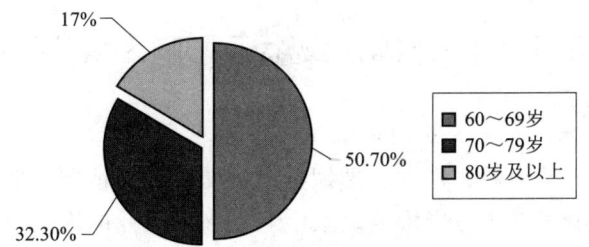

17%
50.70%
32.30%

■ 60～69岁
■ 70～79岁
□ 80岁及以上

图3 2013年北京市60岁及以上户籍老年人口年龄构成

资料来源：北京市2013年老年人口信息和老龄事业发展状况报告

占15.9%，大专以上占7.3%。而农村没上过学的老年人占51.4%，私塾占4.1%，小学占34.7%，初中占8.3%，高中（中专）占1.3%，大专以上占0.2%。而从北京市人口普查中老年人受教育的情况可以看出，北京市老年人的受教育状况要好于全国的城乡水平（见表2）。

表2 北京市老年人受教育状况

	未上过学	小学	初中	高中	大学专科	大学本科	研究生	专科及以上
60～64岁	3%	0.5%	40.5%	18.0%	10.5%	7.2%	0.49%	18.2%
65～69岁	4%	23.3%	32.1%	19.2%	9.0%	11.5%	0.47%	21.0%
70～74岁	10%	32.8%	20.9%	14.1%	6.9%	14.8%	0.39%	22.1%
75～79岁	21%	36.0%	16.5%	10.2%	5.7%	10.7%	0.51%	16.9%
80～84岁	30%	34.0%	13.8%	8.0%	4.2%	9.8%	0.52%	14.5%
85岁及以上	38%	31.3%	11.9%	6.8%	3.1%	8.7%	0.45%	12.3%
合计	11%	27.6%	27.6%	14.9%	7.9%	10.5%	0.47%	18.9%

资料来源：根据北京市2010年人口普查中全市6岁及以上人口分年龄、性别、受教育程度整理计算所得

根据北京民政局于2013年9月发布的《北京市老年人口心理健康及需求状况调查研究报告》显示，北京市老年人的精神健康水平高于全国平均水平。这一点也不失为北京市低龄老人再就业的一个重要论据支持。

老年人就业是个不可避免的选择，而且随着时代的进步，老年人再就业是十分可行的。物质生活水平的提高使老年人身体状况提升，平均寿命延长。再者随着产业结构的优化升级、经济结构的变化，不适合老年人劳动的繁重的重体力活的岗位在不断减少，需要年长者经验和技能的岗位在不断增加。

二、北京市老年人再就业现状及影响因素分析

1. 北京市老年人再就业的现状

笔者主要根据年龄、性别、婚姻状况、受教育的情况、健康状况和是否有养老金这几个因素来考虑影响北京市老年人再就业的因素。本节的数据主要根据国家卫生计生委展开的"国家 2014 年中国计划生育家庭发展追踪调查"的北京市家庭问卷及老年人个人问卷整理所得。北京市的调查问卷合乎条件的老年人信息为 523 人，其中男性 241 人，女性 282 人❶，基本信息见表 3。

表 3 北京市老年人基本信息表

基本信息		总人数 523	
		人数	占抽样老年人总数比
性别	男	241	46.1%
	女	282	53.9%
年龄	60～64 岁	84	16.1%
	65～69 岁	112	21.4%
	70～74 岁	156	29.8%
	75～79 岁	109	20.8%
	80 岁及以上	62	11.9%
婚姻状况	有配偶	372	71.1%
	无配偶	151	28.9%

❶ 老年人的样本取得具有信度和效度，根据国家卫生计生委的调查，前期数据的取得是通过将北京市划分为几个主要的区域，采用地图抽样的方式，从中采用电脑随机抽取几个区，再抽取的大区中，随机抽取具体的几个小的区域，然后再具体到户，从北京市抽取的 2000 多户，得到符合条件的老年人是 523 人。老年人再就业主要是低龄老年人的再就业情况，所以针对分析的需要，把老年人的年龄阶段分为五组：60～64 岁、65～69 岁、70～74 岁、75～79 岁及 80 岁及以上。婚姻状况针对原问卷设计的同居、已婚、未婚、丧偶的情况整合为有配偶和无配偶的情况。原问卷中对于受教育的情况划分为未上过学、小学、初中、高中、大学专科、大学本科、研究生及以上，现笔者整理的为小学及以下、初中、高中、大学专科、大学本科及以上。其中，老年人的健康状况是由问卷做完以后系统自动生成的，只分为完全自理和残障失能，笔者认为这并不能准确地说明老年人的身体健康状况，所以根据老年人对于身体机能问题的回答和对健康状况的自我评价，将老年人的健康状况划分为健康、基本健康、不健康但生活可以自理、生活不能自理。

基本信息		总人数 523	
		人数	占抽样老年人总数比
受教育状况	未上过学	79	15.1%
	小学	113	21.6%
	初中	150	28.7%
	高中	95	18.2%
	大学专科及以上	86	16.4%
健康状况	健康	157	30.0%
	基本健康	234	44.7%
	不健康但生活可以自理	106	20.3%
	生活不能自理	26	5.0%
子女数	0 个	2	0.4%
	1 个	73	14.0%
	2 个	239	45.7%
	3 个	138	26.4%
	4 个及以上	71	13.6%
养老金	有	390	74.6%
	无	133	25.4%

资料来源：根据 2014 年国家卫生计生委展开的中国计划生育家庭发展追踪调查北京市家庭及老年人问卷计算整理所得

（1）北京市老年人再就业以低年龄组的男性老年人为主

老年人的再就业与老年人的性别和年龄密切相关，从表 4、图 4 可以看出，可见随着年龄的增加，老年人的再就业率是下降的。再者，在再就业中女性的比例要远远低于男性就业的比例，究其原因笔者认为，劳动市场比较偏好男性，一般来说，男性体能素质要好于女性，而女性老年人则对于家庭成员具有更强的依赖性，女性在退休后大多是忙于照顾老伴或是子孙后代，这与中国的传统也是分不开的。

表 4　分年龄性别的老年人再就业

年龄组（岁）	男　性			女　性			总　体		
	人数	分布	再就业率	人数	分布	再就业率	人数	分布	再就业率
60～64	24	43.6%	54%	10	38.4%	25%	34	41.9%	40.4%

年龄组 （岁）	男　性			女　性			总　体		
	人数	分布	再就业率	人数	分布	再就业率	人数	分布	再就业率
65～69	20	36.3%	43.4%	12	38.4%	18.1%	32	39.5%	28.5%
70～74	9	16.3%	12%	3	11.5%	3.7%	12	14.8%	7.6%
75～79	2	3.6%	3.7%	1	3.8%	1.8%	3	3.7%	2.7%
80及以上	0	0%	0%	0%	0%	0%	0%	0%	0%
合计	55	100%	22.8%	26	100%	9.2%	81	100%	15.4%

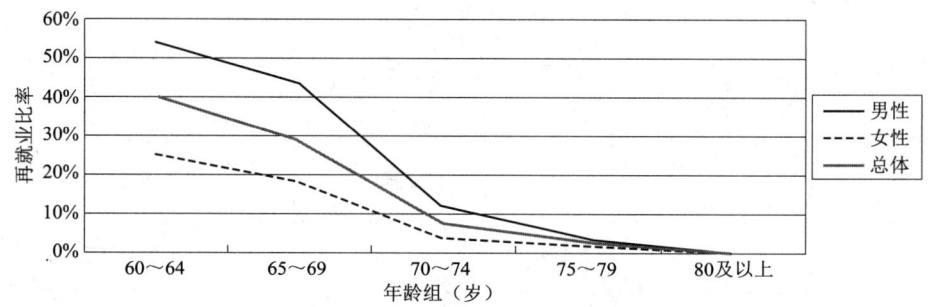

图4　老年人再就业随年龄及性别的变化趋势

（2）健康状况好的老年人再就业率高

与年龄一样，健康也是影响老年人再就业的重要因素，老年人的再就业需要考虑身体可承受的范围。年龄的增长会伴随着人体体能的下降，一般情况下年龄越小的老年人健康状况越好。由于年事已高，造成老年人生理机能的下降，虽想再就业而"心有余而力不足"也让人无可奈何，从表5、图5中的数据也可以看出，健康状况越好的老年人再就业率越高。

表5　健康状况与老年人再就业

健康状况	就业人数	分布	再就业率
健康	42	51.8%	26.7%
基本健康	35	43.2%	14.9%
不健康但生活可以自理	4	4.9%	3.7%
生活不能自理	0	0	0%
合计	81	100%	15.4%

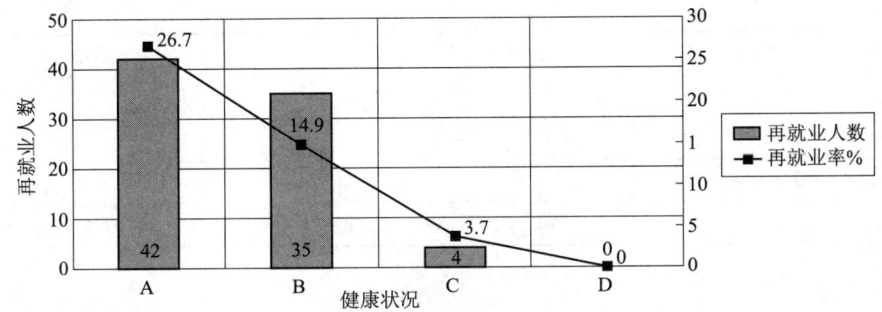

图 5 老年人再就业率随着健康水平变化的趋势

（3）有配偶的老年人的再就业倾向更高

从表 6 可以看出，有配偶的老年人的就业率较高而无配偶的老年人就业率较低，一般情况下，有配偶的老年人大多是年纪较轻的低龄老年人，高年龄的老年人有配偶的可能性要低于低龄的老年人。

表 6 婚姻、性别状况与老年人再就业

婚姻状况	男　性		女　性		总　体	
	人数	再就业率	人数	再就业率	人数	再就业率
有配偶	45	26.6%	24	11.8%	69	18.5%
无配偶	10	13.8%	2	2.5%	12	7.9%
合计	55	22.8%	26	9.2%	81	15.4%

（4）子女数量与老年人再就业的关系不大

根据表 7 的数据，笔者认为，老年人拥有的子女数量与老年人的再就业没有确切的关联关系。其中 0 个子女数的老年人的再就业率较高，可能是因为调查问卷的数据具有偶然性。因为在此次调查中，没有子女的老年人总共有 2 个，有一位老年人再就业，从而导致 0 个子女的老年人的再就业率较高，这具有偶然性。当然在之后的变异系数分析中，因为这一项可能会加大子女数这一影响因素对北京市老年人再就业的影响，所以笔者对于这一项是分开考虑的。

表 7 子女数与老年人再就业

子女数	再就业人数	分布	再就业率
0 个	1	1.2%	50%
1 个	9	11.1%	12.3%

续表

子女数	再就业人数	分布	再就业率
2个	42	51.8%	17.5%
3个	17	20.9%	12.3%
4个及以上	12	14.8%	16.9%
总计	81	100%	15.4%

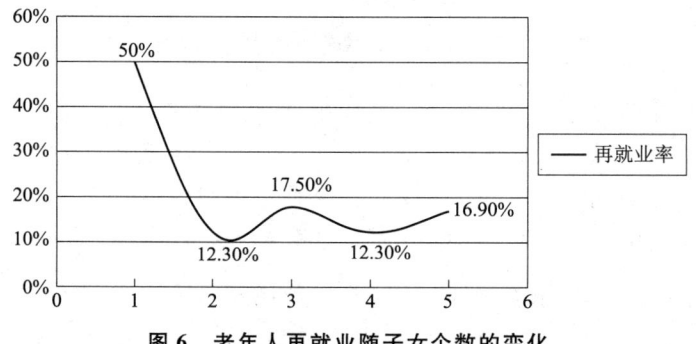

图6 老年人再就业随子女个数的变化

（5）无养老金的老年人比有养老金的老年人再就业率高

老年人再就业水平与是否有养老金是相关的，一般情况下，没有养老金的老年人比有养老金的老年人有更高的再就业倾向（见表8）。

表8 养老金与老年人再就业

	就业人数	分布	再就业率
有养老金	54	66.6%	13.8%
无养老金	27	33.3%	20.3%
合计	81	100%	15.4%

（6）受教育水平是影响北京市老年人再就业的重要因素

教育是人力资本投资的一种重要方式，老年人在退休后继续就业则是人力资本投资回收残值的过程。对于受了高等教育，本身受教育的时间长、投资多，如果按相同的退休时间退休后，那么这也是对人力资源的一种浪费。根据以上北京市部分老年人再就业与教育的数据（见表9）可以看出，一般情况下，针对受教育的情况是年轻人好于老年人，低龄老年人要好于高龄的老年人，受教育的程度不仅影响老年人的就业还影响老年人的再就业。老年人再就业的水平随着受教育水平的提升而增加。尤其是针对高中、大学专科及以上学历的老年人影响尤其明显，所以受教育水平不仅影响老年人的就业，也是影响老年人再就业的重要因素。

表9　受教育水平与老年人再就业

受教育水平	再就业人数	分布	再就业率
未上过学	7	8.6%	8.8%
小学	14	17.2%	12.3%
初中	16	19.7%	10.6%
高中	17	20.9%	17.8%
大学专科及以上	27	33.3%	31.3%
合计	81	100%	15.4%

（7）北京市老年人再就业率整体偏低

根据以上对于北京市老年人再就业的基本信息的分析，可以看出北京市老年人再就业受各种因素的影响，其最终结果是北京市老年人的再就业率不高，根据以上数据的处理和计算，北京市老年人的再就业率为15.4%。这个数值并不算高。1994年，美国在65～69岁年龄段中，男性老年人再就业率为27%，2004年增加到33%，增加6个百分点。而女性老年人的再就业率从1994年的18%增加到2004年的23%，增加6个百分点，十年间有了明显提高。

2. 影响北京市老年人再就业因素分析

根据上一小节对北京市老年人再就业现状的分析，可以看出在北京市老年人再就业的过程中，年龄、性别、婚姻状况、是否有养老金、健康状况以及子女数量都会对老年人的再就业产生不同程度的影响。下面笔者主要采用变异系数的分析法，分析各个因素对北京市老年人再就业的影响程度。

变异系数（coefficient of variation），当需要比较两组数据离散程度大小的时候，如果两组数据的测量尺度相差太大，或者数据量纲不同，直接使用标准差来进行比较不合适，此时就应当消除测量尺度和量纲的影响。而变异系数可以做到这一点，它是标准差与其平均数的比。因此采用变异系数的分析方法来测度影响北京市老年人再就业的影响因素是客观的。

算术平均数：
$$\overline{x} = \frac{\sum x1 + x2 + x3 + \cdots\cdots xn}{n} \qquad 式（2-1）$$

$$\sigma^2 = \frac{1}{n}\sum_i (xi - \overline{x})^2 \qquad 式（2-2）$$

标准差：
$$\sigma = \sqrt{\dfrac{\sum\limits_{i}(xi-\overline{x})^2}{n}}$$
式（2－3）

变异系数：
$$CV = \dfrac{\sigma}{X} \times 100$$
式（2－4）

下面主要是采用变异系数的计算方法，利用表 4 至表 9 的数据，首先根据式（2－1）分别计算出各个变量的各组平均数，然后利用式（2－3）计算各组的标准差，最后根据式（2－4）计算可得各个影响因素的变异系数。计算结果如表 10 所示。

表 10 北京市老年人再就业影响因素的变异系数分析（1）

序号	影响因素	各组再就业率的平均数	标准差	变异系数
1	健康	11.325	10.435	0.922
2	年龄	15.84	14.17	0.895
3	子女数	21.8	14.27	0.654
4	受教育	16.16	8.147 2	0.504
5	性别	16	6.8	0.425
6	婚姻	13.2	5.3	0.402
7	养老金	17.05	3.117 9	0.182

在此表中，子女数这一影响因素对老年人再就业的影响程度较大，根据表 10 的分析可以看出占整个调查数据 1‰ 的没有子女的老年人中有 1 个再就业者，所以这部分的再就业率较高，可能拉高了整体平均数和标准差，所以在下面的分析中剔除了这部分数据的影响，得到表 11 的变异系数数据。

表 11 北京市老年人再就业影响因素的变异系数分析（2）

序号	影响因素	各组再就业率的平均数	标准差	变异系数
1	健康	11.325	10.435	0.922
2	年龄	15.84	14.17	0.895
3	受教育	16.16	8.147 2	0.504
4	性别	16	6.8	0.425
5	婚姻	13.2	5.3	0.402
6	养老金	17.05	3.117 9	0.182
7	子女数	14.75	2.459	0.167

根据本节北京市老年人再就业的现状和影响北京市老年人再就业的因素

分析，可以看出年龄、健康状况、受教育状况对老年人再就业率有比较明显的影响。老年人再就业的水平是比较低的。针对老年人再就业这一议题，根据一直以来国内外的理论和实践研究，发展老年人再就业不仅是老有所为，有利于老年人身心健康，而且措施得当可以促进社会发展、经济进步。因此在分析北京市老年人再就业的现状和影响因素后，针对北京市老年人再就业率并不高的情况分析国内外在老年人再就业方面的有益做法。

三、老年人再就业的国际经验

1. 日本经验

日本作为我们的东方邻国，在 20 世纪 70 年代，经济迅速崛起，而其中庞大的劳动力后备军是"日本经济奇迹"发生的重要内部因素。但随着日本老龄化的发展，人口结构的老化和劳动年龄人口的减少已经严重制约了日本经济的发展。

日本政府已经深刻地意识到了老龄化对日本经济社会的影响并采取了一定的缓解措施。日本有专门的老年人职业介绍中心——银色人才中心，该中心通过吸收身体健康和有再就业意愿的老年人为会员，并将从政府、企业或私人等处接到的有报酬的、短期的或者辅助性的工作提供给中心的会员。银色人才中心为老年人提供的大部分是一些简单的轻体力活，例如：园木修剪、自行车停车场的整理、公园清扫、垃圾分选等。这些往往是公共事业，对于年轻人来说可能工资低点，但是大部分的老年人都是不介意的。这不仅解决了日本老年人退休后多种多样的再就业需求，也给老年人从工作岗位退休到颐养天年之间提供了一个很好过渡阶段。与此同时，为企事业单位提供了弹性工作人员，节省了企业开支。

日本政府制定了全面的老年人再就业政策和健全的老年人年再就业权益保护法。2001～2013 年日本逐步把年金支付的年龄提高到 65 岁，多次修改和完善《老年人雇佣稳定法》，增加老年劳动者的雇佣数量，在稳定法内明确规定企业有义务雇用老年劳动者。为了减少稳定法运行的阻力，日本政府对继续雇佣老年人的企业给予奖励，减轻因为提高退休年龄而给企业带来的成本，减轻了企业的负担。在鼓励企业继续雇佣老年劳动力的同时，积极支持老年人创业活动，政策规定如果是 45 岁以上的中高龄人员共同创业，并且在企业的运作中雇用中高龄人员就业，则政府给予一定的创业资金支援。老年人创业不仅可以解决自身就业问题，还可以产生新的就业机会。

日本政府积极提倡老年人再就业并制定一系列的老年人再就业保障措

施，目前整个社会对老年人再就业的态度是以支持为主的，通过继续雇佣和鼓励老年人创业的制度，极大地增加了日本再就业的老年人人数。据统计，日本 65～69 岁老年人再就业率在 2010 年为 37.6%，预计 2030 年可以提高到 46.2%。同期 70～74 岁日本老年人的就业率从 22.2% 提高到 28.9%[1]，极大缓解了老龄化对日本经济社会的压力。在日本，我们可以很容易地发现，公共交通司机、园林美化、垃圾分类人员、保洁员、物业管理员等大部分都是老年人。日本每 100 名就业人口中就有 10 名是 65 岁以上老人，并且持日本高龄就业证者的数量还在继续增加。

2. 美国经验

美国在 1990 年时，65 岁及以上的老年人口占总人口的 12.3%，这个数值在 2025 年时预计会上升到 20.7%，而且在 2030 年之后，美国的 75 岁及以上的老年人会占到老龄人的一半以上。总之，美国目前处在一个逐渐变老的社会。美国于 20 世纪六七十年代出台了《美国老人法》并修正了《禁止歧视老人就业法》，取消了强制性退休的法律条文，禁止强制 70 岁以下的雇员退休。1983 年，美国以法律形式将退休年龄推迟到 67 岁。在保护老年人再就业权利的同时，注重和发展老年人教育事业。美国在 20 世纪六七十年代出台了第一部终身教育法，实行普遍的社区教育模式。社区老年大学属于非营利性组织，社区教育使得各个老年大学之间互相连接，实现信息的网络式共享。

对于有强烈再就业愿望，但是本身缺乏相关技能和经验的老年人，由政府组织职业培训和课程学习。这些课程是面向广大的老年人的，所以在筛选学员的时候，不能以任何理由将任何一名 50 岁以上的老年人排除在课程之外。在接受课程培训后，可以推荐其到社区企业就业。此外，50 岁以上的高龄者在接受职业训练及就业辅导结业后，无论是否进入职场工作，都可以与 50 岁以下人同样享有受训期间的生活津贴、交通补助津贴、意外保险及各项优惠福利。

美国的老年学专家、马里兰大学研究生院院长斯科特·巴斯指出，《财富》刊登的名列前茅的 500 家公司都非常愿意雇用有经验的老年员工，尤其是一些服务性行业。根据斯科特·巴斯的研究，在美国，目前很多连锁企业如沃尔玛特、麦当劳和 CVS 药品等都在尽量雇用老年人，这些老年人也得到了其他年龄同事的尊重和爱戴。为了引起人们对老年员工价值的注意，联

---

[1] 人口统计资料（2013 年），国立社会保障与人口问题研究所 [OL]. http://www.ipss.go.jp/index-e.asp.

邦老年人培训项目——"绿拇指",每年都专门选出一名老年员工进行表彰,参加项目的老年人不仅得到了支付账单所需要的生活资金,也得到了再就业后生活的幸福感。

由于近年来美国劳动力市场对劳动力的迫切需求和美国快速增长的老年人人口数量,美国老年从业人员的数量正在增长。在美国,老年人退休后再就业已经成为一种潮流。

3. 韩国经验

1999 年年末,韩国 65 岁以上人口数为 320.4 万,占全国总人口的 6.8%,2000 年时占 7.2%,2010 年上升到 11.0%。韩国官方统计厅预测韩国老年人将会迅速增加,2018 年 65 岁及以上的老年人口将占总人口的 14.3%。以这个增长趋势来看,到 2026 年这个人数将增加到 1021.8 万,占总人口的 20.8%,老龄化程度不断加深,老龄化问题也是韩国政府非常关注的问题。

2007 年,韩国颁布了《雇佣上禁止年龄歧视及老年人雇佣促进法》。该法对韩国就业中的年龄歧视问题做了更加详细的阐述,明令禁止从招聘、录用到员工的工资、福利、工作条件,再到教育、培训、晋升和退职、解雇等方面的年龄限制和歧视。值得一提的是,该法还明确规定了遭受歧视后的权利救济制度。为了保障该法的顺利实施和防止新法实施所造成的劳动市场混乱,韩国采取了逐步实施的过渡策略。即从 2009 年 3 月开始,首先实行禁止在招聘和录用中有年龄歧视行为的政策。从 2010 年开始实施禁止在工作、工作以外的财务支付、社会福利、教育和培训、工作条件、升职、退职、解雇等场合年龄歧视的政策。此外韩国政府根据韩国劳动力市场的实际情况,制定了独具韩国特色的不属于年龄歧视法规:根据岗位的性质或者为了事业的正常运营而不得不设定年龄条件的,不属于年龄歧视;在经营上有必要根据工龄长短对工资和其他财物的支付方面合理区别对待的,不属于年龄歧视;此外,国家制定的促进特定年龄层就业的就业年龄限制政策,不属于年龄歧视。

韩国在老年人再就业中,政府、企业和个人三方共同努力。韩国首尔市推出"健康 100 岁的 2020 高龄社会总规划",成立"人生二次收成支援中心",向年长者提供长者创业支援、社会服务及退休规划等课程。课程结业后考取各类证书并再次工作,增加了社会的人力资源❶。政府对雇佣 55 岁

---

❶ 韩国三成退休老人选择再就业服务市场 [EB/OL]. [2015 - 08 - 04]. http://finance. huanqiu. com/cjrd/2015 - 08/7175298. html.

以上老年失业者达到职工人数 6％以上的企业，每雇一人补贴 9 万韩元及工资的 1/3。

根据经合组织对成员国老年人就业统计资料显示，以 2011 年为准，韩国 65～69 岁老年人就业率为 41.0％，继冰岛的 46.7％，排名第二，是成员国平均水平的 2.2 倍。这高于日本的 36.1％、美国的 29.9％、加拿大的 22.6％和英国的 19.6％❶。

四、北京市老年人再就业促进对策

从以上的分析可以看出，北京市老年人再就业的比率还比较低，在劳动力充裕和具有规模比较优势的中国，这个现象并不奇特。与此同时，预期寿命的延长和健康条件的大幅度改善使得很多老年人口能够继续参加经济活动，因此提高老年人再就业仍有很大的空间。

1. 灵活的就业方式，开发老年经济实体

积极开发和利用老年人力资源，实施老年人再就业，需要充分考虑老年人的特殊性。老年人虽然身体状况不如年轻人，但是老年人有几十年的工作经验和社会网络资源。提高北京市老年人的再就业率可以采用灵活的就业方式，通过开发老年经济实体来实现。

在全国各地，老年经济实体已有近 10 万个，老年经济实体是一个新生事物，它是以老年人为主体，从事各种生产型、经营管理型的经济运行组织，属全民所有制企业性质，实行集体所有制企业，为老年事业服务的经济实体。老年经济实体，既不给社会造成就业压力，也不至于成为社会"包袱"，又可跻身于市场经济。老年人强在"智"，弱在"体"，老年经济实体大多数属于第三产业，解决了老年病患的服务问题，是老年群体实现其社会价值的有效途径。事实上，很多老年人希望走出家门，在自己的夕阳时期，也可以充分的发挥自己的余热，实现自己的人身价值。这样不仅可以为老年人的晚年生活注入新的生机和活力，而且可以给国家减少财政负担。

因此应该积极发展老年人再就业的产业，使之既有利于社会整体，又有利于老年人个体。发展老年人再就业产业，应当选择那些通常需要很多年工作经验的行业或者年轻人不愿意从事的轻体力行业和时间自由行业。在笔者的分析中，我们可以学习日本老年人产业的发展，但在一定程度上避免与年

---

❶ 国际在线专稿．韩国老年人就业率居高 赶超日本 ［EB/OL］．［2013－01－14］．http：//gb. cri. cn/27824/2013/01/14/5892s3990656. html.

轻人的就业产生冲突。

2. 提升老年教育的功能定位，开拓老年教育的渠道

老年教育是提升老年人生存与发展的质量，实现健康老龄化、极老龄化的重要手段。美国、英国和日本等通过老年教育政策法制化、建立支持性的制度政策环境等措施，拓展各种教育渠道，不断提高老年人自我参与社会的能力，促进老年教育事业的发展。国外的老年教育不仅注重老年人生存能力的提高，也重视保障老年人的教育权利，不断提升老年人自我完善和参与社会的能力。相对于国外多渠道、法制化的老年教育，我国老年教育普遍停留在开展各种老年社会活动，丰富老年人生活，而忽视老年人自我发展和"老有所为"。《国家中长期教育改革和发展规划纲要（2010～2020年）》提出，以加强人力资源能力建设为核心，把老年教育纳入继续教育和终身教育体系。而老龄委《关于印发全国老龄工作委员会成员单位职责的通知》，又把老年教育发展定位于丰富老年人的文化生活。两种不同的说法表明我国对老年教育的定位还不明确。

我国老年教育投入和建设的重点是老年学校，而对普及性、便利性更强的社区老年教育则关注不够。对于很多老年人而言，退休并不意味着他们就放弃了学习。相反，很多老年人在退休以后因为有了更充裕的时间，更希望有更多的机会对自己进行完善和提高。因此如果当地能够增设一些老年大学或者针对老人的培训机构，不仅可以满足老人的相关需求，提高当地人口的综合素质，同时为老年人口更新自己的知识结构，提高自己的技术技能提供了可能，为他们今后的再就业打下良好的基础。

3. 北京市老年人再就业需要社会支持

低龄老年人是北京市老年人的主体，无论是由于什么原因，一些低龄老年人有再就业的愿望和意愿，特别是本身有一技之长、身体健康的老人，他们迫切希望继续发挥余热，希望在自己的老年阶段也能为社会做出贡献，继续实现自己的人生价值。老年人再就业也是老年人的一项权利，不管是否退休，但是，我国至今也没有一个部门能够有效地促进和帮助老年人再就业，而且老年人再就业不被社会重视，甚至有些老人再就业的过程中遭遇过阻力和歧视。

积极的老龄化是指老年群体和老年人自身在整个生命周期中，不仅在机体社会心理方面保持良好的状态，而且他们要积极地面对老年生活，作为家庭和社会的重要资源，可以继续为社会做出贡献。各级政府和非政府的组织以及全社会各行各业要根据老年人的需要、愿望和能力，努力创造条件，使他们参与社会的发展，充分发挥他们的作用。老年人从工作岗位上退下，要使他们享受终身教育，融入社会，力所能及地参与社会、经济、文化、政治、教育、体育等活动，给时间以生命，使他们活得更有意义和价值。

老年群体生活幸福的实现和老年人再就业不仅要求社会打破将高龄者视为无能、是社会的负担和无社会贡献可言的旧观念，还要确立积极老龄化的思想。倡导"积极老龄化的社会"就是要建立不分年龄，人人共享社会发展成果的机制，树立老年人不仅是社会的财富，也是家庭社会和国家可持续发展资源的观念，创造条件让老年人按照自己的需求、愿望、能力参与社会发展，并在需要的时候给予帮忙和照顾。

4. 政府对老年人再就业的重视

国外很多再就业的实践表明，虽然再就业是老年人自主选择，政府不必过多地干涉，但是由于各方面阻力的存在，如果政府不利用"公共权威"去强力推行的话，再就业是很难达到理想状态的。

当今的招聘会以年轻人为主，专门针对老年人的交流洽谈会不多，政府可以建立老年人才数据库和企业需求数据库，为用人企业和求职老年人搭建桥梁，并推行针对老年人再就业的就业中介，定期举办一次老年人才交流洽谈会，为有再就业意愿的老年人与用人单位之间建立交流服务平台。

健全法制，为老年人再就业提供法律保障。要及时修改、健全相关法律法规，努力消除就业的年龄歧视，保障再就业老年人的应有权利。《中华人民共和国老年人权益保障法》提出，国家和社会应当采取措施，健全保障老年人权益的各项制度，制定具有针对性的法律法规，禁止年龄歧视，老年人参加劳动的合法收入受法律保护，鼓励老年人在自愿和量力的情况下参与传授知识、提供咨询服务、科技开发、志愿活动等社会活动，实现社会和企业发展，与老有所养、老有所医、老有所为、老有所学、老有所乐的多赢格局。

另外，对于很多公益性的岗位需要政府出钱去购买，因为很多岗位单纯依靠市场的调节是行不通的，企业也不会做老年人再就业事业的活雷锋。对于老年人再就业可以给予物质上的激励，这种激励不仅是对老年人本身也是对企业的，对老年人自身无论是参与企业再次就业还是资助创业，政府可以给予财政上的支持和税费上的减免。对于招聘老年劳动者的企业可以给予税收上的优惠，积极鼓励企业招收合乎条件的老年人再就业。

5. 促进老年人再就业要把握合适的度

在面对全球大面积老龄化严峻的现实，各个国家纷纷寻找解决之法，在此过程中，老年人的作用到越来越受到重视，而老年人再就业的价值也得到越来越多的肯定。在这期间，各国政府出台一些政策法规来促进老年人再就业，缓解老龄化对国家经济和社会发展的负面影响。其实老年人再就业的过程，不仅有利于国家经济发展，社会稳定和谐，在很大程度上也是丰富自己的老年生活，在晚年继续实现自己的价值。

同样，面对北京市愈发严峻的老龄化现状，提倡老年人再就业也不失为其解决之法。北京市有丰富的老年人力资源，老年人的身体状况和受教育状况较全国其他地方都要好一些，但研究发现，北京市老年人再就业率并不高，在国内外无论是发达国家还是发展中国家比例都是比较低的。在这种情况下，提出北京市老年人再就业的价值提升政策是必要的，但是我们在学习国内外一些先进做法的同时，需要结合我们国家、北京市的具体情况及老年群体的特殊情况，坚持老年人再就业合适的度。根据笔者对于老年人再就业临界点的相关分析，老年人再就业不可歧视挤压，需要政府公平调节老年人再就业和年轻人就业的关系，给老年人公平再就业和发挥余晖的机会，满足老年人公平就业的权利。

（作者单位：北京物资学院劳动科学与法律学院）

参 考 文 献

[1] 刘帆．人口老龄化背景下我国城镇老年人再就业问题研究［D］．吉林：吉林大学，2013.

[2] 都留重人，马成三（译）．日本经济奇迹的终结［M］．北京：商务印书馆，1979：5－7.

[3] 白岩松．行走在爱与恨之间［M］．北京：北京联合出版公司，2014：170－174.

[4] 田香兰．日本老年人雇佣政策及其对中国的启示［J］．日本问题研究，2013（3）：36.

[5] 王树新，杨彦．老年人力资源开发的战略构想［J］．人口研究，2005（5）：63.

[6] 郑恩善．中韩两国老年人劳动力市场及老年再就业比较［D］．山东：山东大学，2010.

论公平就业

胡爽雨 *

内容提要： 无论是什么样的社会，人类彼此之间只要存在差异，就可能存在歧视。因此，歧视不可能从人类社会中消亡，但是相对公平的环境可以不断完善。从就业领域来说，就业歧视可以定义为"凡限制与劳动生产率无关的个人特征内容均属于歧视"。公平就业中的"公平"本身是一个相对的概念，在资源有限的前提下，尤其是就业市场上"钱多活少"的优质资源稀缺的情况，公平就业就显得更加"脆弱"。本文从"企业聘用政策""政策""代际"三个角度分析了"公平就业"问题，并提出了需要国家层面在进一步推进"法制"的同时，大力构建以"契约和信用"为价值导向的就业文化和环境等建议。

关键词： 公平就业　就业歧视　代际不公

一、企业聘用政策的"不公"

（1）对民族、性别、籍贯、宗教等方面的歧视目前在公开的招聘信息中已经逐渐减少，但是转移到"面试"的过程中，对籍贯、性别、婚育情况等方面的隐性录用条件限制，尤其会在面试后感觉能力一般的情况下成为拒绝录用的理由；面试官通常会策略性地给"不喜欢"的候选人一个很官方的理由。虽然谁都知道这种"歧视"现象的存在，但是很难取证，也很难执法。

（2）目前企业对学历方面的限制日趋严格，尤其是央企、国企或具有一定品牌实力的企业，由于自身提供的岗位机会是市场稀缺资源，求职者趋之若鹜，企业可以"任性"地优中选优。为了减少筛选简历和面试工作的压力，甚至明确非"211""985"学历不要。那么，这是否构成"歧视"呢？

* 胡爽雨（1968—），女，北京人，心理学专业（人力资源方向）硕士，高级经济师，研究方向为人力资源开发与管理。

在中国目前的教育体系环境下，"985""211"从教育领域就已经区分了"等级"，"985""211"学校的学历至少意味学生在基本能力以及后期得到的系统和专业教育资源方面比其他学校更具优势。因此，面对扩招后的大量毕业生，企业为了减少后期培养成本、为了新员工能快速适应岗位工作要求，快速形成符合要求的劳动生产效率时，定向选择上述学校的毕业生作为衡量胜任能力的方法，似乎也无可厚非。当然，从企业的角度来说，这样的选择也并不是没有风险，好学校的学生的薪酬要求更高、事业发展的空间和机会要求更挑剔，未来流动性也会更高。因此，站在市场的角度，就业是双方合意的过程，在基本的法律框架下，单纯从"学历要求"这一个方面看，企业招聘中要求的学历条件"高"也无可厚非，且学历限制本身并非对社会成员某种基本权利的剥夺。

（3）与"学历限制"相比，企业面试聘用标准的另一种现象更有"歧视"的嫌疑：有的企业自认为公司品牌和薪酬有竞争实力，或者认为提供的这份收入必须"物超所值"，因此将岗位的"胜任能力和素质"溢价，除了要求经验、能力外，同时对年龄、相貌、性别、婚育等明确属于《劳动就业法》中禁止的条款提出要求，这种现象对于猎头顾问来说，已经成为家常便饭。这种所谓的高标准聘用条件其实造成社会资源的巨大浪费，不仅企业招聘周期延长、招聘成本增加，众多能力适合的人才被拒之门外，而且个人的不公感受以及求职期延长对就业环境的不稳定影响，无疑具有较多负面影响。

二、政策性不公

（1）法定劳动关系的约定：劳动关系本来是"双方合意"的契约环境下，本来可以有多重形式，法律可以限定"禁止"的非法雇佣方式，但不应该限制过多。《劳动合同法》《劳动法》基于"长期用工"角度，明确了有限的"合法"用工方式，除了标注劳动关系、派遣用工、小时工、已完成一定工作任务用工属于合法"劳动关系"外，保姆等均属于民事雇佣关系，不受劳动合同法保护，也同样得不到基于"固定""长期""稳定"劳动关系构建的国家社会保障体系的支持和保护，从而带来政策不公的另一个内容。

（2）社保体系：我国当前的社保制度是基于劳动合同法"法定"标准劳动关系构建的，"三高"的属性将灵活就业拒之门外，有限的社会资源并没有真正对那些希望选择"灵活就业"的人群提供"公平的"社会保障。在我国，"灵活就业等于非正规就业"，"非正规就业等于不稳定因素"，但是，从国际劳工市场的信息分析，国外大量多种形式的灵活就业不仅能促进社会分工的多元化就业需要，满足个体就业偏好，同时，在资源有限的情况下，在缓解失业压力、降低社会不安定因素方面具有非常重要的意义。虽然国内对非正规就业也有养老、医疗等个人缴费政策，但是可以明显看出，与正规就业相比，非正规就业人员缴费负担大，医疗保险参保后等待期过长（正规就业当月参保当月生效，3~6个月，各地不等）等已经造成"不公"。

（3）双轨制的养老体系更是成为就业不公中的"诟病"。虽然目前事业单位的双轨制正在逐渐取消，但是事业单位员工的"职业年金"制度又是一个"有针对性""有选择性"的政策，体制内的养老金账户与体制外是分别设立的，体制内的养老金支付能力远大于体制外的，同时，目前无论是企业年金还是企业养老保险无疑都给企业的支付能力带来较高压力。但是事业单位本身不存在这种压力，因此目前虽然解决了"双轨制"的不公，但是从现阶段来说，新的不公依然存在。

（4）就业中的"优待"性政策。国家对少数民族、复转军人等再就业方面均有明确的政策性保护或"优待"要求。所谓优待无非是"高贵的歧视"，解决上述社会问题不能仅靠"就业"这一个环节。

三、代际不公

现在已经较少看到 20 世纪 70 年代、80 年代国企"子承父业"的照顾政策，但是据共青团中央学校部、北京大学公共政策研究所的联合调查显示，有 41.61% 的学生已经承认：通过家庭和个人社会关系、托熟人是最有效的求职途径。而垄断行业的"高薪"诱惑，让那些父母辈有优质资源的大学生更容易获得垄断行业的"金饭碗"。而我国现有应试教育体制下、教育资源分配不均的社会环境下，高等教育本身就更具有特权属性，受过高等教育的父母进入优势行业、企业的机会就更多，而就业中的代际效应就更加显著。虽然目前尚未对这方面有较为全面和深入的调研，但是家庭背景对大学生求职成功率、求职渠道便捷性以及较高薪酬等方面，均有研究证明具备正相关性。

四、建议

促进公平就业不能单纯要求企业或雇佣者个人的价值观念提升，更多需要国家层面在进一步推进"法制"的同时，大力构建以"契约和信用"为价值导向的就业文化和环境，让求职者在享受同等的社会保险机制下，根据自身的能力、爱好等个人优势，选择适合的方式就业；同样，也给企业在守法合法的前提下，有更多适应市场变换、经营特征的多种用工方式的选择，社会才能提供更多的就业资源，就业的不公才能有效"控制"，才能保证就业市场正常有序、积极活跃的状态。

（作者单位：东方慧博人力资源有限公司）

参 考 文 献

[1] 吴晶，傅勇涛，华春雨，熊争艳，海明威. 十八大代表探讨社会公平保障体系建设 [J]. 就业与保障，2012（12）.

[2] 李晓华，金久仁. 大学生就业公平中的阶层壁垒 [J]. 现代教育管理，2010（09）.

[3] 郭伟. 浅析女大学生就业歧视问题 [J]. 中国科技投资，2012（30）.

[4] 董琳，孙宏伟. 市场、政府和法治对就业公平保障之比较研究 [J]. 法制与经济（下旬），2010（03）.

劳动关系问题研究

❖ 新常态下劳动关系和谐评价研究
❖ 我国国有企业劳动关系现状研究
❖ 企业工人代表的社会选择
❖ 基于集体谈判利益博弈的和谐劳资关系构建

新常态下劳动关系和谐评价研究

—— 以通州区张家湾镇为例

邹晓美[*]

内容提要： 2015 年 3 月 21 日中共中央国务院关于构建和谐劳动关系的意见中，要求各级党委和政府把构建和谐劳动关系作为一项紧迫任务，摆在更加突出的位置，采取有力措施抓实抓好。劳动关系是社会关系的重要组成部分，随着社会的发展，劳动关系出现多元化、复杂化、国际化等趋势。如何评价劳动关系的程度是目前十分关注的问题。本文根据北京市通州区的实际情况，构建了通州区劳动关系和谐指数的指标体系，并对张家湾镇 2014 年的劳动关系和谐数据进行实证分析。

关键词： 劳动关系　和谐劳动关系　和谐劳动关系指数

一、劳动关系及和谐指数的含义

伴随着我国劳动力市场用工形式多样化的特点，目前，劳动关系也呈现出多元化、复杂化、国际化的特性。尽管总体上我国在劳动关系上是和谐的，但争议和冲突也时有发生，如违反劳动法律法规的情况、拖欠工资而发生的劳动争议、不签订劳动合同或劳动合同履行情况不佳、对劳动者的职业危害等，和谐的安全生产形势严峻。因此，迫切需要我们对于新常态下的劳动关系进行研究，目的在于政府能够及时准确地把握劳动关系变化的态势，为监测劳动关系变化提供有力的工具，更好地服务于社会主义和谐社会的建设。

"和谐劳动关系"的提出分为三个阶段：一是在党的"十六"大之前，"和谐"作为"劳动关系"的定语提出来，称之为"和谐的劳动关系"或

＊ 邹晓美（1961—），女，湖北红安人，教授，主要研究方向为经济法、劳动法。

"和谐稳定的劳动关系"。二是党的"十六"大之后，紧随着我国"和谐社会"的提出，"和谐劳动关系"逐渐明晰起来。三是在 2015 年 3 月 21 日中共中央国务院关于构建和谐劳动关系的意见，要求各级党委和政府把构建和谐劳动关系作为一项紧迫任务，摆在更加突出的位置，采取有力措施抓实抓好，正式由国家最高行政机关国务院以意见的形式提出。

和谐劳动关系要从微观劳动关系和谐度评估指标体系、宏观劳动关系和谐度评估指标体系两方面进行评价，重点关注劳动合同制度、劳动标准制度、工会制度、集体合同制度、劳动纪律和规章制度、职工民主管理制度、劳动争议处理制度等，并对开展劳动关系和谐度评估工作提出了具体设想[1]。从劳动者就业及工资状况、劳动者就业环境及受保护程度、劳动者民主程度及其发展前途等三方面评价入手，通过劳动合同、就业培训、工资、劳动条件、劳动时间、社会保障等状况，以及工会组织情况、劳动争议率、经济效益与文化等内容建构企业劳动关系和谐度评价指标体系[2]。和谐劳动关系的基本特征可用 12 个字来概括，即规范有序、公平合理、合作互利。

二、通州区劳动关系和谐情况调研

2014 年 10 月，我们的调研小组共有北京物资学院的 23 名大学生参与，对通州区张家湾镇的劳动关系状况进行了问卷调查。张家湾镇位于通州新城区南，全镇有工业、企业近千家，是通州区发展状况较好的乡镇。在张家湾镇，我们分别对当地的企业和企业职工发放了问卷，发放给职工的问卷为"通州区企业职工劳动关系状况调查问卷"，共发放问卷 313 份，有效问卷为 300 份；发放给企业的问卷为"通州区企业劳动关系调查问卷"，共发放问卷 123 份，有效问卷为 100 份。我们对回收的问卷进行数据统计后，得到以下数据，并分析出存在如下问题。

1."通州区企业职工劳动关系状况调查问卷"分析

（1）问卷基本情况分析

① 企业职工基本信息

有效数据中参与调查的员工共有 300 人，其中男性职工 114 人，占员工总数的 38%，女性职工 186 人，占总员工数的 62%。

关于职工年龄。25 岁以下职工所占比例为 8.1%，26～30 岁员工所占比例为 13.51%，员工多以 31～40 岁为主，所占比例为 58.11%，41～50 岁职工所占比例为 17.57%，51 岁以上员工所占比例为 2.71%。

关于职工学历，如表 1。

表1　职工学历分布表

	初中及以下	高中	专科	本科	研究生及以上
人数	28	74	102	93	3
百分比	9.33％	24.67％	34.00％	31.00％	1.00％

关于职工入职年限，如表2。

表2　职工入职年限分布表

	1年以下	1～3年	3～5年	5年以上
人数	45	87	28	140
百分比	15.00％	29.00％	9.33％	46.67％

② 劳动关系状况现状

企业是否签订劳动合同：有264位职工和企业签订了劳动合同，占88％；有36位职工没有和企业签订劳动合同，占12％。没有签订劳动合同的36位职工中，有16人是因为企业没有与其签订劳动合同，有20人是因为自己不愿与企业签订劳动合同。

关于劳动合同的签订方式，见表3。

表3　劳动合同签订方式

	企业拟定并与职工协商后签订	企业单方面拟定，强制性签订	工会指导职工签订
人数	258	28	14
百分比	86％	9.33％	4.67％

关于劳动合同的期限，见表4。

表4　劳动合同期限分布表

	1年以内（含1年）	1～3年	3～5年	5年以上	无固定期限
人数	83	115	55	10	37
百分比	27.67％	38.33％	18.33％	3.33％	12.34％

关于劳动合同条款是否有效地维护了合法权益，见表5。

表5　劳动合同条款是否维护了合法权益

	是	否	不知道
人数	240	28	32
百分比	80％	9.33％	10.67％

关于职工是否了解劳动合同条款的内容：有 277 位职工了解劳动合同条款的内容，占职工总数的 92.33%，有 23 位职工不了解劳动合同条款的内容，占职工总数的 7.67%。

职工认为劳动合同条款是否得到了履行，分布如表 6。

表 6　劳动合同条款是否得到履行

	全部履行	部分履行	没有履行	不知道
人数	176	64	26	34
百分比	58.67%	21.33%	8.67%	11.33%

员工工作时间分布，见表 7。

表 7　员工工作时间

	5 天以下	5 天	6 天	7 天	不定时
人数	17	180	73	17	13
百分比	5.67%	60%	24.33%	5.67%	4.3%

员工每天平均工作时间，如表 8。

表 8　员工每天平均工作时间

	8 小时以下（含 8 小时）	8～10 小时	10～12 小时	12 小时以上
人数	211	72	13	4
百分比	70.33%	24%	4.3%	1.34%

职工是否加班，见表 9。

表 9　职工是否加班

	从不加班	偶尔加班	经常加班
人数	63	212	25
百分比	21%	70.67%	8.33%

员工是否了解国家规定的加班工资标准：有 237 人了解国家规定的加班工资标准，占职工总数的 79%；有 63 人不了解国家规定的加班工资标准，占职工总数的 21%。

③ 劳动报酬及社会保险

员工目前的月平均工资收入（不含加班费，但包括奖金及其他补贴）见

表 10。

表 10　员工目前的月平均工资收入

	1560 元以下	1560～2000 元	2000～3000 元	3000～4000 元	4000～5000 元	5000 元以上
人数	13	38	92	66	24	67
百分比	4.33%	12.67%	30.67%	22.00%	8.00%	22.33%

员工工资是否能足额按时发放情况，见表 11。

表 11　员工工资足额按时发放情况

	按时足额发放	曾被拖欠过	经常被拖欠
人数	272	12	16
百分比	90.67%	4.00%	5.33%

员工工资是否与企业效益同步增长，见表 12。

表 12　员工工资是否与企业效益同步增长

	同步增长	虽有增长但幅度不大	从未增长	不知道
人数	98	128	39	35
百分比	32.67%	42.67%	13.00%	11.66%

企业是否为员工缴纳社会保险：有 276 位员工所在的企业为其缴纳了社会保险，占员工总数的 92%，险种主要覆盖养老、工伤、医疗、失业、生育等方面；有 24 位员工所在企业没有给员工缴纳社会保险，占员工总数的 8%，其中有 12 人没有参加社会保险的原因是本人不愿缴纳，占 50%；8 人没有参保的原因是单位不给员工参保，占 33.33%；4 人不参保的原因是对社会保险政策不了解，占 16.67%。

④ 劳动安全卫生

员工认为自己目前工作场所的安全卫生情况，见表 13。

表 13　员工认为自己目前工作场所的安全卫生情况

	很好	比较好	一般	不太好	很差
人数	150	108	42	0	0
百分比	50.00%	36.00%	14.00%	0%	0%

员工是否曾受过工伤，是否享受了工伤待遇，见表 14。

表 14　员工是否曾受过工伤且是否享受了工伤待遇情况

	没有受过工伤	曾受工伤，已按国家标准享受待遇	曾受工伤，未按国家标准享受待遇
人数	288	12	0
百分比	96.00%	4.00%	0%

⑤ 女职工特别保护

本次调查问卷，我们专门设计了关于女职工特别保护的问题，对参与调查的 186 位女职工进行了调查，问题和调查结果如下。

作为女职工，是否享有女职工的特殊保护，调查情况见表 15。

表 15　女职工是否享有女职工的特殊保护

	有	无	不知道有女职工保护
人数	118	25	43
百分比	63.44%	13.44%	23.12%

已生育孩子的女职工是否享受正常产假，见表 16。

表 16　已生育孩子的女职工是否享受正常产假

	有	无	不清楚
人数	132	14	40
百分比	70.97%	7.53%	21.50%

已享受产假的女职工，产假期间的待遇是否按国家规定发放，见表 17。

表 17　已享受产假的女职工，产假期间的待遇是否按国家规定发放

	有	无	不清楚
人数	118	18	50
百分比	63.44%	9.68%	26.88%

⑥ 企业管理

员工所在企业是否有职工代表大会或职工大会，调查结果见表 18。

表 18　员工所在企业是否有职工代表大会或职工大会

	是	否	不知道
人数	191	49	60
百分比	63.67%	16.33%	20.00%

员工认为企业的职工大会是否发挥了作用，调查结果见表19。

表 19　企业的职工大会是否发挥了作用

	有效发挥了作用	基本发挥了作用	没有发挥作用	不知道
人数	80	110	42	68
百分比	26.67%	36.67%	14.00%	22.66%

员工所在的企业是否有工会组织，见表20。

表 20　员工所在的企业是否有工会组织

	是	否	不知道
人数	225	38	37
百分比	75.00%	12.67%	12.33%

员工认为企业的工会是否发挥了作用，见表21。

表 21　员工认为企业的工会是否发挥了作用

	有效发挥了作用	基本发挥了作用	没有发挥作用	不知道
人数	60	120	56	64
百分比	20.00%	40.00%	18.67%	21.33%

员工认为自己是否能和管理层有效地沟通，见表22。

表 22　员工认为自己是否能和管理层有效地沟通

	是	否	不知道
人数	229	29	42
百分比	76.33%	9.67%	14.00%

员工认为自己的合理意见和建议是否得到了企业的采纳，见表23。

表 23　员工认为自己的合理意见和建议是否得到了企业的采纳

	是	否	不知道
人数	219	26	55
百分比	73.00%	8.67%	18.33%

⑦ 劳动争议

员工所在的企业是否成立了劳动争议调解委员会，见表24。

表 24　员工所在的企业是否成立了劳动争议调解委员会

	是	否	不知道
人数	68	152	80
百分比	22.67%	50.67%	26.66%

员工所在企业是否发生过劳动争议，见表 25。

表 25　员工所在的企业是否发生过劳动争议

	从未发生	偶尔发生	经常发生
人数	129	150	21
百分比	43.00%	50.00%	7.00%

在发生劳动争议时，员工通常通过何种方式解决：其中 142 位员工选择直接与企业协商解决，占 47.33%；有 31 位员工选择找劳动调解委员会调解，占 10.33%；有 22 位员工选择找工会组织帮忙，占 7.33%；有 88 位员工选择通过仲裁机构进行仲裁，占 29.33%；有 4 位员工选择通过诉讼手段，占 1.33%；有 9 位员工选择通过其他手段解决，占 3%。

⑧ 企业劳动关系现状

员工认为所在公司的劳资关系状况，见表 26。

表 26　员工认为所在公司的劳资关系状况

	非常融洽	基本融洽	一般	有点紧张	十分紧张
人数	97	154	41	8	0
百分比	32.33%	51.33%	13.67%	2.67%	0

（2）问题分析和小结

张家湾镇企业职工以女性为主，62% 的职工均为女性。职工年龄普遍偏大，主要集中在 31～40 岁，占职工总数的 58.11%，甚至有 51 岁以上的职工，而 31 岁以下的职工仅占职工总数的 20% 左右；职工学历都在本科以下，以专科为主，占职工总数的 35.14%，劳动力素质和整体水平有待进一步提高。

个别企业存在不与职工签订劳动合同的情况。12% 的职工未与所在企业签订劳动合同，且当中半数以上的职工未签订劳动合同的原因是自己不愿签订。说明当前部分企业职工的法律意识淡薄，无法认识到劳动合同对个人合法权益的维护作用；同时，存在企业为了逃避责任而不与员工签订劳动合同的现象。如果没有劳动合同的保护，企业和员工的合法权益都将面临潜在威胁。

在已签订劳动合同的企业中，也存在企业单方面拟定合同，强制职工签订的现象。这种单方面决定合同内容的行为，很可能对职工的合法权益造成侵害，并对以后职工的维权行为造成阻碍。

7.67％的职工对自己签订的劳动合同缺乏了解，不知道劳动合同条款的内容是否得到履行；8.67％的职工认为自己签订的劳动合同条款没有得到履行，说明张家湾镇企业存在不履行劳动合同条款内容的行为，可能会对职工的权益造成侵害。

张家湾镇有29.67％的职工每天的工作时间超过规定的8小时，甚至有个别职工工作时间超过12小时；有8.33％的员工经常加班，但有21％的职工并不了解国家规定的加班工资标准。

张家湾镇的工资水平普遍较低，47.67％的员工月工资在3000元以下，更有4.33％的员工月工资低于1560元的最低工资标准。且有9.33％的员工曾经或经常被拖欠工资。部分企业存在员工工资和企业效益不能同步增长、甚至是员工工资从未增长的现象。

大部分员工所在企业都为员工缴纳了包括养老、工伤、医疗、失业、生育等险种在内的社会保险，但仍有8％的员工没有参保，其中33.33％的员工不参保的原因是单位不给员工参保。还有部分员工因为对社会保险政策不了解等原因不愿意缴纳社会保险。

张家湾镇的企业工作环境是值得肯定的，86％的职工认为自己的工作场所安全卫生状况比较好，没有职工认为自己的工作场所安全卫生状况很差。大部分职工没有受过工伤，4％受过工伤的职工也能享受到国家标准的工伤待遇。

张家湾镇企业的女职工特别保护还有待提高。接受调查的186位女职工中，只有63.44％的女职工知道并已享有女职工特殊保护；其余36.56％的女职工没有享有女职工保护或根本不知道有女职工保护。享受产假并在产假期间享受国家规定待遇的女职工也仅占女职工总数的60％～70％，很多女职工不清楚国家规定的产假待遇，说明张家湾镇部分企业在女职工特殊保护措施的落实上存在很大的问题。

接受调查的职工中有63.67％的职工确定自己所在的企业有职工代表大会或职工大会，但仍有近四成的职工不知道或所在企业没有职工大会；同时，有36.66％的员工认为自己企业的职代会没有发挥作用或不知道职代会是否发挥了作用。同样的，只有75％的员工确定自己所在企业有工会组织，

60％的职工认为企业的工会发挥了作用。关于和企业的管理层进行沟通，有76.33％的职工觉得自己可以和管理层进行有效的沟通，73％的职工认为自己的合理意见和建议得到了企业的采纳。说明张家湾镇企业虽然会和员工进行沟通，采纳员工的意见，但还是有部分较基层的员工没有太多的机会与企业的管理层反应自己的需求。同时，张家湾镇部分企业的职代会并没有充分发挥应有的作用来协调本企业的劳动关系；部分工会也没有完全尽职尽责去维护自己职工的利益。

张家湾镇有很多企业没有成立劳动争议调解委员会。接受调查的职工中仅有22.67％的职工所在企业成立了劳动调解委员会，50.67％的职工所在企业都没有成立劳动调解委员会；同时，有50％的企业偶尔发生劳动争议，7％的企业经常发生劳动争议。而当劳动争议发生时，47.33％的员工首选的解决方式就是直接和企业协商解决，10.33％的员工选择找劳动调解委员会帮忙调解。此时，如果企业缺乏劳动调调解委员会这一组织，可能使得劳动争议发生时员工不能和企业进行及时有效的沟通，不利于建立和谐稳定的劳动关系。

张家湾镇的企业劳动关系现状维持得较好，97.33％的职工认为自己所在企业的劳资关系基本融洽，仅有2.67％的职工认为所在企业的劳资关系有点紧张。

2."通州区企业劳动关系状况调查问卷"分析

（1）问卷基本情况分析

① 企业属性分布，见表27。

表 27　企业属性分布表

	总部	分支机构	生产地	加工地
企业数	43	22	33	2
百分比	43％	22％	33％	2％

② 企业性质，见表28。

表 28　企业性质分布

	国有/集体	民营/私营	外资（独资/中外合资/合作）	股份制（股份或责任有限公司/联营）	个体户	其他
企业数	11	46	11	31	1	0
百分比	11％	46％	11％	31％	1％	0

③ 所属行业

有6个企业为商业服务和租赁业，占企业总数6%；有6个企业为服装加工业，占企业总数6%；有13个企业为建筑装饰装潢业，占企业总数13%；有9个企业为宾馆和餐饮业，占企业总数9%；有47个企业为制造业，占企业总数47%；有8个企业为交通运输业，占企业总数8%；有6个企业为仓储和邮政业，占企业总数6%；有2个企业为信息传输、计算机服务和软件业，占企业总数2%；有3个企业为电力燃气及水的生产和供应业，占企业总数3%。

④ 企业是否签订了集体合同，见表29。

表 29　企业是否签订了集体合同

	有协商机制并签订 集体合同	有协商机制未签订 集体合同	无协商机制未签订 集体合同
企业数	46	31	23
百分比	46%	31%	23%

⑤ 企业员工的月工资情况，见表30。

表 30　企业员工的月工资情况

	1560元 以下	1600~ 2000元	2000~ 2500元	2500~ 3000元	3000~ 3500元	3500~ 4000元	4000~ 5000元	5000元 以上
企业数	0	12	32	15	29	10	2	0
百分比	0%	12%	32%	15%	29%	10%	2%	0%

⑥ 企业工资分配方案是否经过职代会讨论通过，见表31。

表 31　企业工资分配方案是否经过职代会讨论通过

	必须通过职代会 讨论通过	大部分经过职代会 讨论通过	经过职代会讨论， 但最终还是要领导决定	不通过职代会讨论， 由领导决定
企业数	26	21	32	21
百分比	26%	21%	32%	21%

⑦ 最低工资多少比较合理，见表32。

表 32　企业认为的合理的最低工资标准

	目前执行的 1560 元	1500～1800 元	1800～2000 元	2000 元以上
企业数	16	21	30	33
百分比	16％	21％	30％	33％

⑧ 企业有无拖欠职工工资情况，见表33。

表 33　企业有无拖欠职工工资情况

	没有拖欠或拖欠一个月内	二个月	三个月	四个月	六个月
企业数	91	2	5	2	0
百分比	91％	2％	5％	2％	0％

⑨ 企业未签工资集体协议的原因，见表34。

表 34　企业未签工资集体协议的原因

	企业不愿签订	职工不愿签	双方都不愿签订	难以协商一致	不清楚
企业数	0	10	21	21	48
百分比	0％	10％	21％	21％	48％

⑩ 企业是否为员工购买了社会保险。

据调查结果显示，有89家企业为员工购买了社会保险，占企业总数的89％，企业为员工购买的保险险种主要包含养老、工伤、医疗、失业、生育等方面；有11家企业没有为员工购买社会保险，占企业总数的11％，没有购买保险的主要原因是员工不愿意配合购买。

⑪ 单位为劳动者缴纳养老保险的基数，见表35。

表 35　单位为劳动者缴纳养老保险的基数

	最低工资	合同约定工资	职工全年年收入	月基本工资	其他
企业数	37	19	15	24	5
百分比	37％	19％	15％	24％	5％

⑫ 单位为劳动者缴纳医疗保险的比例，见表36。

表36　单位为劳动者缴纳医疗保险的比例

	按7.5%的比例缴纳	按8%的比例缴纳	按7%的比例缴纳	职工个人以本人上年度月平均工资收入为月缴费基数
企业数	9	34	3	54
百分比	9%	34%	3%	54%

⑬ 企业有哪些员工福利。

从调查结果可以看出，74%的企业为员工提供了带薪休假；55%的企业为员工提供了每年体检；37%的企业定期组织员工旅游；79%的企业会定期组织员工进行培训。

⑭ 企业的工作环境，见表37。

表37　企业的工作环境

	有	没有
工作场所光线是否充足	100%	0%
是否在高温场所中工作	11%	89%
是否在低温环境中工作	5%	95%
工作场所是否有大量粉尘	11%	89%
工作场所是否有有害气体	9%	91%
工作场所是否有强烈噪音	9%	91%
工作场所是否有易燃易爆品	7%	93%
工作场所是否有其他危害	9%	91%

⑮ 企业的工作场所有哪些劳动保护措施。

调查结果显示，有98%的企业有消防设施，91%的企业有通风设施，68%的企业有降温措施，50%的企业有防毒防尘设施。

⑯ 企业员工每周工作天数，见表38。

表38　企业员工每周工作天数

	5天以下	5~6天	6天以上	不定时
企业数	18	68	5	9
百分比	18%	68%	5%	9%

⑰ 企业员工每天工作时数，见表39。

表 39　企业员工每天工作时数

	8 小时以内	8～10 小时	10～12 小时	12 小时以上
企业数	66	34	0	0
百分比	66%	34%	0%	0%

⑱ 企业员工平均每月的加班时间，见表 40。

表 40　企业员工平均每月加班时间

	10 小时以内	10～36 小时	36～60 小时	60 小时以上
企业数	86	14	0	0
百分比	86%	14%	0%	0%

⑲ 企业是否为员工提供加班工资，其标准如何，见表 41。

表 41　企业为员工提供加班工资情况

	没有加班	有加班，但无加班工资	有加班，但低于正常工资标准	有加班，等于正常工资标准	有加班，且高于正常工资标准
企业数	26	5	0	31	38
百分比	26%	5%	0%	31%	38%

⑳ 企业是否组建工会组织。

没有组建工会组织的企业有 11 家，占 11%；不知道的有 13 家，占 13%；组建工会组织的企业有 76 家，占 76%。其中，组建工会组织的工会成员的产生方式如表 42 所示。

表 42　企业工会成员的产生方式

	全体会员选举	会员代表大会选举	董事会选举	董事长确定
企业数	49	22	5	0
百分比	49%	22%	5%	0%

㉑ 企业是否为职工提供在职培训。

没有提供在职培训的企业有 5 家，占 5%；提供在职培训的企业有 95 家，占 95%。其中提供在职培训的企业，其在职培训和教育费用的来源见表 43。

表 43　企业在职培训和教育费用的来源

	职工交费	企业出资	职工与企业共同负担	其他途径
企业数	5	85	5	0
百分比	5%	85%	5%	0%

㉒ 企业在社保金外是否为职工缴纳其他补充公积金。

根据调查结果，有 17 家企业有其他补充公积金，占 17%；有 83 家企业并未有其他补充公积金，占 83%。

㉓ 劳动合同争议的主要方面，见表 44。

表 44　企业劳动合同争议的主要方面

	签订劳动合同	解除	终止	用人单位不办理手续
企业数	17	44	39	0
百分比	17%	44%	39%	0%

㉔ 企业构建和谐劳动关系需要做些什么（多选）：

54% 的企业认为应该熟悉和遵守劳动法律法规；54% 的企业认为应该逐步提高员工薪酬水平；46% 的企业认为应该逐步增加保险福利；24% 的企业认为应该适当强化员工和工会权利；56% 的企业认为应该完善双方沟通机制；49% 的企业认为应该依法签订劳动合同；51% 的企业认为应该完善企业的规章制度；66% 的企业认为应该增强员工主人翁责任感和归属感。

（2）问题分析

张家湾镇的企业以民营/私营为主，民营/私营企业占企业总数的 46%，且企业属性以制造业和建筑装饰装潢业为主。

张家湾镇 76% 的企业发放给员工的月工资主要集中在 2000~3500 元，工资水平整体偏低。部分企业由于自己原因，存在企业拖欠职工工资的情况，但 91% 的企业都能按时发放工资或拖欠员工工资不超过一个月。且有 84% 的企业对现行的 1560 元的最低工资标准感到不满，认为这一标准应该得到提高。

企业在涉及集体合同内容方面回答模糊，对于集体合同中工资薪酬、保险福利、争议解决方式和人事管理这四方面涉及并不多。尤其是争议解决方式和人事管理这两点，多数企业并未涉及，说明企业在签订劳动合同以及劳动合同的内容方面存在较大问题。

企业的工资分配方案，79% 的企业需要通过职代会讨论，但其中 32%

的企业虽然经过职代会讨论，但仍然是由领导最后决定工资分配方案。有21％不经过职代会讨论，直接由领导决定，员工的意志没有得到体现，权利没有得到保证。

48％的企业不清楚自己是否签订工资集体协议，部分企业和员工难以协商一致，部分双方都不愿签订，少部分职工不愿意签，说明企业没有尽到告知的义务，员工法律意识淡薄，力量弱，不能很好地维护自己的权益。

张家湾镇89％的企业为员工购买了社会保险，险种主要包含养老、工伤、医疗、失业、生育等方面；有11家企业没有为员工购买社会保险，占企业总数的11％，没有购买保险的主要原因是员工不愿意配合购买。说明部分员工保险意识淡薄，还不能明确社会保险对自身的重要性；同时企业没有尽到应尽的告知义务，没有合理督促员工配合企业购买社会保险。

张家湾镇企业为职工提供的福利覆盖面较小，其中仅有55％的企业每年组织员工进行体检。有关部门应该督促各企业完善企业的员工福利，更好地保障职工的各项权利。

一些企业的工作场所的光线不够充足，影响工人的视力；也有近16％的企业工作环境是高温或低温场所，长此以往容易影响职工的身体健康。11％的工作场所有大量灰尘，对职工的呼吸道和肺部伤害很大。一些企业的工作场所有有害气体、强烈噪音、易燃易爆品等，都会对正在工作的职工的身体健康造成威胁。

98％的企业工作场所都有消防措施，但只有50％的企业有防尘防毒措施，这有可能导致企业在应对突发状况时无法及时做出反应。

张家湾镇有24％的企业不知道或没有建立工会组织，且很多工会没有配备专职干部，可能会影响职工和企业管理层之间的沟通。

95％的企业都为员工提供了在职培训，但其中10％的培训是由职工和企业共同出资或仅由职工出资进行的。

某些企业对劳动合同争议问题进行了规避，张家湾镇劳动合同争议的主要方面是劳动合同的解除和劳动合同的终止。建议以后企业在制定劳动合同时能多考虑这两个方面。

针对在构建和谐劳动关系中企业的作用，66％的企业认为应该增强员工的主人翁责任感和归属感，56％的企业认为应该完善双方的沟通机制，54％的企业认为应该逐步提高员工的薪酬水平和熟悉遵守劳动法律法规。

3. 对问卷进行综合数据处理后发现的问题

综合两份问卷的数据显示，有4.33％的职工每月收入低于1560元的最低工资标准；但据企业调查问卷可知，没有企业给员工发放的月工资低于

1560元。此外，在劳动合同的履行和加班工资方面，企业问卷与员工问卷也存在类似的分歧。说明可能有部分企业可以规避或隐瞒了给员工的月工资低于最低工资标准、没有正确履行劳动合同保障职工合法权利等事实。

发放给企业的问卷中，很多问卷对重要问题都进行了规避，没有正面回答；企业回收的有效问卷数量不多，很多问卷有漏填、错填现象。

很多企业不重视工会、职代会等组织，工会组织的健全程度和活跃程度都不能让人满意，职代会也不能很好地代表员工权益，使得许多职工不能和管理层有效沟通，职工的合理意见不容易被企业采纳，使得职工在企业活动中积极性降低。

张家湾镇许多企业没有建立劳动争议调解委员会，但当职工与企业发生劳动争议时，又有部分职工选择通过劳动争议调解委员会直接与企业协商解决。而这一机构的缺失，很可能导致企业不能及时正确地解决与职工之间的矛盾，或许会造成职工对企业的不信任，甚至使双方矛盾的激化。

4. 总结

从职工和企业问卷来看，结合制定的劳动关系和谐评价体系考核项目、分值要求，张家湾镇总的劳动关系是和谐的，但仍然有很多工作存在薄弱环节，如劳动合同的签订率、加班工资的支付、社会保险的缴纳、劳动争议的解决、工会的建立和发挥作用等，但都处于少数情况，如果政府加强监管、督促、考核企业劳动关系和谐，相信一定会更加和谐的。

三、通州区劳动关系和谐指数（模拟）

劳动关系和谐指数就是利用一整套的指标评价体系，通过指数化指标进行量化。和谐劳动关系指数评价体系结构与指数的编制方法如下。

1. 评价体系结构

从政府部门、企业、劳动者三个方面入手，对各乡镇、街道完成区政府各项目标任务情况、企业执行法律法规情况以及劳动者的满意度等三项内容进行综合评价，全面、系统、准确地对北京市通州区劳动关系和谐程度做出科学评估。

2. 劳动关系和谐指数的编制方法

劳动关系和谐指数编制采取数学定量分析和定性分析相结合，职能部门统计数据和第三方调查相结合的办法，通过两种不同的调查方式进行相互印证、相互补充。两种统计方法得出的劳动关系和谐分类指数在综合指数中的权重为3∶3∶4，其中各乡、镇、街道完成区政府各项目标任务情况占

30％，企业执行法律法规抽样调查情况占 30％，第三方抽样调查评价占40％。测评采用百分制计分，满分 100 分，达到测评指标要求的，按相应指标的满分计分，达不到指标要求的，根据情况相应扣分；超额完成任务的，用修正分进行相应奖励（详见附件 1）。

（1）区政府目标任务完成情况统计调查指数

调查方法：区政府目标任务完成情况统计调查指数采取定量统计的方法编制（具体指标和分值、得分，详见附件 2），于次年一季度组织各乡镇、街道对上一年度的目标任务完成情况进行全面统计，由区人力资源与社会保障局统一汇总后产生指数。

测算办法：对获取的数据进行统计处理后，将其转化为百分制，形成标准分值汇总数据，形成绝对量总指数。

（2）企业执行法律法规情况统计调查指数

调查方法：由区人力资源与社会保障局组织以书面审查的形式对各乡镇、街道的部分企业进行抽样调查，形成具体指标和分值（详见附件 3）。

测算办法：对获取的数据进行统计处理后，将其转化为百分制，形成标准分值，汇总数据，形成企业执行法律法规情况指数。

（3）劳动者的满意度抽样调查指数

调查方法：数据通过委托第三方进行抽样调查取得，在每个乡镇、街道按劳动者比例选取若干名劳动者进行问卷调查，通过街头抽样的随机性实现样本的代表性（详见附件 4）。

测算办法：劳动者的满意度民意调查采取五等级评分法进行定性统计，即很满意、比较满意、一般、不太满意、很不满意。

测评内容：指数的编制采用传统的主观感受方式，将就业环境、收入、社保、休息休假、福利、劳动条件、生活环境、业余文化娱乐生活、人文关怀、成就感、自尊、社会地位等作为测评的基本内容。

计算方式：计算指数时，使用直接评价数据，用李克特量表将很满意、比较满意、一般、不太满意、很不满意等五种主观评价转化为百分制，形成标准分值，最终将标准分值转化成绝对量总指数。

3. 劳动关系和谐指数评价体系的指标构建

（1）遵循原则

代表性：准确把握公众的需求，把公众认为劳动关系领域里最重要的内容都包含在指标体系中。

可测性：测评指标必须是可测量的，测评的结果是一个量化的值，可以进行统计、计算和分析。

可比性：测评结果必须是可以进行比较的。

（2）劳动关系和谐指数具体指标

根据上述原则，针对职能部门目标任务完成情况、企业执行法律法规情况和劳动者满意程度等三个方面分别提出如下具体指标。

① 政府职能部门工作情况

就业情况：主要采用城镇登记失业率控制指标（％）、城乡劳动力就业指标完成人数、城乡困难劳动力就业指标完成人数、就业率（％）。

劳动合同制度实施情况：主要采用监控企业劳动合同签订率（％）、小企业调查劳动合同签订率（％）、集体合同覆盖率（％）、工资集体协商覆盖率（％）。

社会保险情况：主要采用城镇五险新增参保人数和基金征缴数额任务指标情况、城乡居民养老保险续保率的指标考核任务情况、城乡居民养老保险续保率指标考核任务完成情况。

劳动者权益保障情况：主要采用企业违法案件占全区的比重、企业劳动争议案件占全区的比重、群体案件发生数。

职业培训情况：主要采用组织或推荐辖区失业人员参加再就业培训任务指标完成情况、积极组织创业培训，组织或推荐失业人员参加创业培训任务指标完成情况。

维权工作情况：主要采用劳动监察分队建设情况、基层调解组织建设情况、劳动争议案件调处情况、协调劳动关系三方机制建设情况。

② 企业法律法规执行情况

劳动合同制度实施情况：主要采用劳动合同签订率、集体合同覆盖面和工资集体协商覆盖面。

社会保险情况：主要采用五大保险的参保率。

收入分配、加班加点情况：主要采用最低工资标准执行情况和拖欠工资情况（为负相关值），超时加班加点情况（为负相关值）。

其他：违法使用童工或收取押金情况。

③ 劳动者满意度情况

a. 就业环境满意度；

b. 收入待遇满意度；

c. 社保待遇满意度；

d. 休息休假满意度；

e. 福利待遇满意度；

f. 劳动条件满意度；

g. 生活环境满意度；

h. 业余文化娱乐生活满意度；

i. 人文关怀满意度；

j. 成就感、自尊、社会地位等满意度。

4. 以张家湾为例构建劳动关系和谐指数

建立一个科学合理的数学模型，对地区的劳动关系和谐程度进行不同方式的统计调查和统计分析，用量化的指数来反映区域劳动关系和谐程度。

（1）数据来源

本次模拟分析采用 2014 年通州区劳动保障部门统计的相关数据并结合2014 年问卷调查情况（见附件 2）。

（2）通州区张家湾镇劳动关系和谐指数

利用公式劳动关系和谐分类指数在综合指数中的权重 3∶3∶4，其中各乡、镇、街道完成区政府各项目标任务情况占 30％，企业执行法律法规抽样调查情况占 30％，第三方抽样调查评价占 40％。测评采用百分制计分，满分100 分，达到测评指标要求的，按相应指标的满分计分；达不到指标要求的，根据情况相应扣分；超额完成任务的，用修正分进行相应奖励。

（3）通州区张家湾镇劳动关系和谐指数的分析

当指数值达到 90 及以上，说明该区域的劳动关系和谐程度为优秀；如果指数值在 80～90，说明该区域的劳动关系和谐程度为良好；指数值在65～80，说明该区域的劳动关系和谐程度一般；指数值在 65 以下，说明该区域的劳动关系和谐程度很差。

张家湾镇劳动关系和谐指数为 77.50，说明该区域的劳动关系和谐程度为一般，即该城区的劳动关系总体是和谐的，但各指标值之间发展不平衡，仍需要政府的努力，加大劳动执法及集体合同覆盖面、工资集体协商覆盖面、社会保险参保率、最低工资标准执行情况、拖欠工资情况、超时加班加点等工作的力度。

（作者单位：北京物资学院劳动科学与法律学院）

参 考 文 献

[1] 姜颖，王向前，张冬梅. 构建和谐劳动关系指标体系初探 [J]. 中国劳动，2006（9）.

[2] 贺秋硕. 企业劳动关系和谐度评价指标体系构建 [J]. 中国人力资源开发，2005
（1）：14—18.

附件1（张家湾）：

通州区政府职能部门工作情况统计调查评价表

指标名称	测评内容	分值（分）	指标任务	完成情况	得分
一、劳动就业区政府考核目标完成情况	小计	20			20
	城镇登记失业率控制指标	5	3％	2.99％	5
	城乡劳动力就业指标完成人数	5	1400	1800	5
	城乡困难劳动力就业指标完成人数	5	500	1211	5
	就业率	5		86.08％	5
二、劳动合同制度目标完成情况	小计	20			20
	监控企业劳动合同签订率	5		98.60％	5
	小企业调查劳动合同签订率	5		100％	5
	集体合同覆盖率	5		100％	5
	工资集体协商覆盖率	5		98.89％	5
三、社会保险区政府考核目标完成情况	小计	15			15
	城镇五险新增参保人数和基金征缴数额任务指标情况	5		100.93％	5
	城乡居民养老保险续保率的指标考核任务情况	5		174.04％	5
	城乡居民养老保险续保率指标考核任务完成情况	5		100.04％	5
四、劳动者权益保障情况	小计	15			11
	企业违法案件占全区比重	5		11.79％	1
	企业劳动争议案件败诉案件占全区比重	5		15.90％	5
	群体案件发生数	5		1	5
五、职业培训区政府考核目标完成情况	小计	10			9
	组织或推荐辖区失业人员参加再就业培训任务指标情况	5	150	145	4
	积极组织创业培训，组织或推荐失业人员参加创业培训任务指标情况	5		97％ / 100％	5

续表

指标名称	测评内容	分值（分）	指标任务	完成情况	得分
六、维权工作情况	小计	20			20
	劳动监察分队建设情况	5		1	5
	基层调解组织建设情况	5		6	5
	劳动争议案件调处情况	5	35%	407	5
	协调劳动关系三方机制建设情况	5		1	5
合　计		100			95

附件2：

通州区企业法律法规执行情况抽样调查评价表

指标名称	测评内容	分值（分）	调查数据	得分
一、劳动合同制度	小计	30		
	劳动合同签订率	20	85.02%	17
	集体合同覆盖面	5	11.39%	0.6
	工资集体协商覆盖面	5	11.39%	0.6
二、社会保险	小计	35		
	养老保险参保率	10	26.79%	2.7
	医疗保险参保率	10	22.57%	2.3
	工伤保险参保率	5	22.57%	1.2
	生育保险参保率	5	21.94%	1.2
	失业保险参保率	5	22.57%	1.2
三、收入分配	小计	25		
	最低工资标准执行情况	10	99.37%	9.9
	拖欠工资情况	10	0.00%	10
	超时加班加点	5	5.06%	0.02
四、其他	小计	10		
	违法使用童工	6	0.00%	6
	收取押金	4	0.00%	4
合　计		100		56.72

附件 3（张家湾）：

通州区劳动关系和谐情况民意调查评价表

满意程度		总计	就业环境	收入待遇	社保待遇	休息休假	福利待遇	劳动条件	生活环境	业余文化生活	人文关怀	成就感、自尊、社会地位
	权　重	100	10	10	10	10	10	10	10	10	10	10
很满意	频数	300	300	300	300	300	300	300	300	300	300	300
	频率	80%	80%	80%	80%	80%	80%	80%	80%	80%	80%	80%
	累计频率											
比较满意	频数	300	300	300	300	300	300	300	300	300	300	300
	频率	15%	15%	15%	15%	15%	15%	15%	15%	15%	15%	15%
	累计频率											
一般	频数	300	300	300	300	300	300	300	300	300	300	300
	频率	5%	5%	5%	5%	5%	5%	5%	5%	5%	5%	5%
	累计频率											
不太满意	频数	300	300	300	300	300	300	300	300	300	300	300
	频率	0.05%	0.07	0.08	0.09	0.09	0.03	0.02	0.01	0.08	0.04	0.01
	累计频率											
很不满意	频数	300	300	300	300	300	300	300	300	300	300	300
	频率	0	0	0	0	0	0	0	0	0	0	0
	累计频率											
缺失	频数											
合　计		80	80	80	80	80	80	80	80	80	80	80

附件 4：

通州区劳动关系和谐指数一览表

	全区	张家湾	潞城	台湖	西集	永乐店	于家务	马驹桥	宋庄	永顺	梨园	漷县	中仓	北苑	玉桥	新华
劳动关系和谐综合指数		77.5														
其中	1. 政府职能部门工作情况统计调查指数	95×30％＝28.5														
	2. 企业法律法规执行情况抽样调查指数	56.72×30％＝17.0														
	3. 劳动者满意度情况指数	80×40％＝32														

我国国有企业劳动关系现状研究

王少波[*]

内容提要： 国有企业是我国经济发展的重要支撑，也是我国经济社会的重要组成部分。随着经济发展的日益加快和国有企业改革的不断深入，加之国有企业职工法制观念的不断增强，国有企业的劳动关系呈现出用工形式多元化、下岗问题长期存在、劳动争议数量增加、处理方式变复杂等特点。究其原因是劳动合同签订程序不规范、劳动合同短期化、用人单位的不规范操作、劳动法律法规的不健全等。文章提出加强劳动合同管理、建立集体协商和集体合同制度、切实发挥劳动关系三方调节机制、健全和完善社会保障体系，以及充分发挥各种企业工会组织的作用等针对性的解决措施，以此来切实有效地解决国有企业劳动关系中存在的问题。

关键词： 国有企业　劳动关系　下岗

我国国有企业的发展是自 1949 年之后开始大规模成型的，尤其是到 20 世纪 70 年代末期，国有企业逐渐发展成为我国社会主义市场经济的主要力量，与此同时形成比较完整的体系。在工业领域，国有企业扮演的角色同样十分重要，从资产资源的占有到产出都居于主导的地位。1978 年，国有企业的工业总产值是全国工业总产值的 77.6%[❶]。1978 年以后，我国经济发展进入到一个新时期，国有企业仍然占据主导地位，对国民经济具有较强的控制力。2001 年我国第二次基本单位普查资料显示：在各大、中型行业中，国有企业和国有控股企业的销售收入的比例占全部销售的 40%～60%，这些行业包括重要的基础产业以及制造业和服务行业等[❷]。由此也可以看出，在各个时期我国国有企业在国民经济中均扮演着十分重要的角色。

---

[*] 王少波（1969—），男，河南上蔡人，副教授，研究方向为劳动关系与劳动法。

❶ http://wenwen.sogou.com/z/q162682126.html，2009.10.28.

❷ 中国网，http://www.china.com.cn/aboutchina/data/txt/2006－12/14/content_7507979.htm，2006.12.14.

我国国有企业劳动关系的发展大致可以划分为三个阶段：第一阶段是从1978年年底到1984年9月，为国有企业改革以"放权让利"为主的起步阶段。第二阶段是1984年到1991年，这短短的七年时间里，国有企业劳动关系又出现了新的局面；劳动关系出现了两极化阶段。虽说此阶段使得国有企业的自主权有所缓解，但企业并没有完全摆脱国家的行政掌控，仍然要附属于国家。第三阶段是1992年邓小平同志南方谈话以后，标志着我国进入社会主义市场经济体制时期，同时也标志着我国国有企业劳动关系进入一个新的转型期，属于国有企业制度的创新阶段。伴随着市场经济的形成和发展，国有企业也必须进行改革，而这种改革最关键的一点在于重构劳动关系来建立企业间的竞争机制和企业内部的激励机制，进而提高国有资产的运营效率。

劳动关系是劳资双方在实现劳动过程中建立的社会经济关系，是生产关系的重要组成部分。因此，劳动关系关系着社会生产关系的和谐与稳定。随着国有企业制度的改革，市场经济体制的负面作用和制度的不完善不断显现出来，使得劳动关系矛盾日益突显。因此，关注我国国有企业劳动关系状况尤为重要。

一、国有企业劳动关系的特点及存在的主要问题

近些年国有企业改制不断提速，经济性战略也加大了调整力度，截至2004年年底，在4371家大型国有及国有控股企业中，已经有3322家对企业做了公司制改革，达到76%；小型国有企业中有86.1%的企业进行了产权多元化的改革；中型国有企业也在很大程度上做了产权制度改革❶。国有企业改制后，劳动关系的调整就成为必然，因此劳动关系的特点就出现了新局面的变化。

1. 用工形式多元化

1995年，我国颁布《中华人民共和国劳动法》，规定了企业用工制度，2008年的《中华人民共和国劳动合同法》进一步加强了企业用工的基本形式，即订立劳动合同的形式。但在历史因素的作用下，国有企业多元化的用工形式还普遍存在。许多企业都同时拥有全民职工、临时工、集体职工、内

---

❶　http：//www.xici.net/d164204086.htm，2012.2.19.

退职工、下岗职工、派遣员工、停薪留职员工等❶。所有这些以不同形式被录用的职工在企业中享有的权利也参差不齐，这种多元化的用工形式给管理工作带来诸多不便。这些不便主要体现在：一是制度管理上的被动。企业没有相配套的管理制度，特别是在劳动合同法实施后，需要员工签字的环节较多，一旦发生争议，国有企业会比较被动；考核机制的不健全，对不同类型的职工没有配套的激励方案，难以调动员工的积极性；没有配套的岗位管理和薪酬制度，出现同工不同酬的现象很容易引发劳动争议。二是员工的素质参差不齐，层次跨度较大，需求多样，主要表现在：素质较高的员工会比较关注岗位培训、定期体检、组织交流等活动来提高自身素质；而文化水平不太高的员工可能更加关注单位的薪资水平、规范的工作时间等问题。因此，这些错综复杂、利益交错的背景关系，加大了国有企业的人员管理难度，为调整规范劳动关系带来不便，而这些差别所形成的歧视都是激发劳动关系矛盾隐患的导火索。

2. 减员增效带来了下岗与失业问题

随着我国经济结构调整和产业优化升级不断加快，国有企业也相应开始人员调整和精兵简政策略，加快了改革改制的步伐。在传统计划经济时代，国有企业对劳动力的需求不是基于企业收入最大化和利润最大化，而是取决于政府的指令计划，这种劳动力分配方式导致的结果就是企业冗员和生产效率低下。企业改制后，国有企业自主经营、自负盈亏的市场主体地位确立，被赋予经营权和自主权的企业管理者为了实现企业利润最大化，从企业经济效益的角度出发，以降低生产成本获得最大产出的方式来实现利润最大化，国有企业逐步裁减冗员，造成职工大规模的下岗或失业❷。

3. 劳动争议数量增加，处理方式变复杂

企业下岗职工劳动关系问题日益严峻，失业员工解除劳动关系的经济补偿、社会保险关系接续和债务偿还等问题比较多。如果处理不当，这些问题会引起群体性的突发事件，造成企业与员工的矛盾。从计划经济体制下以国家为核心的利益关系，转变为企业和员工方两个独立的利益主体之间的雇佣关系，利益矛盾和问题不断出现。从表1可以看出，1996～2009年，我国劳动争议的案件不断增加，涉及的劳动者也越来越多。

---

❶ 陈滨慧．国有企业劳动关系现存的问题与构建和谐劳动关系的探讨［J］．企业导报，2012（16）：189－190．

❷ 王爽．中国国有企业劳动关系现状研究［J］．兰州学刊，2006（06）：173－175．

表 1　2009 年和 1996 年我国劳动争议的基本情况表

	2009 年	1996 年	增减	增幅（％）
当期案件受理数	684 379 件	48 121 件	636 258 件	1322.20
劳动者当事人数	1 016 922 人	189 120 人	827 802 人	437.71
集体劳动争议案件数	13 779 件	3150 件	10 629 件	337.43
集体劳动争议劳动者当事人数	299 601 人	92 203 人	207 398 人	224.94
当期结案数	689 714 件	46 543 件	643 171 件	1381.89

资料来源：《1996 年度人力资源和社会保障事业发展统计公报》和《2009 年度人力资源和社会保障事业发展统计公报》

　　2009 年和 1996 年相比较而言，案件处理方式也发生了明显的变化（见表 2）。1996 年，仲裁调解是主要的结案方式，占所有方式中的 52.04％，远超过仲裁裁决和其他方式的比重，分别是 27.48％和 20.48％；但是到了 2009 年，采用仲裁调解为 36.46％、仲裁裁决为 42.19％、其他方式结案的占到 21.35％，显然仲裁裁决成为劳动争议案件的主要处理方式，这从另一个角度也可以说明，在短短的 14 年间，劳动争议案件的难度和复杂程度都在上升。

表 2　2009 年和 1996 年我国劳动争议案件的处理方式表

	仲裁调解		仲裁裁决		其他方式	
	数量（件）	比重	数量（件）	比重	数量（件）	比重
1996 年	251 463	52.04％	12 789	27.48％	9532	20.48％
2009 年	24 233	36.46％	290 971	42.19％	147 280	21.35％

资料来源：《1996 年度人力资源和社会保障事业发展统计公报》和《2009 年度人力资源和社会保障事业发展统计公报》

二、国有企业劳动关系的成因分析

1. 劳动合同签订程序不规范

　　对于劳动者进入用人单位后，用人单位应何时与劳动者签订劳动合同，《劳动法》《劳动合同法》均有明确的规定。但是，有诸多用人单位并不完全按照相关的法律规定与劳动者订立劳动合同，而是利用法律的空白点以及劳动者自身缺乏维权意识等特点，肆意剥夺劳动者权利。在一些用人单位时常出现不按规定期限与劳动者订立劳动合同，不按规定约定试用期，劳动合同不包括必备条款，劳动合同免除用人单位责任等现象。

2. 劳动合同短期化现象严重

一些国有企业出于管理的需要，不愿意与劳动者签订长期或无固定期限劳动合同，而倾向于签订短期劳动合同。因为用人单位与劳动者如果签订长期或无固定期限劳动合同，在解雇员工的时候，不仅局限于解除或终止劳动合同的条件和法律程序，还涉及经济补偿金的支付，不仅繁琐而且昂贵。对比连续签订一年的劳动合同，到期解雇员工，不受法律限制，成本低风险小。所以，许多公司愿意选择与劳动者签订短期劳动合同，控制风险成本，因此造成大量的短期劳动合同，即劳动合同短期化现象。

3. 用人单位的不规范操作引起劳动争议

用人单位滥用试用期、随意约定违约金，严重侵犯劳动者的合法权益。根据劳动合同制度，劳动者试用期内不能满足录用条件，用人单位可以解除劳动合同，员工将不能获得经济补偿。一些企业为了逃避法律责任，与劳动者约定很长的试用期以避免风险。在试用期期间，工人的工资水平较低，用人单位抓住这些优势，特别是在一些季节性生产期间，大量招募员工，签订很长的试用期，到期之前以不符合录用条件为由终止劳动关系，变相剥削劳动者。

用人单位不按照法律相关规定设立违约金，这就大大限制了劳动者的自由择业以及劳动者合理流动。一些用人单位为了留住核心人才，不从提高工资和改善工作环境方面着手，而是在签订劳动合同时约定一个非常高的违约金，迫使劳动者因自身不能支付违约金而不能自由流动。

4. 社会保障制度不完善

我国社会保障体系涉及四个方面，即社会救济、社会优抚、社会保险和社会福利。但是社会保障体系还存在一些问题，主要表现在：社会保障的管理制度没有完全顺通，社会保障管理和服务功能尚未分开；社会保障制度还没有覆盖所有的居民，一些穷人缺乏最根本的生活保障；部分下岗失业人员一旦没有稳定的收入，并且不能享受各种各样的保险福利，生活将面临诸多困难，各种各样的纠纷就会产生❶。为确保下岗职工的基本生活，我国已采用建立就业服务中心的方式来适应当前的改革形势，这也是失业保险制度的过渡措施。从实践的角度来看，虽说再就业服务中心为社会稳定和经济结构调整做出了贡献，但也有相应的局限性，并不能完全解决这一问题。主要体现在再就业服务中心是临时性组织，资金来源稳定性不高、保障体系不规

---

❶ 张宪周. 国企劳动关系存在的主要问题及对策［J］. 中外企业家，2013（33）：67—68.

范，缺乏市场化运作，这些因素同样也很容易引发劳动争议。

5. 劳动监察失衡

劳动监察是劳动行政主管部门对劳动关系进行管控的重要手段，是约束用人单位和维护劳动者合法权益的重要途径。然而在执法的过程中，劳动保障部门与其他行政部门配合不协调，对企业的处罚力度不够，在行政执法的过程中处于相对软弱的一方。一方面，由于我国当今社会发展形成了一种"民不告，官不究"的局面，对违法的企业没有进行有效的监督，大大削弱了执法力量。另一方面，由于地方政府需要吸引投资，担心因执法严格而带来投资效果下降，于是对企业的违法行为持默认态度，存在严重的保护主义倾向，进而影响了劳动保障部门的执法效果。由此看来，这两点就是导致在企业中劳动违法行为频频发生的关键因素。

6. 行政指令造成的劳动争议

地方政府为了促进区域经济的发展，有时会过多地出台新政策来进行行政干预。一些地方政府为稳定当地的劳动关系，制定很多相关的、地方性的行政法规，在推动企业改革的同时也产生了一系列的负面影响。在国有企业改制过程中，职工对工龄置换没有起码的发言权，标准由政府决定，员工去留由用人单位决定，没有说话权和决定权的员工只能听之任之，因员工不满而引发劳动纠纷也就频频出现了。

7. 职工利益表达渠道不畅通

国有企业改制过程中屡次出现职工权益受侵犯的现象，一个重要原因就是职工的维权渠道不畅通。比如，职工代表的选举、职工代表大会的参与都是职工尤其是一线职工无法左右的，当职工对此不满时也不能有所改变，将维护职工合法权益作为自己基本职能的工会组织也往往在职工需要的时候选择了沉默、回避，工会的作用完全被行政会议代替了。

三、对策与建议

改革开放以来，我国由于社会转型以及企业改制所带来的劳动关系较为复杂，但是如果采用有效的措施，劳资关系和冲突一定能够得到改善和解决。解决这些问题，要分别从完善劳动合同制度管理、建立集体协商、发挥劳动关系三方调节机制、完善社会保障体系、发挥企业工会作用等几个方面着手加以完善。

1. 加强劳动合同管理，完善劳动合同制度

一方面，为了保证劳动合同的有效运行，要从正规化的《劳动法》和

《劳动合同法》的执行力度入手，为劳动合同的实施提供有效的法律保障。通过具体的规定，完善劳动合同制度，推进企业加强劳动合同管理，从源头上规范劳动关系。另一方面，企业需要做好劳动关系处理工作。例如，裁员减员的问题，应切实加强调查研究，提出具体的协调办法，避免直接触及有损企业员工利益的问题，严格规范程序，以确保和谐的劳动关系。

2. 建立集体协商和集体合同制度

劳动者维权之所以在我国屡有发生，很大一部分原因是没有集体维权，单靠个人的力量去和强大的企业方相抗衡，力量是十分薄弱的，因此出现劳动关系日趋复杂，劳动争议数量明显增多的现象。推行平等协商集体合同制度，从另一个角度来说，也会起到减少劳资关系中不稳定因素产生的效果，协调和规范劳资关系，有利于化解劳资冲突，促进企业的可持续发展。积极建立集体协商和集体合同制度，保护劳动关系双方主体的合法权益，目的是建立协调稳定的企业劳动关系，规范双方的行为，共谋企业的发展。但目前的集体协商制度尚不健全，在形式和内容上结合企业实际的具体条款比较少，针对性和实效性差，只有原则性的基本条款与劳动法律法规规定的一致，在这样的情况下，如果想有效地维护企业和职工双方的合法权益是非常难的。因此笔者建议，企业应当重新修订集体合同的具体条款，切实关注职工工资调整、劳动合同的解除等实施方法和方案，充分切实有效地发挥集体合同作用，维护双方的利益，减少劳动关系的矛盾，增强企业凝聚力，促进企业发展❶。

3. 切实发挥劳动关系三方调节机制

劳动争议对职工工作的积极性有着很大的影响，如果处理不妥，很有可能会出现怠工、罢工等现象，进而影响企业正常生产的进行。从劳动关系三方调节机制入手，可以有效地控制这一问题的发生。根据企业劳动关系的具体情况，从企业经济体制改革和社会发展要求的角度出发，通过推行三方协商机制来协调劳动关系，对本企业劳动关系状况及发展趋势进行研究分析和预测，针对劳动关系中经常出现的和容易出现的重点问题及时交流意见；对劳动关系未来可能会出现的问题提出有效的预备方案，及时调整劳动关系的研究方向。展开工作主要以员工的利益为中心，抓住员工最关心的、具有普遍性的、并且在劳动关系中最为突出的问题开展沟通研究，提出有效的解决

---

❶ 王少波．劳动关系热点问题研究［M］．北京：知识产权出版社，2012：34－36.

方案，切实发挥三方机制的作用，以保证企业职工队伍中劳动关系的和谐性问题❶。

4. 健全和完善社会保障体系

目前，要逐渐健全和完善养老、失业、工伤、医疗等社会保障制度，这是从根本上解决国有困难企业职工基本生活的长久计策。社会保障体制的健全和完善，有利于缓解失业人员急需就业的心理，有利于保障失业、工伤、离退休等职工的基本生活，有利于稳定职工队伍，从而获得为富余人员开辟就业门路的探索时间。这样，也为企业解决了压在身上多年的重负问题，使企业轻装上阵，更加专心、关注于企业的发展工作。

5. 充分发挥企业工会组织的作用

目前多数企业工会在工作上往往受制于资方，并没有独立完善的工会组织替工人集体发声，工会活动缺乏必要的独立性，在维护职工合法权益方面的作用相对薄弱。那些对困难职工送去关怀和帮助、为员工积极探索就业门路、扩大就业机会、确保职工群众的基本生活的理念也只是说说而已，并没有让广大职工群众充分体会到工会的维护作用。所以笔者建议，在我国国有企业中，企业方应适当放权，使工会组织在组织建设、经费来源、法律地位等方面实现独立，这样才能做到切实维护劳动者的合法权益。工会也要结合自己企业的特点，进一步履行四项社会职能，支持企业的经营发展，维护职工的合法权利，追求共同进步的目的。组织职工参与企业管理，发动职工献计献策，不断提高企业的管理水平，通过灵活多样、群众喜闻乐见的形式，对职工进行教育指导，不断提高职工的文化素质水平和思想道德水平，为企业提供一支积极进取的劳动力队伍。

总之，针对当前各类企业中存在的劳动关系问题要加以分析、探讨，不断探索新路子、新办法，及时加以调整解决，建立健全各项规章制度，逐步改善劳动关系，为各类企业创造良好的软环境，保持社会稳定，促进我国的经济向前发展。

四、结论

国有企业在我国经济发展中有着极其重要的地位，国有企业的发展对我国现代化建设、和谐社会建设乃至"中国梦"的实现，都将起到至关重要的作用，而且是不可替代的。而企业的发展离不开企业的基础——员工，因此

---

❶ 刘雪峰. 国有企业劳动关系现状与发展趋势 [J]. 现代企业，2011（11）：51—52.

处理好企业的劳资关系是极其重要的，对我国国有企业来讲更是尤为迫切的。针对这一现状，本文通过查阅大量的文献资料，加以科学的分析、总结，得出了一些结论，并针对性地提出了一些建议，希望能够为切实有效处理我国国有企业目前劳动关系现状献计献策。

（作者单位：北京物资学院劳动科学与法律学院）

参 考 文 献

[1] 郭亭. 新时期我国国有企业劳动关系问题研究 [D]. 杭州：浙江理工大学，2012.

[2] 尚珂，唐华茂. 劳动科学论坛 2011 [M]. 北京：知识产权出版社，2012.

[3] 陈滨慧. 国有企业劳动关系现存的问题与构建和谐劳动关系的探讨 [J]. 企业导报，2012（16）：189－190.

[4] 王爽. 中国国有企业劳动关系现状研究 [J]. 兰州学刊，2006（06）：173－175.

[5] 张宪周. 国企劳动关系存在的主要问题及对策 [J]. 中外企业家，2013（33）：67－68.

[6] 王少波. 劳动关系热点问题研究 [M]. 北京：知识产权出版社，2012.

[7] 刘雪峰. 国有企业劳动关系现状与发展趋势 [J]. 现代企业，2011（11）：51－52.

企业工人代表的社会选择

左春玲*

内容提要：企业工人代表的社会选择是构建和谐劳动关系的重要环节，其本质是投票人个体排序聚合为投票人群体排序，并最终形成群体排序结果。要形成理性的群体排序结果应有科学的投票机制设计。本文通过模拟，阐明了运用字典排序法形成个体理性排序的过程和优点；还通过模拟，分析了形成群体理性排序结果的几种方法，指出博尔达排序法和孔多塞排序法优于一致同意投票法则和多数投票法则。

关键词：工人代表　社会选择　个体理性　群体理性　群体聚合法则

一、引言

中国社会经济的发展自 2012 年开始逐渐告别了过去 30 多年平均 10％ 左右的高速增长，转而向着 GDP 中高速增长、经济发展模式转轨、经济增长方式转变的新常态经济过渡。新常态经济对经济规模最大化目标进行了扬弃，将促进社会全面发展、满足社会公众的物质文化生活需要作为经济发展的根本目的。

在全球经济发展放缓、资本躁动的大背景下，中国政府沿着新常态经济发展的思路在各类企业着力深化产业结构的优化和调整；再加上政府近期为实现其向社会承诺的环保目标而强制实施的企业变动，这些都在短期内加剧了企业内部的劳雇矛盾。

要使处于上述劳雇矛盾之中的工人能够尽可能地减少利益损失，除了通过社会政策的合理安排以促使雇佣方让渡部分利益外，最主要的还是要依靠工人群体自身在劳雇博弈中的力量。本文正是从增强劳方劳雇博弈的结构力量问题入手，来展开对于工人代表社会选择的机制设计的研究。

---

* 左春玲（1971—），女，天津人。副教授，经济学硕士，主要从事劳动关系和劳动经济学研究。

二、工人代表社会选择的个体理性排序

工人代表的社会选择●是指在市场经济条件下，工人们（即雇主的相对方－劳动者）以个人利益最大化为内在动力，通过民主投票方式，产生工人代表，再由工人代表代为实施他们在劳雇矛盾事件中的合理决策的过程。

工人代表的社会选择简言之就是工人代表的投票选举过程。工人代表的民主选举最核心的工作取向就是要解决好工人个体选择与群体选择之间关系的协调，以保证工人群体理性决策的公平、公正，并符合工人群体最大利益等问题。

工人代表的选举实际上包括两个选择程序。一是，投票人按照一定的标准和方法为候选人排序；二是，按照一定的法则，从多个投票人形成的候选人排序集合中选出群体偏好对象。

工人代表的投票选举过程是一个复杂的难以进行定量刻画和定量分析的社会选择过程。为了后续阐述的方便，这里先尝试用一个静态系统图（见图1）来刻画工人代表的竞争性选举。

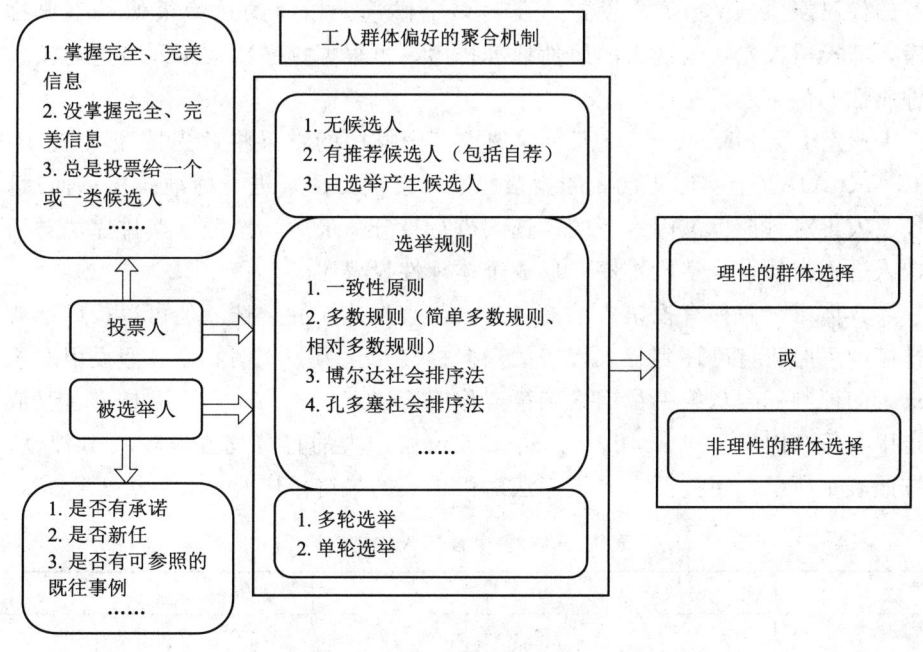

图 1　工人代表的社会选择机制

● 社会选择的基本方式有两种：投票表决与市场机制（用货币投票）。

1. 工人代表社会选择中的个体理性

社会选择理论抽象下的理性人模型可表述如下：① 面对一系列备选对象时，他总可以做出决定；② 他总是根据自己的偏好序对备选对象进行排序，使得每个备选对象或者优于其他对象，或者劣于其他对象，或者与其他对象无差异；③ 上述偏好序是传递的，即如果他认为 $x>y$，$y>z$，则 $x>z$；④ 他总是选择最为偏好的备选对象；⑤ 面对同样的选择时，他总是做出同样的决定。

现实当中，投票人很少同时具有上述 5 个特征。更多的情况是，可能仅仅具有上述理性人假设中的 3 个或者 4 个特征。在这种情况下，利用字典排序法能够快速地形成个体理性投票序列，并且同时兼顾投票的公平与效率。

2. 字典排序法与投票人个体理性序列的形成

词典排序是一种将多个个体序结构融合为单一的序的方法。在进行工人代表候选人的选择时，投票人一般要在一个复合的标准体系下进行排序。与工人代表的职责相关的标准体系可能包括：候选人是否有清晰的和与投票人诉求利益一致的承诺（C）；候选人的群众基础是否强大（P）；候选人在企业是否有权威（A）；候选人是否积极应选（T）；候选人是否表现出令人满意的代议能力（Y）等。投票人要对多个候选人排序的过程很像是字典排序，即投票人先对候选人的属性标准排序，再根据排序比较不同备选对象各种属性的优劣进行排序。

假定有 a、b、c、d、e 五个候选人，则排序的结果将首先按照（C、P、T、Y、A）五个字母所代表的投票标准因素重要性来进行标准排序；而后，投票人再对每个标准因素下的候选人进行打分；最后，按照字典排序法对候选人进行类似得分字段排序，形成个体理性投票序列。

具体讲，假如有投票人甲参与工人代表候选人的推选。他可以按照字典排序的思路将自己评判工人代表的众多标准转化为一个偏好序。假设甲对候选人的评判标准从第一位因素到第五位因素依 Y、C、A、P、T 排列，又假定甲在每个因素下对 a、b、c、d、e 五位候选人的打分均在 0～10 分浮动。按照表 1 所示，甲按照字典排序法对候选人的最终排序是：c>b>d>e>a。

表 1　甲对多个候选人的排序表

	a	b	c	d	e
Y	0	10	10	0	0
C	6.5	6.5	8.3	7.0	6.7
A	0.5	10	0.5	0.9	0.1

续表

	a	b	c	d	e
P	3.5	4.5	8.5	6.5	3.5
T	5.0	5.0	6.0	3.0	1.0

同理，假设投票人乙的评判标准因素仅有 C、Y、P、T 四项。其打分情况如表 2 所示。按照字典排序法，乙的个体理性排序是：d>c>b>a>e。

表 2　乙对多个候选人的排序表

	a	b	c	d	e
C	5.6	7.3	2.1	8.4	3.9
Y	6.5	6.5	8.3	7.0	6.7
P	3.5	4.5	8.5	6.5	3.5
T	2.2	5.0	6.0	3.0	1.0

由此，对于 a、b、c、d、e 五位候选人，甲和乙两位投票人就形成了两个不同的投票序列如表 3 所示。

表 3　甲、乙形成的个体投票序

投票人	个体投票序 （按第一候选向第五候选排列）				
甲	c	b	d	e	a
乙	d	c	b	a	e

依此进行，就可以形成所有投票人的理性排序集合。词典排序法很好地拟合了社会选择理论中理性人的行为规律，除操作简便外，这种方法最大的优点是能够更充分地体现投票人各自偏好的层次性和顺序性。利用字典排序法所形成的社会排序更接近个体理性的理想状态。

三、工人代表社会选择中的群体理性与聚合法则

1. 工人代表社会选择中的群体理性

工人代表社会选择的群体理性要求工人代表的选举过程最终能够获得公平、公正的选举结果，且该结果符合大多数工人的利益。

要实现工人代表选举的群体理性，不仅需要工人们自由平等、积极主动并且理性地参与投票，还需要合理的聚合法则来保证形成理性的代表选举

结果。

评价聚合法则是否合理的标准主要看两方面：一是看是否能够形成群体选举结果；二是看是否有一个尽可能多的满足阿罗定理下的理性条件的聚合法则。

2. 工人代表社会选择群体理性与群体选择结果的形成

在社会选择中，要想实现由个体理性选择到群体理性选择的聚合，阿罗定理❶还给出了除上述理性人条件之外的四个条件，即无限制定义域条件❷、帕累托最优原则❸、无关方案独立性条件❹和非独裁性条件❺。在满足上述理性假设条件下，阿罗定理认为，如果一个社会的排序方法同时满足以上四个条件，则个体对候选人进行社会选择排序的结果就不可能满足群体理性原则。也就是说，根本不存在一种能保证效率、尊重个人偏好、并且不依赖程序的多数规则的投票方案。这意味着，在通常情况下，当社会所有成员的偏好为已知时，不可能通过一定的方法从个人偏好次序得出社会偏好次序，不可能通过一定的程序准确地表达社会全体成员的个人偏好或者达到合意的公共决策。如果要达到群体选择的理性要求，则阿罗给出的四个条件中至少应有一个要放松条件约束。

（1）关于工人个体完全理性的分析

图 1 大致描述了工人代表选择主体——投票人的分类特征。经验也告诉我们，现实当中工人个体的属性和行为特征肯定是不能够完全满足社会选择理论下的理性人假设的。理性人假设要求进行社会选择的个体是知道自己的最优偏好，并且对于任何备选集合都能做出最优选择。而现实中，

---

❶ 阿罗定理指出通过社会排序而将个体理性聚合为群体理性必须满足一定的条件，才能确保整个群体决策的公平、公正并符合群体大多数成员的利益。

❷ 无限制定义域条件（又称完备性公理）意味着个体面对备选对象集合，有权按照自己的偏好对所有备选方案做出任意选择而不受任何限制，备选方案逻辑上所有可能的组合都是个体成员选择的范围。

❸ 帕累托最优原则（又称弱帕累托原则）是指群体对备选对象的排序应当具有一致性，即当群体所有成员都认为某个备选对象优于另外一种时，那么群体也将这样认为。例如，对任意两个候选人 A 与 B，如果所有选民都认为 A 优于 B，那么根据帕累托原则，选举的结果也应当是 A 优于 B。

❹ 无关方案独立性条件（又称独立性无关选择公理）是指群体对任意两个备选方案的偏好序应具有独立性，即对任意两个备选方案的排序仅仅取决于群体成员对这两个方案的排序，与其他方案的排序无关。例如民主选举中，原来有 2 名候选人 A 与 B，群体成员对他们的偏好都为 A 优于 B，即群体的偏好为 A 优于 B。现在又添加一名候选人 C，则成员对原来 2 个候选人的偏好序不会受到新添加候选人的影响，即群体仍然认为 A 优于 B。

❺ 非独裁性是指在群体决策中，不应当使某个人的偏好总是与群体的偏好一致，而不管其他个体的偏好是如何的。这意味着在个体偏好的聚合过程中，不允许独裁者的存在。

这样的逻辑全能者即便有也一定为数不多。那么非完全理性的工人们通过投票方式能否产生理性的群体投票结果呢？以下构造一个模型来对此加以分析。

假定选民1、2和3就候选人a、b谁当选进行投票（采用多数规则）。如果选民的理性以及聚合得到的群体理性都是完全的，则它们一定能由"谁能力强"和"能力强者当选"这两个前提推出"谁当选"。然而，在多数规则下，多个个体的完全理性却推导出群体非理性结果。可见，个体选择的完全理性也可能导致群体选择的非理性（见表4）。

表 4　简单多数规则下个体理性与群体非理性推导模型

	a 能力强	能力强者当选	a 当选
个体 1	是	是	是
个体 2	否	是	否
个体 3	是	否	否
群体选择	是	是	否

如果放弃个体投票人的完全理性，投票人只就"谁能力强"和"能力强者当选"两个前提进行选择而不推理，却可能得到一个群体偏好看似完全理性的结果（见表5）。

表5所模拟的情形并不意味着所形成的群体选择结果真的具有群体理性特征。将个体3的选择稍作改动，如对"a能力强"的判定变为"否"，群体对"a能力强"的判定也将变为"否"，则群体无法推出当选还是不当选，即没有形成完全理性的群体选择结果。

此外，表5所模拟的情况很容易出现如表6所示的策略操纵的情形。假如个体2偏好b，他不希望a当选，如果他隐匿自己的真实意愿而否定"能力强者当选"，则群体对"能力强者当选"的判定也将变为"否"。群体由"a能力强"和"并非能力强者当选"这两个前提推不出"a当选"的结论，这样也没有形成理性的群体选择结果。

可见，个体的社会选择行为以较高的概率存在不完全理性是一个客观现实。放松个体的完全理性条件，有可能避免不可能性结论，而形成群体选择结果。但由此聚合得到的群体选择结果其理性是不完全的，存在着被欺骗、操纵的较高概率。

表 5　简单多数规则下放松个体完全理性条件与群体理性的推导模型

	a 能力强	能力强者当选	a 当选
个体 1	是	是	——
个体 2	否	是	——
个体 3	是	否	——
群体选择	是	是	是

表 6　简单多数规则下个体 2 操纵投票改变群体投票结果的推导模型

	a 能力强	能力强者当选	a 当选
个体 1	是	是	——
个体 2	否	否	——
个体 3	是	否	——
群体选择	是	否	否

（2）关于工人个体无限制定义域条件的分析

工人个体在进行工人代表的选举排序时，完全不受"限制"而进行的社会选择排序是不存在的，例如，在选择集体谈判工人代表时，很多情况下，投票人会受到"谈判代表应资历较深"这个"强势文化特征"的影响，则此时就不是所谓的"无限制定义域"下的社会选择。

对于放宽的无限制定义域条件，库姆斯条件指出，如果在群体决策过程中的个体成员偏好由某种"强势文化特征"决定，那么在多数规则下产生的群体偏好序就将具有传递性，但不再是无限制的。而满足库姆斯条件的偏好序，它能使传递性要求由个体偏好序推广到群体偏好序上，以保证群体理性的存在❶。

（3）关于无关方案独立性条件的分析

在工人代表的选举中，候选人构成彼此独立、无关系的备选集合，而投票人对候选人的不同偏好序对于形成群体偏好序并不是完全没有关系。

例如，工人甲、乙就工人代表候选人 a、b 进行投票。假定甲认为 a＞b，乙认为 b＞a，则甲、乙构成的选举将无法聚合产生群体选择结果（因为，这表明 a 和 b 无差异）。此时，引入新的候选人 c 和 d。甲的偏好序为：

---

❶　库姆斯条件要求个体的偏好序都具有单峰性，即个体成员面对备选方案集合时，存在一个最为偏好的方案，从该方案向任何方向偏离，个体的偏好程度都将单调下降。库姆斯证明，只要个体偏好具有单峰性，就能够实现群体理性。

a>b>c>d；乙的偏好序为：b>c>d>a。则选举的群体偏好是 b。这表明一些看似不相关的候选人的引入是可以影响到工人群体的选举结果的。在工人代表的选举中，如果是上级指定候选人或者各班组各自推选候选人，由于存在着大多数的投票人对候选人不了解的情形，就意味着候选人对投票人来讲是无差异的，因而是难以形成群体理性选择结果的。此时，可放宽无关方案独立性条件，通过候选人自荐等形式，引入所谓的无关候选人，就有可能帮助形成一个理性的工人代表选举结果。

3. 工人代表社会选择的聚合法则及比较

目前，社会选择的聚合法则主要有两个，分别是：一致同意规则和多数投票规则。

（1）一致同意规则

一致同意规则是须经全体社会成员的一致赞同或没有人反对才能通过一项决议的投票规则。显然，一致同意规则的投票成本较高，仅适用于人数较少的群体选择。此外，由于每个投票人都有一票否决权，所以投票结果容易受到某个人的胁迫，可能会引致"独裁"等非理性结果。

（2）多数投票规则

多数投票规则是指一项议案或决策须经一定比例以上的人投票赞成才能获得通过的规则。多数投票规则可以避免一致同意规则的缺陷，但也有很多明显缺陷，如简单多数票规则下易陷入孔多塞悖论❶；易被操纵或欺骗；简单多数规则下的胜出者在两两比较法下无法胜出等。此外，多数投票规则只看重第一偏好而忽略了第二偏好和其他偏好顺序的重要性。不能更充分地体现人们偏好的层次性、顺序性，很可能使不该当选的候选对象当选。

表 7　多数投票规则分类

多数投票规则	绝对多数票规则	简单多数票规则	获得半数以上的多数票即算通过
		比例多数票规则	赞成票要超过一定的比例即算通过
	相对多数票规则		不论票数多少，得票最多的备选即可通过

（3）博尔达聚合法则

鉴于一致同意规则和多数投票规则在理论推导和实际操作中存在的缺陷，理论研究者提出了更为合理的博尔达聚合法则和孔多塞聚合法则。这两

---

❶　孔多塞悖论是指在集体投票时容易出现投票结果随投票次序的不同变化，大部分甚至全部备选方案在比较过程中都有机会轮流当选的循环现象。

个法则以个体票号序为计数对象，同时兼顾了投票人的多个偏好序。

博尔达方法用博尔达分值进行排序。博尔达分值定义如下。

$$f_B(x) = \sum_{y \in A/\{x\}} N(x > y)$$

方案 x 的博尔达得分就是用备选方案与其他方案逐一比较时的分值之和。博尔达方法就是在这些方案的得分中挑选最大分值对应的方案，可称之为博尔达胜者。

设有 70 名投票者对三个候选人（m_1，m_2，m_3）进行投票，投票的结果如表 8 所示。

表 8　投票结果表

投票人数\优先排序	1	7	1	6	1	5
1	m_1	m_1	m_2	m_2	m_3	m_3
2	m_2	m_3	m_1	m_1	m_1	m_2
3	m_3	m_2	m_3	m_3	m_2	m_1

$$B_b(m_1) = 2 \times 8 + 1 \times 8 + 0 \times 5 = 24$$
$$B_b(m_2) = 2 \times 7 + 1 \times 6 + 0 \times 8 = 20$$
$$B_b(m_3) = 2 \times 6 + 1 \times 7 + 0 \times 7 = 19$$

按照博尔达方法的社会排序为：$m_1 > m_2 > m_3$。

博尔达计分法相比多数投票规则而言，充分体现层次性、均衡性和公平性等特征，是对多数投票规则的优化。但是，策略投票对博尔达法仍有很强的破坏力。

（4）孔多塞聚合法则

孔多塞方法用孔多塞分值进行排序，孔多塞分值定义如下：

设 $u \in \{R_1, R_2, \cdots, R_n\} \; \forall i \in N, R_i \in W(x)\}$，$x \in A$，记 $F_c(x) = \min\limits_{y \in A/\{x\}} N(x >_i y)$

方案 x 的孔多塞分值就是方案 x 与其他方案的两两比较中得票最少的那一次所得票数。孔多塞方法就是在所有方案的孔多塞分值中挑选孔多塞分值最大的方案。

用孔多塞方法进行计算。通过两两比较，得到孔多塞比较矩阵，如表 9 所示。

表 9　基于表 8 的孔多塞分值

	m_1	m_2	m_3	$Min\{\#(m_i > m_j)\}$
m_1		9	15	9
m_2	12		8	8
m_3	6	13		6

通过表 9 的最后一列可以看出，社会排序为按照孔多塞方法的社会排序为：$m_1 > m_2 > m_3$。

四、结论

工人代表的社会选择要求由个体理性经过聚合法则实现群体理性。这一过程蕴含着复杂的决策行为和交互关系。因此，必须理性地加以设计，才能使经选举产生的工人代表成为真正的集体意志的代表。具体应做到：

（1）理性的工人代表选举机制应包括两方面的设计追求：个体理性排序目标和聚合法则理性目标；

（2）至少放松一个阿罗条件，可能促使不完全理性的群体聚合，产生一个接近理性的工人代表；

（3）一致同意规则和多数投票规则存在明显缺陷。应在字典排序法形成的个体偏好排序基础上，采用更为科学的博尔达法或孔多塞法进行群体偏好的聚合，才更有可能获得工人代表的理性选择结果。

（作者单位：北京物资学院劳动科学与法律学院）

参 考 文 献

[1] 黄正 . 基于词典排序的群体理性聚合分析 [D]. 重庆：西南大学，2012.

[2] 牛铭实 . 中外选举制度的类别及特点 [M]. 香港：二十一世纪，2004（2）.

[3] 扶元广 . 基于相对重要性的社会选择研究及在中国基层选举中的应用 [D]. 北京：中国科学技术大学，2006.

基于集体谈判利益博弈的和谐劳资关系构建

顾国爱[*]

内容提要：在"资强劳弱"的劳动关系背景下，如何建立和谐的劳资关系、维护劳动者的合理权益是理论和实践界普遍关注的问题。集体谈判是市场经济条件下调整劳动关系的重要手段和国际惯例，也正是避免发生劳资冲突的有效机制，劳动者可以通过集体谈判来保障其经济利益。本文通过我国集体谈判利益博弈进行分析，对和谐劳资关系进行合理构建。

关键词：集体谈判　利益博弈　劳动关系

一、引言

集体谈判是一种多以工会或职工代表大会等团体和组织代表职工个人与企业雇主就雇佣关系和问题进行交涉的一种形式。传统的集体谈判将工资福利、劳动条件等问题作为集体谈判和交涉的主要内容，目前集体谈判的内容已经逐步延伸到与企业发展和管理有关的人事改革、劳动合同等内容之中，并逐渐成为市场经济条件下调整劳动关系的重要手段。鉴于以下三个方面的因素，将雇员的力量集中起来与雇主进行集体谈判是十分必要的：一是由于雇员个体在企业中的地位和影响力非常薄弱和有限，这种不利因素造成雇员无法在平等的基础上与雇主签订劳动合同；二是与个体员工的弱势形成鲜明对比，企业雇主在谈判中具有绝对实力和地位；三是在利润分配上，企业雇主事实上处于绝对的主导和控制地位。当雇员以个人身份面对雇主时，不均衡的地位差会让雇员无法平等地与对方进行对话，而如果把许多人的力量叠加在一起，力量自然会强大很多，可以有效弥补谈判弱势，增强谈判实力。

---

* 顾国爱（1971—），男，湖北襄阳人，副教授，博士研究生，研究方向为经济管理。

劳资双方的经济利益和诉求可以通过集体谈判获得保障，可以说集体谈判既是解决矛盾的重要机制，同时也是劳资双方在寻求最大效用过程中有关各自权利和义务的利益博弈。在这场利益博弈中，双方的共同利益同时存在，并互为依托；双方的不同利益也同时存在，并均希望以最少的付出换取更多的利益。而集体谈判进行的基础正是这个矛盾统一体。在中国现行体制下，集体谈判的最大问题是形式大于内容，并没有实际开展，表面上通过集体谈判构成的劳资关系，实际上基本上都是由雇主单方面决定的，雇员并没有机会参与决定，更多的是消极接受。

二、集体谈判的博弈分析

劳资双方通过集体谈判就各自的权利和义务进行利益博弈的过程，实际上也是劳资双方寻找利益目标平衡点的过程，谈判的最终结果是在一定程度上双方利益都能得到满足。博弈双方、博弈双方可能的策略、博弈双方可能的收益通常是劳资博弈中的三个关键元素，其中博弈双方的策略互动是其核心问题。也就是说博弈结果不能由单方决定，应取决于博弈双方的行动，所以在博弈的过程中，经常会出现博弈双方利用某些行动来实现影响对手的行为，每一轮谈判实际上都是双方轮番提出利益诉求的博弈。为占有更多的利益分配比例，博弈双方都会试图提出有利于本方的策略，退出机制就是一项关键的博弈策略。如果双方不能认可谈判方案时，必然会单方或双方同时终止谈判后，选择退出。退出选择是法律赋予的相对权力，雇主的退出选择是指解雇或停业等；工会的退出选择主要是指罢工。理论和实践同时证明，罢工是确保集体谈判得以实施的重要途径，罢工权是集体谈判权中的重要组成部分。失去罢工权的集体谈判权是不完整的。对博弈双方来说，雇主最好的博弈结果是由于雇主选择威胁退出后雇员方进行让步；雇员代表方最好的博弈结果是雇员方选择威胁退出后雇主让步；对于双方均为最坏的博弈结果是由于双方都不有所让步，最后雇员罢工、雇主闭厂。

1. 西方经济发达国家有关集体谈判的博弈分析。在西方经济发达国家，劳资博弈的特征更为明显，雇主和雇员方为了谋求利益最大化，双方都具备各自的优势策略。从博弈的角度出发，双方为实现利益最大化，在谈判中就首先应当选择威胁退出，但是如果双方同时选择退出，结果可能是两败俱伤，因此在实际谈判中双方都避免造成这样的结果。对于雇主来说，一旦因罢工形成雇员集体退出劳动岗位的局面，势必会造成企业停工停产，会给雇主造成很大损失，严重的甚至影响整个行业或相关产业。罢工对雇员方来说，可能导致被辞退或雇主停工停业的风险，罢工造成的利益损失有可能远远超过利益获取的份额。正是因为如此，退出策略虽然是雇主和雇员方均可选择的方式，但是由于双方利益的相互制衡，在势均力敌形势下，任意单方都不可能对劳动条件和就业条件进行单独决定，退出策略是博弈双方在不得已时做出的无奈选择。因此博弈便成为一个复杂的过程，双方通过反复博弈，逐步达成共识后，从而实现劳资合作，进而实现组织均衡。

2. 具有中国特色的集体谈判的博弈分析。在中国的集体谈判中，企业方具有绝对的控制权，谈判的最终结果是企业的利益分配远远高于员工的利益分配，造成这种局面的主要原因是：

（1）罢工权失效。在资强劳弱的现实中，罢工权应当是平衡强弱双方力量的最有效的工具之一。通过行使罢工权，可以保护劳动者的合法权益不受侵犯。但是，在中国现行的法律法规中，没有把罢工列为职工和工会捍卫自身权益的手段。虽然罢工行为不构成触犯法律条款，但由于罢工的行为不受法律的保护，因此罢工是不能享有刑事免责权和民事免责权的。由于罢工权的失效，集体谈判利益双方在选择退出机制上是机会不均等的，企业可以通过随时选择裁员或停业等退出机制占有谈判优势。中国的法律对工会的职能进行了明确规定，承担着劳动者与企业进行集体谈判、签订集体合同的代表责任。然而，在赋予责任的同时并没有配以相关的权利，即谈判的退出选择机制。在权责不统一的情况下，工会难以真正发挥其作用，不能通过内部途径有效地化解劳资矛盾。当劳资矛盾积累到一定程度就会演变为劳资冲突，劳资冲突的结果可能也会造成罢工。在这种情况下出现的罢工，企业往往是不能预知和不可控的，这对于企业和职工双方利益的杀伤力都是十分巨大的，与因集体谈判造成的利益损害是不可比拟的。

（2）工会不具备独立性。由于劳动者个体的弱势状况，劳动者通常使用集体力量来使自身利益受到保护，工会就是劳动者集体力量的体现。工会集体行使团结权、集体谈判权和集体行动权等劳动三权，而集体谈判权正是其核心内容。我国《劳动法》明确规定，劳动者享有组织工会和进行平等协商、签订集体合同的权利。工会的最大作用是以集体形式维护劳动者合法权益不受侵犯。但是从实际情况看，由于中国多数企业的工会是附属于企业的一个部门，受企业直接管理，工会自身独立性较弱，不能平等地站在职工的立场上与企业经营管理者进行谈判，根本不具备为劳动者维权的实际能力，更谈不上利益博弈问题了。由于工会对企业的依赖性很大，集体谈判已经失去其平等的内涵，谈判形式远远大于了内容，工会组织形同虚设。

从博弈理论来分析我国的集体谈判制度发现，由于工会缺乏代表的独立性和对等性，在缺少退出选择机制作为其有效谈判的保障时，工会的最终选择只能是出让职工利益，妥协并被动地接受企业在劳资问题上的任何条件，没有谈判筹码的集体谈判也失去其实际意义。

三、我国劳资关系中集体谈判的运用现状

在我国实行的产权制度是所有权至上的制度，生产资料所有权决定经济支配权。在这种单一追求利润最大化的决策机制下，企业经营管理方掌握着一切重大事项的决策权。因劳动力需求方不断压低工人的工资造成的各类冲突不断增多，劳动争议和非法侵害劳动者权益的事件时有发生。这种不平衡的劳资关系已经发展到有可能影响社会稳定的程度，因此建立合理的集体谈判机制来有效化解劳动冲突已经势在必行。在我国，要想发挥集体谈判制度的最大效用，就要建立与之相配套的劳动者的谈判力。事实证明，集体谈判制在我国企业中并没有全面开展，约有七成以上的企业没有签订集体合同；有些企业制定的集体谈判方案完全是为了应付差事，签订的集体合同也没有严格按照程序，仅是走个形式；由于劳资双方都缺少进行集体谈判来解决劳动争议的意愿和热情，虽然劳动争议现象时有发生，但是双方几乎没有通过用集体谈判的方式来解决问题的，因为没有科学的途径化解矛盾，很多企业员工利用上访、罢工等极端处理手段试图实现其目的，而企业方也往往采用尖锐措施，以解雇员工或重新雇佣新人等断崖式手段解决问题，而这种解决问题的方式只能更加加剧双方的极端对立。分析我国没有构成集体谈判制度来化解劳资矛盾的主要原因有以下四个方面：

一是没有强有力的法律保障。随着市场经济逐步发展，我国的法制建设也在不断完善。但是在劳动关系的约束和完善方面，相关的法律法规保障并没有到位，在加之公民的法律意识淡薄，甚至地方政府在执行过程中积极性不高，走过场的情况时有发生，有的地方政府把政绩与企业利益直接挂钩，导致相互庇护现象发生，法律保障约束力大大降低。对于集体谈判的法律约束条文只是在《劳动合同法》中有所规定，企业并没有重视。

二是劳资双方地位不对等。由于我国企业特点造成资方拥有绝对控制权和话语权，企业管理者单方确定工资待遇、劳动作息时间、各种保险福利保障等重大事项，企业的员工不具备任何的发言权和表决权。即便是很多企业内部虽然成立了职工代表大会制度，成立了工会，可以行使表决权，但实际操作过程中充当着企业管理层意愿表达的傀儡，没有发挥其应有的效用。加之罢工权不受法律保护，劳方根本没有强有力的手段对资方的行为和决议进

行约束。在双方地位差异如此之大的情况下，劳方根本不具备与资方进行平等谈判的筹码。

三是工会的作用没有得以发挥。在西方国家，工会由雇员自发产生和发展，在行使职责时完全独立于企业本身。与之相反的是，我国的工会多是嵌入式的，通常以企业内部部门的形式存在，工会的规章及主要工作是由企业管理者决定，工会职工的工资也由企业管理层制定，工会干部像普通员工一样可能随时被企业管理层解雇。在这种情况下，企业管理层对工会具有绝对掌控权，工会完全不能成为企业员工的利益代表，员工也认为工会不可能通过集体谈判为他们争取利益。正因我国劳动者的谈判力极低，集体谈判制度形同虚设。

四是政府合理的主导作用没有显现。部分地方政府为实现政绩工程，强行要求企业与工会签订集体合同，而对于集体合同本身与劳资双方切身利益有关的内容并不作任何要求。因此，签订集体合同成为工会与企业完成上级指派的一项任务，集体谈判过程完全被忽略，集体谈判失去了讨价还价、弥合分歧的实际意义。据了解，私企签订集体合同的比例要远远少于国有企业和集体企业。

四、重新构建适合我国的集体谈判模型

近年来，市场经济体制改革逐步深化，经济和社会矛盾也逐步显现，关于劳资方面的矛盾和冲突已经引起社会各界的广泛重视。由于集体谈判机制在西方发达国家的成功运用有效化解了劳资双方的矛盾问题。那么，当前我国如果不能迅速采取有效手段疏导劳动关系问题，将构成随时引发矛盾冲突的风险，进而对整个经济社会秩序造成不可弥补的破坏力。为此，建立集体谈判机制有效缓解劳资矛盾必须尽快纳入议事日程，并从法律保障、谈判主体保护、政府引导等方面提高集体谈判机制的有效性。

1. 集体谈判理想模型的主要结构

集体谈判的理想模型应从立体的角度进行构建，主体组成不应是单一的，而且它们之间具有关联关系。一是在模型构筑中，政府要找准自身的定位，既不能缺位也不能越位，也就是说政府对待劳资双方的利益关系应保持中立态度，在集体谈判过程中，政府应尽可能保持中立立场，不应过多干涉双方的谈判事宜，也不能采取无视态度。在集体谈判中，由于劳方长期处于弱势地位，不利于双方在平等的基础上进行对话协商，那么，政府的职责应重点放在通过有效手段，合理保护并扶助劳动方增强谈判实力，促使劳资双

方在势均力敌的前提下进行谈判协商，这也是保障双方谈判得以正常进行的基础。二是既然将工会作为劳动方的代表，那么就必须改变原有工会的隶属性，使工会具有与雇主方等量的谈判实力，能够自主和独立地表达诉求，真正从代表劳动者的利益出发，与之进行双方均能认可的谈判。

2. 实现理想集体谈判模型的有效途径

(1) 政府利用偏重保护原则对劳动方进行扶持和保护

一是从劳动关系理论角度讲，劳动关系的本质说明需要对劳动方进行偏重保护。在企业雇佣劳动者为其进行劳动，并根据劳动者的贡献率进行物质补偿的劳动关系中，劳动者的劳动行为受用人单位支配，劳动者的劳动消耗过程是其在企业中赖以生存的依托。换言之，企业雇主决定着劳动者可否继续提供劳动行为用以获取相关报酬。在劳动关系中劳动者显而易见地处于被动接受方。因此，要实施对劳动方权益的保障，可以采取偏重保护原则，当然任何事情都要有度，不应在牺牲用人单位的合法权益的情况下实施偏重保护，保护应以将失衡的权利得以纠正为基本原则。

二是从劳动就业现状来看，随着我国工业化、城镇化的进程逐步加快，农村劳动力大量向城镇转移，我国几个主要城市劳动力供过于求的现象十分突出。在现实的劳动关系格局下，劳动者权益难以得到有效的保护。政府部门应当有针对性地制定劳动基准，严格规定最低工资水平、劳动条件等量化指标，同时强化法制监督等手段，确保实现劳动者的基本权益。

三是分清公私法对劳动关系的约束力。法律法规是对劳动关系进行保护的基础，与此同时政府也会适当介入进行行政干预。但是如果政府的行政干预过激，就会出现私法公法化的现象。因此，政府在通过使用偏重保护原则干预劳动关系的过程中，必须要适度，应注重权利的赋予而不是利益的输送。让劳动者在享受到有实质内容的劳动权利的同时，学会使用集体谈判等机制予以落实。

(2) 增强工会充当职工代表的独立性

一是切实发挥职工代表的功能。工会在集体谈判中的代表资格已在《工会法》中进行了明确规定，在实际操作过程中工会的代表性经常被弱化。在企业中工会组织不被重视，绝大多数工会根本不是通过职工选举产生，而是企业管理者的直接安排或硬性指派，工会主席也是直接任命，有的甚至是兼职，工会成为一种形式，丧失其实际意义。因此，首先应当变革工会及其组织成员的产生机制，工会由劳动者推选产生，让工会成为劳动者信任的组织，真正为实现劳动者的合理权益与资方进行谈判。

二是工会的独立性得到保护。要实现工会的独立性，应从两方面得以体现：一方面，政府不能对工会进行非正当干涉，工会团体的组成由劳动者集体共同决定。另一方面，工会必须脱离雇主的约束，让工会不再是企业管理结构中一个附属组织，可通过建立行业工会、区域工会等形式，让工会彻底独立于企业。

三是提高工会实施的积极性。当工会作为一个独立团体代表职工争取合理权益时，应当采取一系列行之有效的激励机制，鼓励工会代表劳动方与资方进行谈判，如工会员工的收入、任免由职工共同决定，从而增强工会服务于职工的意识，增强其工作的积极性和主动性。

（3）政府积极发挥合理引导作用

劳资双方地位平等是实现集体谈判的前提，也就是说集体谈判后达成的协定是劳资共决的结果。政府应当始终保持中立的立场，充当裁判员的角色，不应过多介入双方劳资问题的协商过程，政府应坚持对双方保持公平的对待原则。一旦发生集体谈判争议，政府才有可能以公正、客观的身份对劳资双方进行仲裁和调停。当然，在集体谈判中，政府在不偏袒任何一方的前提下并不是不作为，而是在秉承尊重私法自治、劳资共决前提下，为集体谈判的顺利实施进行制度安排、程序设置等，确保劳资双方在公平公正的基础上进行谈判，充当制定规则、推进主体建设、信息服务、监督服务的角色。

（作者单位：北京物资学院劳动科学与法律学院）

参 考 文 献

[1] 林志芳．和谐社会视野下中国收入分配制度面临的矛盾及对策［J］．中南林业科技大学学报：社会科学版，2010（6）：32－34．

[2] 何平，马小丽．建立以集体谈判制度为基础的企业工资制度［J］．改革，1994（4）：60－65．

[3] 张建武．集体协商谈判的经济学分析［J］．中州学刊，2001（3）．

[4] 米尔格罗姆，罗伯茨．费方域．经济学、组织与管理［M］．北京：经济科学出版社，2004．

[5] 齐爱华．试析我国劳动合同经济补偿金制度的不足及完善［J］．重庆邮电大学学报：社会科学版，2011（3）：52－57．

[6] 吴于群．完善我国劳动法实施机制探讨［D］．广州：暨南大学，2006．

[7] 孙慧敏．我国工资集体协商的社会条件及政府的适度介入［J］．天津师范大学学报：社会科学版，2001（6）：26－27．

过度劳动与社会保障研究

❖ 我国过度劳动研究及其发展分析

❖ 我国过劳问题的现状、问题及对策分析

❖ 超负荷工作量导致员工加班对绩效的影响

❖ 呼叫中心员工压力调研

❖ 我国农村孝道与养老问题探讨

我国过度劳动研究及其发展分析

李广义　戴晓辉*

内容提要： 我国在过度劳动相关研究方面已经取得了一定的成果，本文采用文献统计分析法，通过梳理相关过度劳动的学术文献，总结我国有关过度劳动的研究与发展历程，对过度劳动相关研究方向上的进展与分类进行归纳分析，指出过度劳动与不适当人力资源管理之间的内在联系，提出了科学人力资源管理对抑制过度劳动的重要性。

关键词： 过度劳动　过劳死　管理　绩效考核

一、中国"过度劳动"研究现状的相关文献统计

本文选用中国知网数据库（http：//www.cnki.net）。鉴于目前过度劳动相关概念较多且混乱的特点，选用"过度劳动""过劳""过度疲劳""工业疲劳""精神疲劳""身体疲劳""过劳死""过度劳累"作为检索词。在文献检索过程中，会出现与本文研究主题无关的文献，如关于机器、动植物的疲劳研究，同样"过劳""过劳死"等也被广泛应用于医学领域。因此，为了达到文献检索结果既全面又有效的目标，在检索过程中，去除了那些与本文研究主题不相关的文献。经统计分析，总共有 590 篇（截止日期为 2014 年 3 月 31 日），其中学术期刊论文 358 篇，报纸文献 199 篇，博士论文 6 篇，硕士论文 20 篇，会议论文 6 篇，年鉴 1 篇。如图 1 所示。

从图 1 可以发现，学术期刊在有关过度劳动方面的研究论文占所有文献的 60.7%，报纸在过度劳动方面的文献占比 33.7%，博士、硕士论文及其他过度劳动文献仅占 5.6%。研究过度劳动的博士论文很少，可以查阅到的只有来自首都经济贸易大学王丹、孟续铎、赵秀清三位博士，分别对知识工

* 李广义（1962—），男，陕西大荔人，教授，研究方向为人力资源管理与社会保障；戴晓辉（1990—），男，浙江温岭人，硕士，研究方向为人力资源管理。

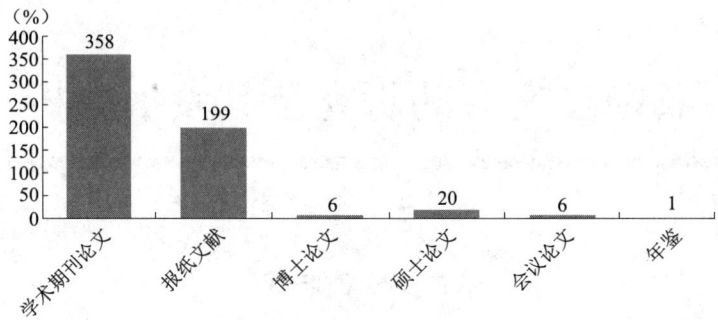

图 1　中国过度劳动相关文献统计分布表

作者过度劳动、过度劳动成因、工作压力与工作绩效关系进行研究，还有 2 篇是从经济学角度考虑过度劳动对就业市场的影响，有 1 篇是从计算机科学应用角度讨论对精神疲劳的测定。硕士论文大多数是关于对过劳死法学方面的研究，仅 2013 年就出现 4 篇法律角度过劳死方面的研究。会议论文和年鉴关于过度劳动方面的研究就更少了。虽然国内社会近几年对过度劳动的关注程度有所增加，但是对这方面的学术研究还是远远不够的。

二、中国过度劳动相关研究与发展进程分析

中国对劳动生产过程中疲劳问题的研究可以追溯到 20 世纪 80 年代。符文琛（1981）就曾指出过劳的生理表现和特点，继而阐述了流水线作业的疲劳、高度视力紧张作业的疲劳、高度精神紧张作业的疲劳、交通疲劳的特点和危害，并且简单介绍了六种疲劳测定方法。符文琛在文中所提到的过劳应当是指过度疲劳，并且特指因劳动生产作业而引发的疲劳，不包括一般性的运动疲劳。整个 80 年代都是围绕工业疲劳这一话题展开研究。1990 年，钟爱国第一次提到"过劳死"一词，但是文中对日本出现"过劳死"现象不屑一顾，没有仔细研究当时整个日本社会经济发展的大背景以及员工工作的时间和强度，就草率得出国内工作时间比日本多的结论，甚至提出日本人应该向中国学习超长时间工作却依然健康的方法。从学术科研角度来讲，钟爱国的这篇文章缺乏严谨性，但确实是国内期刊第一次提到"过劳死"。随后，国内对日本过劳死的报道和介绍也越来越多。第一篇谈到过度劳动的博士论文，当属王艾青《中国经济高增长与高失业并存问题研究》（2006.5）。文章主要是从劳动力市场角度探讨过度劳动对就业的影响，同一年出现第一篇研究过度劳动的硕士论文，张舒《我国劳动者过度劳动和劳动力闲置的成因与

对策分析》（2006.9）。真正对过度劳动进行全面研究的博士论文应当是王丹《我国知识工作者过度劳动的理论与实证研究》（2010），文中详细介绍了过度劳动的定义、研究状况、评定体系、形成原因和作用机制，并做了实证调查研究。可见，国内相关研究正朝着越来越深入、越来越专业的方向发展。2012 年 9 月 24 日，中国适度劳动研究中心成立，给学者们提供了交流与学习的平台，这标志着我国过度劳动研究将进入一个新的发展历程。

就过度劳动相关研究发展历程看，到目前为止，中国过度劳动研究发展历程可以分为以下三个阶段。

第一阶段（20 世纪 80 年代～90 年代末），是工业疲劳研究鼎盛期，主要从劳动生产过程角度出发，运用工效学、生理学、医学，研究作业疲劳的形成原因与产生的机理机制，重点是对疲劳的测定方法展开大讨论。如：李景渠等（1985）通过对需要精神高度集中的列车调度人员的疲劳研究，发现 5 小时后就已经产生精神疲劳，7.5 小时后疲劳状态更为明显；周学勤（1993）认为仅靠心率、能量消耗、耗氧量来进行劳动强度分级是片面的，还必须要考虑工作性质，只有把身体疲劳和精神疲劳结合起来，才能制定出科学合理的评价标准；贺太纲等（1996）从生产能力和工作绩效角度探讨了疲劳的定义，并详细介绍了人体疲劳和主观疲劳等多种疲劳测量方法，同时重点介绍了生理参数测定法的原理以及在疲劳研究中的应用。有关工业疲劳的国内研究，多数是基于国内工业实践的需要展开的，这一时期注重一线体力劳动者的疲劳及疲劳规律等问题，重心放在了关于人体能量消耗及生理性疲劳研究方面。我国体力劳动强度分级标准（GB 3869—83）就是这个时期国内适度劳动研究成果的典型代表，其理论支撑主要来自国外疲劳研究的借鉴，为适度劳动研究奠定了最广泛的基础。

第二阶段（20 世纪 90 年代末～20 世纪末），是过劳死概念的引入期，主要介绍日本过劳死的状况、背景和社会文化原因。这一时期我国进入市场经济的高速发展期，发达国家发展过程中的一些过劳死现象出现在我国许多行业和领域，体力劳动者和脑力劳动者均出现不同程度的过劳或过劳死现象，过劳现象迅速出现在人们身边及现实生活中，使人真正感受到了过劳对生命及社会经济发展的威胁，此时最先引起关注的是新闻媒体，记者以其敏感的观察力迅速挖掘并报道发达国家以往的过劳死现象及解决思路。这一时期关于过劳方面的期刊文献最明显的特征，就是类似于新闻报道，只是阐述某一事件并对其泛泛而谈，就现象提出问题，寄望于引起相关各方的关注与重视，但缺乏对过劳死产生背后所隐含的深层次原因展开理论与实践的分析和研究。同时，该时期关于工业疲劳研究更加深入和符合实际，但并不突出，在发达国家有关疲劳理论作为研究依据的大背景下，工业疲劳研究目的更多的还是与企业的效率提升相联系，像我国1997年实施的"体力劳动强度分级（GB 3869—1997）"国家标准，在实践中更多用于体力劳动的岗位设计与评价、职业卫生标准的确定等，而如何衡量脑力劳动强度在世界范围内几乎没有标准出现。在这个时期，过劳死现象在知识分子群体中频频上演，最先关注的仍是媒体记者，相关报道引起了人们的广泛关注，简单用体力劳动消耗及工业疲劳研究这种现象，已经无法解释和覆盖劳动领域的过劳问题，于是涵盖所有劳动者的有关适度劳动研究提上议事日程，无疑这个时期对适度劳动研究贡献最大的首推新闻媒体记者。

第三阶段（21世纪初～），是适度劳动研究的快速发展期。随着2000年10月16日中国首例过劳死案例的开庭，标志着适度劳动观念在人们意识中开始开花结果，适度劳动研究进入全面快速发展期。这一阶段的研究除了继续介绍国外适度劳动的研究现状、研究进展、研究方法外，在国内开始了大量的适度劳动实证调查研究，意味着国内的研究又往前迈进了一步。如：申洪山（2002）对太原市的部分私企员工进行疲劳原因和消除办法调查，结果显示50％以上的被调查者感觉到疲劳，被调查者认为工作、家庭、社会都能引起疲劳，但是他们没有太多消除疲劳的方法；王新纯等（2007）对司机和地勤工作人员进行了抽样调查，发现被调查者工作后的主观疲劳感增强，闪光融合频率明显降低，复杂选择反应的指标大幅上升，并提出由地勤人员完成机车的部分检查工作；黄河等（2009）应用日本2002版《自觉症状调查表》对无锡制造企业员工展开调查并得出结论：此测量表适用中国制造业的调查，自觉症状会随着时间的推移而变强，午休后"困顿感"上升15.1％，中上肢和下肢的疲劳主诉率增幅最高，疲劳部位主要集中于肩膀、腰部和眼睛上。该调查有利于进一步对生产流程和作业环境进行研究，以达到最大限度减少疲劳程度的目标；王丹、杨河清（2010）结合运用薛晓琳（2006）提出的疲劳自测量表和日本疲劳积蓄度自测量表，对北京地区企事业单位劳动者的过劳情况进行调查，结果显示11.52％的被调查者处于深红灯高位区，27.64％处于红灯危险区，其中处于过度劳动危险区的又以女性员工居多，排名前三的疲劳自觉症状是患病、失眠和倦怠，49％的人感觉工作带来了较大的精神压力，15％的人感觉工作带来了很大的精神压力，总比占64％；杨河清等（2011）调查了北京CBD的知识工作者，分析了他们的工作特征和过度劳动状况，知识工作者存在较强的自主过度工作现象，40岁以下的被调查者工作负荷较重。李广义（2013）在中国人力资源开发研究会适度劳动研究分会学术研讨会上，以"生活质量与适度劳动衡量"为主题做了演讲，把过度劳动现象与不科学的人力资源管理联系起来，指出"过度劳动不仅是劳动的体力过度消耗，还与人力资源管理因素所带来的体力虚耗和精神压力有关"。这个时期，人们开始全方位地在劳动生理、劳动心理、人体结构、劳动强度、劳动环境、劳动条件、管理以及法律角度方面，积极探讨适度劳动问题。

三、中国过度劳动研究的主流观点分析

纵观我国过度劳动研究的观点及其发展，主要有以下几个方面：

1. 过度劳动与体力劳动强度有关

最早中国对过度劳动的研究局限于工业疲劳，主要研究方法是实验和调查研究，缺少形成原因和作用机制的研究以及相应对策和措施。20 世纪 80 年代以后的研究逐渐深入，借鉴发达国家已有研究理论和成果，着重点是关注体力劳动问题。因此，过度劳动研究不可避免地与能量消耗、作业能力、疲劳研究等紧密地联系在一起，人们发现强度大而持续的劳动是造成过度劳动的重要原因。后来进一步研究发现，劳动强度的大小与劳动过程中的能量消耗有关，于是国际国内在体力劳动研究方面，均对劳动强度基于能量消耗进行了分级研究，并形成一定标准来反映体力劳动的生理界限和耐力水平，从而指导企业实践中体力劳动岗位的劳动设计及避免过度劳动。在体力劳动研究过程中，发现问题不是那么简单，劳动条件、劳动环境等不可避免地对能量消耗会产生影响，从而影响了劳动强度的变化，但这种研究往往与提高企业的劳动生产率联系在一起。

2. 过度劳动的发生是不分群体的

过度劳动不仅与体力劳动有关，而且与脑力劳动有关，它发生在所有行业与劳动领域，过度劳动的发生是不分劳动者群体的，不同年龄、不同行业、不同工种、不同职业、不同地域等的劳动过程，都存在过劳现象的发生。

3. 过度劳动的衡量就目前而言是复杂而模糊不清的

要搞清楚中国的劳动者是否存在过度劳动情况，过度劳动程度又有多严重。遗憾的是，笔者在文献查阅过程中，很少看到目前的学者应用 20 世纪 80 年代工业疲劳测定的研究成果，大多数学者都是运用日本引进的《自觉症状调查表》或者在此基础上自己开发的疲劳自评量表。这也表明目前学术界流行运用调查问卷，通过让被测者自己答题打分的方式查看疲劳状况，而不是采用脑电图、闪烁融合阈限等更为科学的方法开展

研究。

关于过度劳动的衡量，到目前为止，尽管已经存在一些初步的衡量方法和标准，但都具有局部性、分散性的特征，可操作性不强，在一些概念的界定和理解上还存在很大分歧，正如杨河清（2010）所说的，"我国对过劳问题研究缺少成因的系统分析，判断标准混乱，缺少经济学角度的分析，并且国内学者所提出的对策多数没有实质用途"。李广义研究发现，过度劳动只有和劳动定额联系起来时，才能较好地解决目前很多无法解决而复杂的衡量问题。

4. 过度劳动与人力资源管理的不科学密切相关

劳动科学方面的研究成果已经很丰富，劳动标准也取得了一定进展，但要真正在实际中具有操作性还有一定距离。和许多发达国家一样，尽管相关劳动标准已制定多年并推行，但过劳现象仍然频出，这让我们联想到人力资源管理的科学性问题。现实中，有些管理者缺乏正确的人力资源管理理念，陶醉于面子工程，绩效考核标准成为变相引导造假或者成为造假推波助澜的工具。缺乏依据而脱离实际的绩效考核标准产生了不少的"自愿加班"现象，这背后就隐藏着过度劳动现象产生的因素，也反映出某种无形的强制色彩。过度劳动背后都深藏着一个共同的问题，那就是适度劳动标准的缺失。适度劳动标准缺失的根本原因之一是对人的生理、心理、人体结构等知识的缺乏和漠视，造成今天劳动管理缺乏实体科学依据的乱象，从根本上突出反映了管理者人力资源管理科学价值观的缺失。

尽管在目前已经发表的文献里，有学者指出过度劳动和绩效考核的关系，但都是从原因、解决对策或者是过度劳动测评指标这些方面简单地提到。当绩效考核从国外引入时，就备受争议，对它在中国本土的适用性一直存在激烈讨论，但是诸如排序法、配对比较法、强制分布法、360全面考核法、末位淘汰法等绩效考核方法已经在国内企事业单位有广泛的运用，无形之中给员工造成莫大的压力。不合理的绩效考核制度会误导员工，有些人甚至提出任凭他再怎么拼命工作，考核结果就是不尽如人意，绩效考核的标准让他看不到努力的方向，反而使他身心疲惫。孟续铎的博士论文定量分析了考核标准对过度劳动的影响，结果表明考核标准对"过劳"有影响，占所有自变量的 8.53%，并且进一步指出每增加 1 个单位的考核标准严格程度，职工"过劳"程度就会上升 0.234 个单位。这也反映了人力资源科学管理理念的建立对过劳的发生具有重大影响。未来在过度劳动的消除与改善方面，强化与发展人力资源科学管理，是可以选择的重要途径和手段。

5. 过度劳动在中国有不断发展并扩大的趋势，国家是引导国民幸福的第一责任人

过度劳动往往与市场经济的无序竞争有关。在我国市场经济发展中，人们疲于奔命，希望把工作做到好上加好，这是可以理解的。但实际情况是，从对贫穷的恐惧再到对美好生活追求的过程中，人人都想找到一份好工作，谁也不想失业，劳动力结构上供过于求的现实使社会人力资源配置脱离了工作实际，虚高配置现象比比皆是。人们追求到这个虚高条件要求的工作，所付出的努力已经延伸到从出生开始，并且在时间上不断地超前化，导致人们失去自我的正常生活，从幼儿园的孩子到 60 岁以上的老年人，似乎大家都很辛苦，幸福感被过度劳动吞噬，付出与获得的巨大不平衡还在不断加剧并扩大。这已经是一个严重的社会问题，依靠单位或个人自我调节已经无法阻止它的发展与扩大，只有依靠国家统筹规划、引导专家学者进行这方面更多的研究，也只有国家才能担当让国民幸福的重要责任。

（作者单位：北京物资学院劳动科学与法律学院；中国银行台州市分行）

参 考 文 献

[1] 符文琛. 工业疲劳的研究现状 [J]. 冶金劳动卫生，1981 (6).

[2] 王丹. 我国知识工作者过度劳动的理论与实证研究 [D]. 北京：首都经济贸易大学，2010.

[3] 钟爱国. 日本的"过劳死"症 [J]. 职业与健康，1990 (1).

[4] 贺太纲，刘建平. 精神疲劳及其测定 [J]. 生物医学工程学，1996 (3).

[5] 张舒. 我国劳动者过度劳动和劳动力闲置的成因与对策分析 [D]. 北京：对外经济贸易大学，2006.

[6] 王丹，杨河清. 北京地区企事业单位劳动者的过劳情况调查 [J]. 中国人力资源开发，2010 (9).

[7] 孟续铎. 劳动者过度劳动的成因研究 [D]. 北京：首都经济贸易大学，2013.

[8] 杨河清，王丹. 北京商务中心区知识工作者过劳状况——现状与对策 [J]. 经济与管理研究，2011 (10).

我国过劳问题的现状、问题及对策分析

李小帅　解进强[*]

内容提要：现阶段，由于我国经济目前处于转型期阶段、就业形势严峻、劳动力过剩以及法律法规不够完善等多方面原因，过劳死现象日渐频发，甚至不断出现在各大媒体上。本文从宏观、微观两大方面以及社保、法律、企业、个人等多个小方面对引起过劳的原因进行分析并针对原因提出对策建议。

关键词：过度劳动　过劳死　过劳成因

一、引言

2001 年年仅 38 岁的中国科学院研究员、博士生导师胡可心不幸去世；2004 年均瑶集团董事长王均瑶肠癌医治无效逝世；2005 年 8 月年仅 46 岁的著名小品演员高秀敏因突发性心脏病在长春去世；2006 年 5 月华为员工胡新宇在连续加班近一个月后去世；2007 年 36 岁的清华大学讲师焦连伟倒在讲台之上；2012 年 11 月沈飞工业有限公司董事长罗阳在大连执行任务时猝死，年仅 51 岁。诸如此类事件数不胜数，2012 年 10 月的一份报告显示，我国已成为工作压力最大的国家之一，每年因过劳而逝的人数高达 60 万。

过劳问题最先是在日本出现，20 世纪 70 年代过劳问题在日本大规模爆发，并引起社会的广泛关注。近年来，因过劳导致死亡的事件见诸各大媒体，过劳问题越来越受到关注，然而我国过劳问题依旧没有得到缓解。2009 年 12 月发布的《中国城市白领健康白皮书》披露，我国内地城市白领中处于亚健康的人占总数的 76%，处于过劳状态的接近 60%。同年，王丹、杨

* 李小帅（1989—），男，河南商丘人，硕士研究生，研究方向为企业人力资源管理；解进强（1978—），男，河北赵县人，副教授，研究方向为组织与人力资源。

河清通过对北京企事业单位员工的调查发现，处于"黄灯预警区"的劳动者占总数的 33.58％，"红灯危险区"和"深红灯高危区"的占 39.16％。2012年《小康》杂志社联合清华大学媒介调查实验室的调查显示，69.5％的受访者每周工作时间超过 40 小时。

过劳死的警钟屡鸣不止，劳动者却感到麻木与无奈，难道超负荷工作直至过劳而死就是劳动者的宿命吗？在伟大的社会主义和谐社会下究竟是什么原因导致过劳死不断地上演？

二、过劳的影响

1. 外部性

（1）社会层面

第一，过劳不利于广大劳动者就业。以出租车行业为例，出租车司机每天工作时间在 12～15 小时，再加上周末与节假日工作时间，那么其平均工作强度是正常工作强度的两倍以上，然而若按照正常工作时间，则出租车行业可吸纳的劳动者要远多于行业实际人数。过劳能在很大程度上阻碍经济发展带来的就业增长。

第二，过劳不利于资源的有效利用。在生产过程中，会涉及人力资源、矿产资源等资源的使用。过劳不仅是对人力资源的浪费，也是对其他资源的不合理利用，在过度劳动的情况下，劳动者会出现忧郁、烦躁、易怒等情况，工作效率低下，也会导致其他资源的使用率相对较低，最终导致产品或服务的不合格。

第三，从长远的角度来看，过劳对于我国未来的发展是很不利的。近年来，我国新生婴儿量明显下降，虽然 2015 年我国已全面放开二胎，但由于国内婴幼儿抚养、教育等成本的居高不下，新生婴儿数量仍然不是很乐观。一般认为总和生育率（总和生育率即平均每个妇女一生生育孩子的数量）为 2.1 时，代际之间人口更替将大致均衡，而根据我国目前婴儿出生率来说，不远的将来我国劳动力供应不足的情况是极有可能出现的，届时延迟退休无疑是很好的选择，只有保持每日适量的工作量才能够使劳动者工作更长的时间，才更有利于未来难题的解决。

第四，过劳对社会的和谐安定产生负面影响。

（2）企业层面

首先，过劳在一定程度上会增加员工的流动率，不利于留住人才，同时会增加企业招聘、培训等的开支。

其次，过劳不利于企业内部的团结与和谐，并且不利于职工接受公司的文化和价值观。在过度劳动的情况下，会导致员工压力过大、心情忧郁、易暴易怒等，增加了员工之间产生矛盾的概率，同时会增加员工对公司文化与价值观的抵触。

最后，过度劳动会导致企业决策的执行力不强，增加隐成本。每个劳动者的脑力与体力都是有限的，在正常情况下，劳动者每天精力充沛，然而在经常性过度劳动情况下，劳动者的体力与脑力是很难恢复的，那么必然会导致劳动者长时间的低效工作，不仅不利于企业决策的执行，也会增加不合格产品或服务产生的概率。

2. 内部性

（1）过度劳动会降低劳动者的工作效率。

（2）过劳不利于员工生活品质的提高。满意程度是衡量生活品质的重要指标，而满意感不仅包括物质满足也包括精神满足。物质满足建立在物质财富的基础上，精神满足则建立在各种休闲娱乐的基础上。长时间超负荷工作会占用劳动者大量自由时间，减少劳动者的休闲娱乐时间，降低劳动者精神满足程度。

（3）过劳不利于劳动者的身心健康。过劳对劳动者的视力、睡眠、精神等都会产生不利影响，最严重的可导致过劳死。

三、我国过度劳动的原因分析

过劳现象的存在并不是某一个单独的原因导致的，是在宏微观各个方面的原因共同作用下产生的。

1. 宏观层面

（1）社保的不够完善。虽然我国社保的发展取得了一定的成就，然而仍然存在很多问题，例如社保的接续转移问题，现阶段社保对弱势群体的帮助并不是很大，大部分老年人、残疾人等弱势群体的生活都是没有保障的。很多劳动者为了能在无劳动能力时生活得比较好而在有劳动能力时过度劳动，以挣更多的钱财。

（2）针对过劳问题并无严格的法律法规做出明确的规定。主要体现在：① 对过劳的界定缺少可测量指标。目前国内对于过劳的界定都是描述性的，缺少可测量的指标，而描述性界定在很多时候对于过劳的判定都是充分但非必要的，比如过劳会引起劳动者易怒、失眠、压力大等现象，但由易怒、失眠、压力大是无法推断出劳动者是过劳的。② 缺少关于对过劳劳动者申请赔偿的明确规定。近年来我国各大媒体不断曝出劳动者因过度劳动而逝世，然而针对此类事件的最终解决办法不过是其所在单位出于人道主义拨付少量的慰问金。出于人道主义的慰问金与法律规定的赔偿金首先其实质就相差甚远，其次在数量上也存在巨大的差异。《社会保险法》中的工伤保险虽然在一定程度上保障了劳动者的权益，但是过劳不在工伤保险之列。

（3）劳动者基本工资太低，加班费相对较高。数据显示，2014年，我国最低工资标准上海最高，为1620元，北京是1400元，广东是1550元，最低是贵州，为1030元。根据《劳动法》规定：普通工作日加班每小时工资不得低于正常上班工资的150%，周末加班工资不得低于正常工作时间工资的200%，法定节假日加班工资不得低于正常工作时间工资的300%。然而随着我国经济的飞速发展，物价水平不断上升，为了得到更优质的生活，获得更多的物质，在基本工资较低、加班费较高的情况下，必然会有大量的劳动者选择经常加班。

（4）劳动力过剩且我国经济处于转型期。有调查显示，我国在2013年劳动年龄人口高达9.2亿，且每年还会增长1600万，由此可见我国就业形势的严峻性。另外我国经济处于转型期，劳动者需要不断地学习，获得更多的知识与技能，不断地提高工作效率与工作能力，才能在激烈的就业竞争中保住自己的"饭碗"。

2. 微观层面

（1）就企业而言

第一，对人力资源的不合理利用。自改革开放以来，我国市场的开放力度不断增强，企业的竞争者不仅来自国内，还会有些来自国外甚至是世界级的企业，很多企业为了实现利润最大化，就会想方设法地降低成本，而人工成本无疑成为很多企业的重点考虑对象。因此很多企业的管理者为了减少人力成本，对一名员工布置1.5人甚至2人或2人以上的工作量，以达到用"最少的钱获得最大的收益"的目的。殊不知过度劳动必然会导致劳动者工作效率的下降，同时使产品或服务的不合格率上升。

第二，绩效考核方式的不合理。很多企业直接把是否加班作为一个考核点，在我国大部分人都认为加班是爱岗敬业的表现，是把企业利益放在首位的标志。另外，在管理者分配给员工在正常时间完成不了的工作量时，若不主动加班，那么其绩效必然受到严重影响，而绩效是员工升职、加薪等的主要指标。

第三，片面追求短期利益最大化。企业成本中人力成本占了很大一部分，在人力方面降低成本对于提高企业利润会产生很大的作用。因此企业选择通过分配给现有员工超量工作来减少劳动者的雇佣量，然而在我国就业形势严峻的情况下，大部分员工只能按照企业的要求来工作，这样也就使得不少企业自以为是地加大劳动者的工作量。

第四，企业文化与价值观的不合理性。很多企业的文化重视的都是永不疲倦、奋不顾身等，例如某企业的狼性文化，这在一定程度上也说明了该企业员工过劳死的必然性。企业文化与价值观所强调的更多的应该是团结、合作、创新与关爱员工，这样才能得到更多员工的理解与认同。

（2）就个人而言

第一，对更好的物质的追求而自愿过度劳动。我国广大劳动者面临着严重的压力，包括来自工作、住房、医疗、养老等的压力，很多劳动者都会经常过度劳动以获得更多的物质奖励与升职机会。2014 年 10 月 8 日下午，重庆富士康员工在沙坪坝西永保税区集结罢工，其罢工原因是劳动者觉得加班时间太短，除了基本工资加班工资太少。

第二，过分追求实现自我。每个国家都不乏成就动机比较高、主动选择过度劳动的人群，这类人被称为工作狂，此类人过分追求实现自己的价值，经常甚至每天都在过度劳动，以取得可以显示自己价值的成就。

除此之外，我国自古就有过劳的传统，汉武帝时期大将卫青积劳成疾而逝世；汉光武帝刘秀"每旦视朝，日仄乃罢，数引公卿郎将议论经理，夜分乃寐"，最终刘秀倒在洛阳南宫中批阅文书的龙案上；三国时期蜀汉丞相诸葛亮，鞠躬尽瘁死而后已，六出祁山，最终逝世于五丈原；清朝雍正皇帝，日理政事，终年不息，最终病逝。另外还有万喜年、岳飞、朱元璋等古代杰出人物或多或少都有过劳现象。我国拥有五千年的光辉历史，同时也流传下来一心为"事业"的传统，这无疑也助长了过劳之风。

四、对我国过劳劳动的建议

由于过劳现象是由多方面原因共同引起的，因此笔者针对各个原因提出相对应的建议意见，具体如下。

1. 宏观方面

（1）健全社保制度，为广大劳动者提供基本生活保障。国家的繁荣富强不仅仅表现在 GDP 或人均工资等方面，更应该表现在广大劳动者是否有较好的生活保障。加大社保的建设力度，将过度劳动划入工伤保险，为因过劳而失去劳动能力的劳动者提供基本生活保障。社保的健全也能够减少劳动者的压力，只有物质财富达到一定程度以后，才能更好地去追求精神满足。

（2）针对过劳问题进行立法。首先，提出明确的过劳测量方法以及衡量标准。目标的实现在很大程度上取决于是否有好的测量方法与衡量标准。只有在提出好的测量方法与衡量标准的情况下，才能更好地对过劳进行界定，同时将过劳的检测方法进行量化。例如劳动者体内某一蛋白质超过一定量，人体出现易暴爆易怒、失眠、压力大、脱发、注意力不集中、头疼、耳鸣等多种症状。在此基础上立法也就更有针对性与操作性。其次，在明确的过劳测量方法与衡量标准的基础上针对过劳现象做出明确的规定。对于存在过劳现象的企业要求企业加倍补发过劳工资，再次出现者要求其提供公司资产的20%作为员工安全保障金，对于出现三次或三次以上过劳现象或过劳死现象的企业直接吊销其营业执照，并对过劳死劳动者提供高额赔偿金及对企业管理层追究刑事责任。

（3）提高劳动者的基本工资，适当降低加班工资。根据经济学中的替代效应与经济效应可知，劳动者在工作与休闲之间的选择是替代效应与经济效应共同作用。当基本工资增加时，那么休闲的成本会相应增加即替代效应，但基本工资提高的经济效应会使得劳动者选择休闲。若经济效应大于替代效应，那么劳动者会选择更多的休闲；若经济效应小于替代效应，那么劳动者会选择工作。劳动者的幸福感包括物质方面和精神方面，在物质方面达到一定程度时，则会更多地追求精神财富即休闲娱乐。

（4）加快经济转型，创造更多就业，充分利用我国过剩的劳动力。我国作为人口大国，拥有大量的劳动力，然而我国就业形势很是严峻，大量的劳动者找不到工作。且我国经济发展严重不平衡，劳动者大量拥挤在东部地区，而中部特别是西部劳动者匮乏。鼓励东部企业在中西部建厂，吸引部分劳动力转移到中西部，以减轻东部城市人口拥挤度，同时也能在一定程度上增加就业及缩小东西部之间的差距。

（5）鼓励企业人力资源的合理利用，重视人才的可持续利用。对于为劳动者分配合理工作量的企业给予一定的优惠，例如减少税收、给予补贴、优先考虑其投资贷款等，促进更多的企业重视人力资源的合理与可持续利用。

（6）鼓励劳动者举报存在过度劳动现象的企业，并对此类企业进行严肃处理。设立专门针对过度劳动的上访部门与举报热线，对于被揭发单位及时进行调查，情况属实者，对单位进行严肃处理，例如对于存在过劳现象的企业要求企业加倍补发过劳工资，再次出现者要求其提供公司资产的20%作为员工安全保障金，对于出现三次或三次以上过劳现象或过劳死现象的企业直接吊销其营业执照，并对过劳死劳动者家属提供高额赔偿金及对企业管理层追究刑事责任。

2. 微观方面

（1）就企业而言

首先，对人力资源合理利用，分配合适的工作量，保证劳动者时刻拥有最好的工作状态。人体拥有有限的恢复能力，若劳动强度超过自身的恢复能力，那么劳动者会越来越疲劳，这样不仅会影响劳动者的工作效率也会影响劳动者的产品或服务的合格率。每天合适的工作量既能保证当天的高效工作，同时劳动者可及时恢复体力与脑力，也就使得劳动者每天都拥有较好的工作状态。

其次，制定合理的绩效考核表，注重能力与成果的考核。在考核表中不应该涉及其是否加班等考核点，考核在于考核被考核者的能力与在一定日期内取得的成果，因此考核表的考核点应围绕能力与成果设置。

再次，不定期组织企业内活动，在能力范围内建设运动室。为了更好地缓解员工的工作压力，获得更多的满足感，企业可以不定期组织一些活动，例如旅游、聚餐、篮球比赛、足球比赛、舞会等，不仅能增加员工之间的团结，更有利于员工认同企业的文化与价值观。鼓励员工经常锻炼，养成较好的运动习惯。

最后，每年定期组织员工进行体检，对发现健康问题的员工严格按照医生要求进行治疗。企业因其利益相关者而存在，根据利益相关者理论可知，企业的追求是所有利益相关者利益的最大化，而企业员工作为企业重要的利益相关者，企业应定期组织员工进行体检，确保员工的身体健康。

（2）就个人而言

首先，要正确面对压力，养成良好的生活习惯。生活中存在压力与困难才能更加精彩，要正确地面对这些压力。过度劳动只能导致事倍功半，而每天处理合适的工作量，始终保持较好的体力与脑力，才能达到事半功倍的效果。

其次，经常放松身心，培养一个或几个兴趣爱好比如读书、打篮球等。身体是一切的本钱，在工作劳累之时不妨停下来读读书、打打球，做些运动，做到劳逸结合，始终保持较好的身心与状态。

五、结束语

人力资源是企业最重要的资源，21 世纪企业之间的竞争可以说是人才之间的竞争。无论是从企业发展角度还是从医学、心理、管理的角度来说，过度劳动都是不可取的。随着过度劳动的持续，我国必然会在某一时间出现类似 20 世纪 70 年代日本出现的情况。"先污染后治理"的路子是不可取的，人力资源一旦匮乏，我们将会面临史无前例的困难。因此，在社会主义和谐社会下，我们应该尽量减少过劳现象，杜绝过劳死，实现人力资源的可持续利用与发展。

（作者单位：北京物资学院劳动科学与法律学院）

参 考 文 献

［1］孙国平．"过劳死"的比较法思考［J］．当代法学，2010（1）．

［2］王艾青．过度劳动的经验分析及其对就业的影响［J］．工业技术经济，2009（9）．

［3］王丹，杨河清．北京地区企事业单位劳动者的过劳情况调查［J］．中国人力资源开发，2010（9）．

［4］肖红梅．城市从业者"过劳"的成因分析——基于北京地区的调查数据［J］．人口与经济，2014（3）．

［5］徐宁．基于双因素理论研究企业预防过劳的人力资源管理措施［J］．价值工程，2011（7）．

［6］杨河清．我国适度劳动研究［J］．人口与经济，2014（3）．

［7］杨河清，韩飞雪，肖红梅．北京地区员工过度劳动状况的调查研究［J］．人口与经济，2009（2）．

超负荷工作量导致员工加班对绩效的影响

丁帅文　解进强[*]

内容提要： 现如今加班现象已经成为常态，员工常常因为工作量巨大和为了获取更多加班费用而加班。本文运用博弈分析的方法，对企业是否应该为员工制定超负荷的工作量和员工是否加班构建博弈模型，对企业与员工的效用进行分析，建议企业科学制定员工工作量，加班与绩效相结合，并且建立复合的激励性薪酬体系和非物质激励体系。

关键词： 超负荷工作量　加班　博弈分析

一、引言

"朝九晚五"曾是职业人的生活写照，而如今把这个词改成"朝九晚无"则更能反映出人们在职场中的真实现状。目前，我国不少企业普遍存在超时加班现象。起初公司鼓励员工加班是为了产生更多的绩效，进而获取更多的效益。然而随着"加班风潮"的不断扩大，不少企业发现在支付给员工高额加班费用的同时，企业的绩效并没有得到显著提高，甚至通过员工加班而得到的收益还不足以支付员工的加班报酬。

员工的加班现象常常是由于完不成日常的工作任务引起的。根据目标设置理论，企业会为员工制定符合企业战略计划的个人目标，该目标表现为有挑战性并且是可完成的，以对员工起到一定的激励作用。然而人的能力因人而异，当员工无法在正常工作时间内完成自身的任务时，便会选择延长自身的工作时间，同时还存在很多员工为了挣取加班费用而争相加班的情况，甚

---

* 丁帅文（1993），男，吉林辽源人，硕士研究生，研究方向为人力资源管理；解进强（1978—），男，河北赵县人，博士，副教授，研究方向是组织与人力资源。

至在正常工作时间内的工作都不认真完成了，导致员工"出工不出力"的结果，企业的绩效并没有提升多少。此时，企业是否应该为员工制定超负荷的工作量与员工是否拖延工作时间之间便出现了一种博弈现象。

二、企业与员工之间的静态单次博弈情境

1. 问题的假设

假设某企业实行 8 小时工作制，员工每小时获得工资为 x 元，当员工工作时间超过 8 小时时，超过部分员工能够获得每小时 y 元的加班费（$y \geqslant 1.5x$，$y \geqslant 1.5x$，根据我国《劳动法》第 44 条规定：安排劳动者延长工作时间的，支付不低于工资的 150% 的工资报酬），存在员工为了挣取加班费而故意拖延工作时间的情况。

假设员工每天正常工作时间可完成的工作量为 a，企业获得的收益为 A；当企业为了实现战略目标时，为员工制定每天完成 b 工作量的任务，此时企业所获得的收益为 B（a<b，A<B）。员工通常需要延长工作时间 t 小时才能完成 b 的工作量，同时也存在员工通过自身努力，加重负荷，在正常工作时间内完成 b 工作量的情况。

假设企业与员工的静态单次博弈中不存在对员工满意度等主观心理的影响，信息的流动是单向的。一旦公司宣称增加员工的工作量，员工就会知道公司的行为是采纳，而员工的意愿公司仍然一无所知。

根据上述假设构建博弈模型，表 1 呈现了企业与员工之间的静态单次博弈矩阵，每个方格内前面的数代表公司所获的收益，后面的数代表了员工所获得的收入。

表 1　企业与员工的静态单次博弈

企业行为＼员工行为	正常工作时间完成任务	加班完成任务
正常工作量	$A-8x$, $8x$	$A-8x-ty$, $8x+ty$
超负荷工作量	$B-8x$, $8x$	$B-8x-ty$, $8x+ty$

2. 博弈分析

如表 1 所示，如果 $A-8x-8y \geqslant 0$，$B-8x-8y \geqslant 0$，$A-8x-8y \geqslant 0$ 即企业收益远大于支付给员工的工资和加班费用总和时，在企业为员工制定正常工作量的情况下，员工选择拖延时间加班完成任务，在企业增加员工工作量的情况下，员工同样选择拖延时间；在员工选择在正常工作时间完成任

务的情况下，企业选择增加员工的工作量，在员工选择拖延时间加班完成任务的情况下，企业同样选择增加员工的工作量。所以双方的占优策略是：超负荷工作量，加班完成任务。

此种占有策略具有两种存在形式：第一类是企业增加员工的工作量后，员工有能力在正常工作时间内完成 b 工作量的任务，却仍然故意拖延时间，加班完成任务以赚取额外的加班费；第二类是员工没有能力在工作时间内完成 b 工作量的任务，必须通过加班延长自身的工作时间才能完成。

3. 对策分析

在企业是否增加员工工作量与员工是否能够在正常时间完成任务的博弈中，企业当务之急是解决员工故意拖延时间的"恶性加班"现象。因此，管理者需要巧妙地运用科学的管理工具，并且发挥高超的管理艺术。

（1）科学制定员工工作量

在员工可接受的范围内，根据每个人的工作能力，适当增加工作强度。对员工的工作与职位进行科学的分析，确定哪些加班是真正需要的，哪些是不需要的。对员工的工作进行考察，观察员工工作态度与质量，对于故意磨洋工的员工给予警告批评，为其制定正常工作量限制其加班；对于工作态度积极认真的员工给予鼓励，适当增加其工作量，鼓励其加班。

（2）加班与绩效考核相结合

为了解决不良加班问题，最可行的方法就是将加班与绩效考核紧密结合在一起。鼓励绩优者多加班，绩劣者少加班，让加班的人进行自我约束，自己给自己的加班行为刹车。公司需要在每年进行考核的时候对员工加班情况同时进行统计。如果员工的考核结果为优秀，并且员工也在不断地加班，说明该员工的加班是有效的，员工在加班时间内做出了业绩，这样的员工应该得到鼓励。反之，员工就应该受到约束。

三、企业与员工之间的动态重复博弈情境

1. 问题的假设

在上述静态单次博弈中，信息是由企业向员工单向流动的。然而在现实社会中，信息并不总是单向地从企业流向员工。当信息在企业与员工间双向流动时，企业了解员工的内心动态与接受超负荷工作量的意愿以及员工的得失，并且对企业自身的得失有很好的掌控，此时企业与员工之间形成了一个新的博弈状态。

当员工长期处于加班状态时，最初为了提高工作收入的加班动机逐渐削

弱。即使在企业不增加员工的工作量，员工主动拖延时间而加班的情况下，员工接触社会及与家人的人际交往时间减少，生活品质有所下降，造成员工一定的心理效用损失，假设此种情况员工心理效用损失为C；当企业增加员工的工作量时，必然造成员工身心上的疲累，工作压力剧增，导致员工产生情绪上的不满，工作满意度下滑，积极性与敬业度降低，对组织的承诺也随之下降，此时企业与员工的效用均有损失，假设企业在名誉度与评价上的损失以及员工忠诚度的损失为D，当员工在正常工作时间完成b工作量时，经受压力与疲惫和不满，损失为EE，当员工需要加班完成b工作量时，效用损失为FF（E＞FE＞F）。

根据上述假设构建企业与员工之间的动态重复博弈模型，如表2所示。

表2　企业与员工的动态重复博弈

企业行为 ＼ 员工行为	正常工作时间完成任务	加班完成任务
正常工作量	$n(A-8x),8nx$	$n(A-8x-ty),n(8x+ty)-C$
超负荷工作量	$n(B-8x)-D,8nx-E$	$n(B-8x-ty)-D,n(8x+ty)-F$

2. 博弈分析

如表2所示，把企业与员工的动态重复博弈分为四种决策情形。第二种情形中，企业为员工制定正常的工作量，且员工选择故意拖延时间完成任务，赚取加班费，虽然员工延长自身的工作时间能够挣取 nty 的加班费用，但随着加班次数的增多，员工会产生一定的负面效用C，员工根据自己可接受的标准，在心里对C有着自己的评估，当员工心里的C大于 nty 时，便会改变最初故意延长工作时间的想法，导致员工拖延时间恶性加班的现象逐渐消失。

在第三种情形中，企业增加员工的工作量，员工在正常的工作时间内完成任务，由于工作强度的加大，员工将承受更大的工作压力，并且造成身心上的疲惫，长此以往将导致员工努力工作的意愿逐渐消失，工作积极性下降，此时员工心里就会产生对企业不满的情绪，对企业的评价也将降低，对企业名誉度产生的负面影响D不断扩大。当员工认为企业支付给自己的工资 $8nx$ 不足以补偿自己生理和心理上的损失E时，将会导致其出现跳槽的行为，当该职位无人任职时，企业还将面临外界负面评价的影响，企业的效用降低为0甚至为负值。

在第四种情形中，企业增加员工的工作量，员工选择加班完成任务。此种情形与静态单次博弈模型中的第四种情形相似，可分为两种情况。第一类是员工有能力在正常工作时间内完成 b 工作量的任务，却故意拖延时间加班，员工大多为成熟型员工，工作能力较强，与第二种情形相同，当员工内心对 F 的评估大于加班费 nty 时，便不倾向于故意拖延时间，最终导致该情形向第三种情形转化，出现与第三种情形相同的结果。第二类是员工自身没有能力在正常工作时间内完成 b 工作量的任务，需要加班完成，此时员工的选择又会分为两种态度：一种是对增加工作量导致自己不得不加班持积极态度，该类员工大多为企业的新员工，通过更多的工作学习到更多的经验，或者是业余生活并不是十分丰富的员工，加班能够使其时间利用率最大化。这两类员工的 F 值通常不会大于 nty，甚至会出现 F 为负值的情况——员工在由于工作量加大而导致的加班中能够获得工资和加班费以外的收获，并且此时企业的负面影响 D 也将消失，甚至企业获得"导师"的角色，D 转变为负值，成为正面影响；另一种便是对超负荷的工作量持消极态度，不愿意加班完成任务，导致 F 值不断增大，最终员工无法承受工作压力、身心疲惫以及缺少自身支配的业余时间而知难而退，进而跳槽，企业的效用为 0，并且随着名誉度的不断下滑，企业效用逐渐转为负。

经过对以上几种情形的分析发现，第二种情形会逐渐转化为第一种情形，第四种情形中企业与有能力的员工和能力不足且持消极态度的员工之间的博弈将逐渐转化为第三种情形，然而在第三种情形中，企业与员工的效用均为最低，甚至降至负值，不给予考虑。因此只对第一种情形和第四种情形中的积极员工进行分析。当第四种情形中的 D 与 F 均转化为负值时，企业以小于 nty 的成本为员工实现了大于 nty 的价值，此时第四种情形为最佳决策的选择。所以在企业与员工的动态重复博弈中，企业要根据员工的不同情况进行决策。当员工表现为积极时，"超负荷工作量，加班完成任务"为占优决策；当员工并未表现出积极时，"正常工作量，正常工作时间完成任务"为占优决策。并且通过动态博弈还发现，长期让员工加班的企业通常会出现企业与员工效用双双下滑的现象。

3. 对策分析

针对不同的员工，企业应该制定不同的工作量，关注员工的工作动态，判断员工工作是否认真积极。对于工作积极性不高的员工，企业应该为其制定正常的工作量，保证员工能够在正常工作时间内完成任务，对于积极性高的员工，企业应该适当增加其工作量，使其工作更具有挑战性，进一步激发员工斗志，起到激励效果。经过上文的分析可知，员工保持较高的积极性，可以与企业构建出双赢的局面。所以企业应采取以下措施，提升员工满意度，进而提升员工的积极性。

（1）建立复合的激励性薪酬体系

一个合理的、激励性的薪酬体系对员工具有很强的激励作用。企业管理者在设计薪酬结构时要重视绩效薪酬的作用，激发员工的积极性。实施绩效薪酬，一是要合理设置绩效薪酬比例；二是要正确对待个人绩效与团队合作，既应该根据个人绩效来确定，也不能忽视团队合作的作用，针对新生代员工自我意识强、崇尚自我、缺乏团队合作精神的特点，使他们明确团队合作的重要性；三是要坚持公平公正的原则，薪酬的激励性首先要取决于薪酬体系的公平性。

（2）建立非物质激励体系

建立和加强与薪酬激励相互配合的非物质激励体系，对激励员工将起到事半功倍的效果。非物质激励形式多种多样，包括与员工生存需要相对应的安全、公正和企业发展目标等激励，也包括与员工相互关系需要满足相对应的沟通、尊重、信任和认可等激励，以及与员工发展需要满足相对应的事业、晋升、培训和参与激励等。

四、结语

根据洛克的目标设置理论，在目标难度与行为表现之间存在线性函数关系，即越困难的目标越导致好的行为表现。当然这种关系不包括目标难度高于个体的实际技能或能力水平的情况。因此，企业应为员工制定合适的工作量，为员工制定的工作目标应当是难度适中的，既要具有一定难度和挑战性又不能超越个体的能力范围。此时公司应将员工工作是否积极考虑在内，努力发展积极员工，维持和激发员工的积极性。

同时，企业应该对"加班"问题有一个正确的认识。"加班"虽然会出现形式化问题，但对公司也会产生一定的积极作用。员工加班可以拿到更高的薪水，其劳动积极性得到了强化，公司的很多任务能够及时完成。更多的员工参与到加班风潮当中来，在公司中会出现"有了工作抢着做"的状况，呈现一种积极向上的工作氛围。这会激励管理者开拓创新，组织会有更大的发展空间。年轻人有充沛的精力，在利益驱动机制下，会主动缩减闲暇时间，并将其转化为工作时间，有能力和有精力的员工为公司发展多做贡献，在公司内部造成"员工推着领导跑"的局面。加班在"员工个人发展"与"公司发展"之间架起了桥梁，这是员工职业生涯设计中的一个制度创新。加班也能够强化员工对公司的归属感，愿意将更多的时间投入到工作中。在加班过程中，延长了员工间交流的时间，可以在一定程度上增进员工之间的情感。

　　而"加班现象"也是存在一定问题的，"加班"与"效率"之间并不存在直接联系，或者说"加班"在很大程度上损失了效率。"加班"的初衷本来是为了赶进度，同时为了给员工公正待遇而给员工发加班费。然而这种行为会引发员工只注重索取而忽视贡献的恶性加班文化，并且长期的加班会对员工的工作满意度产生不利影响，导致员工对组织的承诺度下降，对企业造成经济与名誉上的损失。所以企业要准确把握加班对于企业的正面影响，关注员工满意度并且激发员工的工作积极性，根据员工的不同情况制定不同的工作量，与员工实现双赢的结果。

（作者单位：北京物资学院劳动科学与法律学院）

参 考 文 献

[1] 孟祥林 . "加班风潮"给 FF 公司带来的困扰 [J]. 中国人力资源开发，2014（14）：71—79.

[2] 孙国平 . 对我国加班制度之思考 [J]. 中国劳动，2013（12）：27—30.

[3] 王晓晰，刘利，沈雪，王姝，王子月 . 钢铁企业工人心理资本在付出回报失衡、超负荷与工作倦怠关系中的调节与中介作用 [J]. 中国医科大学学报，2015（7）：626—631.

[4] 温志毅 . 工作绩效的四因素结构模型 [J]. 首都师范大学学报（社会科学版），2005（5）：105—111.

[5] 张升飞 . 员工工作时间对工作满意、组织承诺和离职倾向的影响研究 [J]. 中南民族大学学报（人文社会科学版），2011（4）：85—88.

呼叫中心员工压力调研

胡爽雨　梁霄霄[*]

内容提要： 呼叫中心已经成为很多行业为客户提供高质量咨询服务以及业务推广的一种模式。在东方慧博的招聘以及劳务外包业务过程中，我们普遍感觉呼叫中心的员工压力较大，员工离职率较高，且呼出岗位的员工招聘难度更大。为了更好解决呼叫员工的工作压力感受和状态，降低流动率，东方慧博公司参考了目前的主要员工压力理论，通过对呼叫中心压力源、员工压力反应以及压力处理方式之间关系的研究，为建立金融行业呼叫中心压力模型提供前期分析基础，并为提升员工满意度，降低流动率提供解决思路和方向。

关键词： 呼叫中心员工　离职率　压力源

需要说明的是，本次调研并未将群体中个体的健康状态、性格特征等因素考虑到影响变量中。本次调研共完成 113 名呼叫中心员工的随机抽样调研，有效问卷回收 104 份。

一、基本信息

1. 年龄分组

本次参与调研的员工年龄范围是 16～41 岁，为了方便研究，在进行数据交叉分析时我们按三个组进行分类（见图 1）。

---

* 胡爽雨（1968—），女，北京人，心理学专业（人力资源方向）硕士，高级经济师，研究方向为人力资源开发与管理；梁霄霄（1991—），男，北京人，研究方向为人力资源开发与管理。

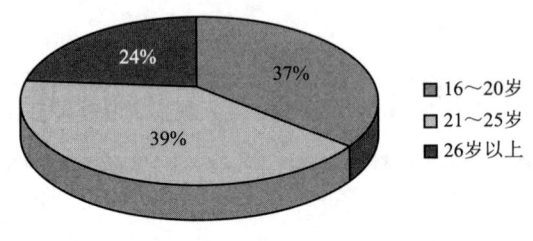

图1 年龄分组

2. 工作年限

我们把工作年限细分成 3 段，分别是工作 1 年及以下，工作 1~3 年，工作 3 年以上。具体人数见图 2。

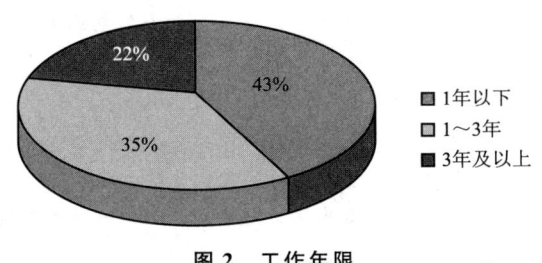

图2 工作年限

3. 学历

我们将所有参与调研人员的学历分为了 2 部分，一部分为大专（含）以上的学历，一部分为大专以下的学历。具体人数见图 3。

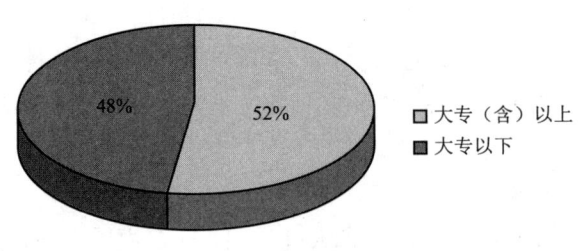

图3 学历分组

4. 岗位分类

呼出岗员工 31 人，占所有被访者的 29.8%。呼入岗员工 73 人，占所有被调查者的 70.2%。具体人数见图 4。

5. 性别分类

本次调研女性人数 76 人，占全部被访者的 73.1%，而被访者是男性的

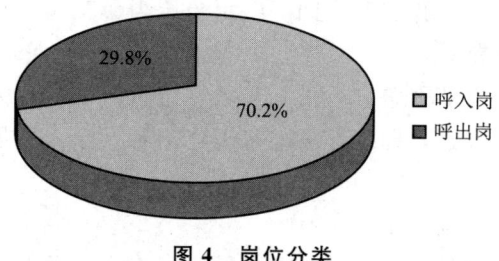

图 4 岗位分类

人数是 28 人，占所有被访者的 26.9%。具体人数见图 5。

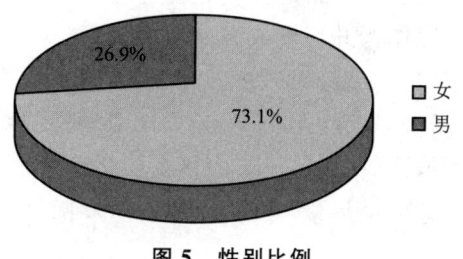

图 5 性别比例

二、压力源识别

根据调研数据结果，在压力来源方面我们从 8 个角度（见图 6）来分析员工的压力来源。

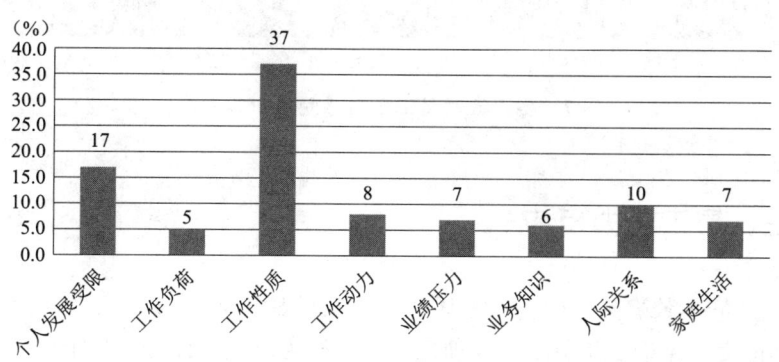

图 6 压力来源

（1）从整体看，呼叫中心员工的压力来源更多来自组织环境内，也就是工作相关的因素，而家庭因素方面不是主要压力来源。这主要与呼叫中心从业人员普遍年轻有关，我们对不同年龄组与压力源交叉分析后发现，各年龄组数据均没有显著差异。

（2）针对组织内部因素进行进一步数据分析时，我们分离出最容易给员工带来压力的 5 个因素，即工作标准、工作内容、个人发展、上级关注、上级评价。

各要素的定义分别如下。

工作标准：工作程序以及质量要求较高且在严格的监督下执行。

上级评价：工作行为表现以及结果是否能得到领导及时的认可。

工作内容：工作内容或方式的重复、单一程度。

个人发展：员工工作晋升目标或方向是否明确。

上级关注：工作中员工工作状态得到上级的关心关注程度。

在要素分析中，我们发现各要素对员工压力感受的影响程度不同，其中工作标准的影响程度最大（见图 7），而该要素的二级分解要素中"工作标准高低"和"标准是否严格执行"中，以后者的影响度更高。

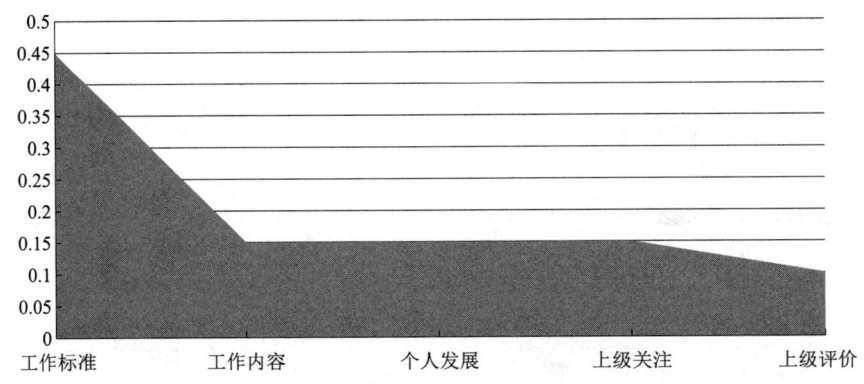

图 7 各要素对员工压力感受的影响程度

三、员工压力反应

1. 从样本数据整体分析中，样本反映出的压力反应并不明显，即员工压力整体适度，无论是从员工的生理反应还是行为反应方面均未显示压力过大。

（1）本次调研生理反应的测量要素包括：肠胃系统、呼吸系统、神经内分泌系统和情绪异常等；

（2）关于行为表现，我们设计的主要指标是：寻找新的工作机会和计划离职。需要说明的是：寻找新的工作机会和计划离职本身从字面上理解，既可以归属为一种压力反应，也可以视为个体解决或缓解压力的一种"方式"，但无论是寻找新的工作机会还是"计划"离职，虽然都是希望通过"逃避"作为缓解压力的方式，但是毕竟尚未形成"离职"事实，因此，我们更趋向于将其作为压力反应指标。

2. 从生理反应的数据中，我们筛查出呼叫中心与压力源有密切关系的指标是：咽喉疼痛和肩背部酸痛等症状。

3. 在行为反应中，我们发现在所有选择目前经常处于"寻找新的工作机会"的样本中，有 92.8％ 属于工作中很少得到领导的认可（上级评价）；有 82.1％ 的人为"领导很少关注自己的工作状态"。因此，虽然我们认为本次调研员工整体压力反应并不十分明显，但是在呼叫中心压力模型设计中，可以继续探索"上级评价""上级关注"对员工压力感受的影响程度，以及员工满意度的影响程度。

四、压力处理方式

（1）在本次调查中，我们调研了员工面对压力时通常采用的或得到的"缓解"压力的方式，并将各种方式的主导者分为 3 类，分别是：单位支持，他人支持以及自我调节。其中"单位支持"主要包括：压力疏导培训以及团队活动；"他人支持"主要指朋友、亲属的关心或帮助；而"自我调节"中，包含采用理性分析并积极寻求解决办法等方式化解"压力"源以及通过娱乐、聚会等活动提升自我对压力的耐受程度。

根据图 8 我们可以看到"自我调节"和"他人支持"这两种解决压力的途径被呼叫中心的员工更为频繁地使用，分别为 50％ 和 43％；而得到"单位支持"的仅占 27％。

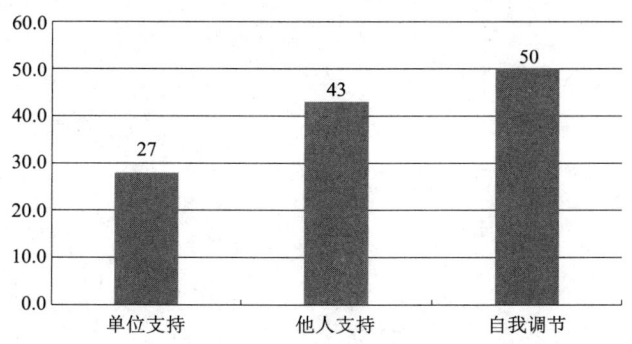

图 8　压力处理方式

（2）在自我调节中的二级分解要素分析中，我们发现"面对压力时积极主动寻找解决办法"的占该群体的73%，远远高于"娱乐等方式"提高自我压力耐受程度；我们分析，目前呼叫中心员工普遍年轻，且面对压力时通常能站在"解决问题"的角度来分析压力和处理压力，呈现较为积极和健康的处理压力趋势。

（3）"他人支持"要素中，选择"经常参加朋友聚会缓解压力"的样本最多，占总样本量的51%。我们认为该数据符合呼叫中心员工普遍年轻，家庭负担较少，社交需求较为明显的特征。

五、交叉数据分析

我们将本次参与调研的员工的年龄、学历以及工作年限分别与压力的来源、压力的表现以及压力的解决方法进行交叉数据分析，各对照组均未发现显著差异。（进行差异分析后 P 值均大于 0.1。）

六、结论及思考

1. 本次调研对构建呼叫中心员工压力模型的一些提示和思考

员工工作效率的充分发挥需要一定的工作压力，压力过大或过小均可能导致劳动效率损失，其相互关系见图 9。因此，虽然本次调研成功分离出呼叫中心岗位的主要压力源要素，但是，具体到组织建立压力模型时，还需要根据组织不同时间段或不同人群的多次样本调研，才能建立起自身的压力"常模"数据，也才能真正调查出员工当前压力状态是否适度，并根据数据调整自身的管理模式或强度，也才能为组织采取适当的"减压"指导提供更准确的参考。

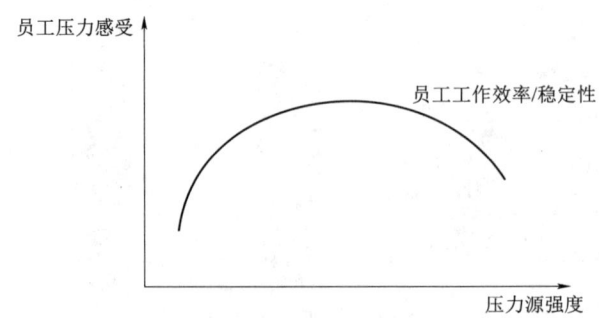

图 9　员工压力感受、压力源强度与员工工作效率的相互关系

2. 本次调研中，呼叫中心员工缓解压力普遍希望通过"问题解决"的方式，从根本上处理压力，而非简单地调整情绪或提高面对压力的耐受程度；结合员工压力源主要来自"工作或组织内"，因此，建议组织针对压力源构建多层次的、多种方式的员工工作沟通机制，并建立相应的评估、激励以及培训体系，既可顺应员工处理压力的"习惯"，又可构建积极的组织文化，提升组织归属感，并提高劳动效率。

3. 从目前数据看，工作标准是员工压力源的主要影响要素，而其中的标准执行严格程度又是主要影响因素。因此，提示企业在不降低工作标准的前提下，选择适当的考核、管理以及评估机制和方法，可以减少上述因素对员工压力感受的负面影响程度，即用适度的管理方式保持员工适度的压力以达成员工最大的劳动产出效率。

（作者单位：东方慧博人力资源有限公司）

参 考 文 献

[1] 辛欣. 员工离职成因模型构建研究 [D]. 长春：吉林大学，2007.

[2] 朱琬芳. A 呼叫中心新员工流失原因与对策研究 [D]. 武汉：华中科技大学，2013.

[3] 余皓. AC 银行苏州呼叫中心的绩效管理体系优化 [D]. 苏州：苏州大学，2013.

[4] 陆刚. S 联通呼叫中心员工满意度提升管理研究 [D]. 北京：北京邮电大学，2012.

[5] 吴战. 呼叫中心人员离职分析与控制的研究 [D]. 北京：首都经济贸易大学，2009.

我国农村孝道与养老问题探讨

李晓晖*

内容提要：传统孝道是我国传统思想道德的重要组成部分，也正是因为传统孝道规范着人们的道德规范和行为准则，在保障我国传统的养老模式方面起了较大作用。目前，中国已逐步进入老龄化社会，就农村这个特定区域来说，随着市场经济的发展，传统孝道观念受到前所未有的冲击，赡养老人已成为一个日益突出的社会问题。本文以农村养老与传统孝道为主题，从社会因素、经济因素两方面分析了农村地区传统孝道养老衰落的原因，提出了加强传统文化教育、完善社会的宣传与监督机制以保障加强孝道养老的对策，并就农村养老问题的制度发展进行了展望，即健全社会养老保障体系建设，实现社会养老与家庭养老相辅相成是长远解决农村养老问题的发展方向。

关键词：孝道　农村养老　社会养老

我国人口老龄化问题日益突出，已经引起了我国乃至世界的广泛关注。据民政部印发的《2014 年社会服务发展统计公报》显示，截至 2014 年年底，全国 60 岁及以上老年人口 21242 万人，占总人口的 15.5％[1]，2005 年全国 1‰人口抽样调查 60 岁及以上的人口占总人口的 11.03％[2]，人口老龄化和养老问题是目前中国现代化进程中必须面对的严峻问题。聚焦我国农村区域，庞大的老年群体既没有劳动能力，又不能像大多数城市老年人那样享受退休养老金待遇，生活缺乏基本的保障。受我国现有的经济发展水平的制约，今后相当长的时期内，广大农村地区除了少数发达地区外，绝大部分都是以家庭养老为主。但由于市场经济的冲击，人们的思想道德观念开始发生转变，表现在农村养老问题上，开始出现诸多遗弃、拒养、虐待老人的现象。我国是一个历史悠久的国家，孝文化深深根植于中国社会的土壤，孝文化中蕴含的养老、尊老、敬老思想，作为中国人传统精神世界的产品，对于

---

* 李晓晖（1969—），女，河南新乡人。副教授、博士，主要从事经济政策研究。

缓解农村现实的养老困境，提高农村老人的生活质量以及和谐社会的构建都具有重要的意义。

因此，从目前中国农村的实际状况出发，解决农村养老中出现的问题，不仅需要制度法律上的规定，更需要在农村大力宣传优秀的传统文化，加强孝文化传统的普及教育，提升广大村民的思想道德觉悟，在全社会形成尊老敬老爱老的良好风尚。这不仅关系到广大农村老年人的基本生活权益的保障，更加会关系到广大农村的稳定与发展以及社会主义和谐社会的构建等一系列问题。

一、孝与农村养老

1. 传统"孝道"的含义

"孝文化是中华民族的文化原点，它既是几千年中华农耕文明的文化浓缩和理论升华，又是中华民族精神的文化符号、思想乃至行为的规范和生命价值的航标。"[3]我国最早的一部解释词义的著作《尔雅·释训》给孝下的定义是："善事父母为孝"。这个善待父母包括很多方面的含义，诸如孝敬父母、尊敬父母、传宗接代、为父母守孝、厚葬父母等很多方面。《孝经》中提到："夫孝，德之本也，教之所由生也。"意思是说，孝是一切道德的根本，所有的品行的教化都是由孝派生出来的，一个不守孝的人的道德更是无从谈起。孝道是指子女对父母的一种善行和美德，是在家庭关系中，子女应该具备的基本道德品质和必须遵守的行为规范。

2. 养老的含义

《辞海》对"养老"这一词有三种解释：一是指奉养老人；二是指一种古礼，对仅有某些资格的老人给以酒食就称之为"养老"；三是指使年老者得在家休养。[4]通常意义上，养老具有三种含义：一种是指老年人获得物质上和经济上必要的生活条件，并在生活上和精神上获得关心、照顾和帮助。在这种含义中，老年人是养老的客体，"被养老"。另一种含义是指年老闲居休养的状态，此时老年人是状态的主体，养老是对老年人生活状态的一种描述。[5]还有一种是指一种礼制，是各级政府专门举行的尊老敬老的一些礼仪活动。

3. 孝与我国农村养老的关系

目前在我国农村地区，受经济与社会等因素的影响，养老还主要是依靠传统的家庭养老。所谓家庭养老，就是以家庭为基本责任单位，尽可能地由家庭担负起对老人赡养的责任和义务，为社会分担因人口老龄化所带来的诸多责任，帮助社会解决由这种责任而导致的一系列问题，也就是由家庭成员来提供养老资源的养老方式和养老制度。[6]

传统的家庭养老实际上也就是建立在血缘关系基础上的亲情养老，它解决了谁养的问题。[7]家庭养老一般包括物质供养、生活照料和精神慰藉。物质上的供给构成养老最基本的层面，它是养老得以存在的基础和前提。在物质奉养上，首先，保证满足老年人的基本生活需求，使其无冻饿之虞，实现"能养"；其次，尽量提高老年人的生活水平和质量，使其饱食暖衣营养充足达到"善养"。[8]生活照料这一层面是在物质供养充足的基础上进一步发展，随着年龄的增大，老年人的健康状况逐渐下降，生活逐渐不能自理，这就更需要青年子女的陪伴照顾，保证老年人可以健康地安度晚年。精神慰藉是家庭养老的第三个层面，也是老年人更高层次的需求。当物质生活水平达到一定程度时，养老更加看重精神慰藉，与老人进行情感上的交流互动，使老人精神上有所依靠，思想上得到慰藉，享受天伦之乐。

我国的传统孝道作为伦理道德准则和行为规范，有利于促进家庭和睦维护社会稳定，它规范了子女对父母养老尽孝的内容，要求不光要做到养，而且要做到敬。孝是传统中国家庭家族养老的唯一方式和主要力量，民众普遍都认为"养儿防老"就像"积谷防饥"一样天经地义。[9]虽然现在社会状况与人们的生活方式水平都发生了很大的变化，但人们的心理状况不会发生太大的变化，尤其是一些老年人，受传统思想观念影响较深，对子女的心理依赖性比较强，因此孝道对养老问题的解决，特别是农村养老问题，仍然具有非常重要的意义。

二、孝道养老产生动摇的原因分析

近年来由于受到种种原因的影响，传统孝文化受到一定冲击，在当前农村养老功能中出现弱化的现象，农村中青年子女对孝的理解和实践情况都存在很多问题，这对农村养老的发展产生了一系列的负面影响。

1. 社会因素

改革开放以来，农村地区的思想文化、经济水平和道德观念都发生了很大的变化。经济的发展使农民生活水平得到了很大方面的提高。对经济发展的过于重视，使得社会、包括教育机构都逐渐忽视了对青少年的思想伦理教育，致使现在青少年的思想道德观念极为薄弱，很多青少年根本不懂得什么是"孝道"，更无从谈起如何履行"孝道"。目前我国农村社会的伦理道德观念整体滑坡，青年人缺乏尊老敬老的传统观念，不能履行好自己赡养老人的义务，老年人不能安享晚年，致使农村传统家庭养老面临严峻挑战。

此外，社会舆论的日渐沉默加速了社会伦理道德的滑坡。在传统社会，如果谁家出现弃养、虐待老人的情况，会遭到全村一致的谴责与孤立，在强大的舆论压力下，很少会出现不善养老人的情况。但随着农村居民价值观念的转变，很多人开始抱着"多一事不如少一事"的心态，对那些得不到赡养的老人完全持冷漠态度，社会舆论的作用大大减弱，逃避赡养老人义务的现象频频出现，传统的思想伦理道德受到挑战。

2. 经济因素

（1）传统经济模式改变，老年人家庭地位下降

过去，在小农经济模式下，土地是一家的经济命脉。而家中的老年人往往是土地的所有者，掌握着家庭的财产，在家庭中处于支配地位。而且，在以往依靠农业为生的时代，老人的生产生活经验丰富，可以为青年人因地制宜、因时制宜地给予指导，因此老年人不论是在家庭还是社会上都具有很高的地位，养老与敬老成为一种约定俗成的行为规范。但随着生产方式的变革以及科学技术的进步，人们对土地的依赖逐渐下降，老年人的权威地位也有所下降，传统孝道思想规范作用随之开始出现动摇。

（2）城镇化的发展，农村人口流动增多

首先，随着我国改革开放的发展，城镇化进程不断加快，农村传统的经济结构和生产方式都发生了很大变化，大批的农村青年人口从农村流向城市，他们大多常年在外，无暇顾及家中老人，只能定期给老人汇钱而已，至于对老人生活上的照料、精神上的慰藉就无法满足了。传统的养老模式被打破，导致农村中空巢老人数量不断增加，生活上的拮据、精神上的孤独成为这些老人生活的写照。

其次，随着青年子女与外界新事物的接触日益增多，与老年人在价值观念、兴趣爱好、生活习惯等方面的差距和分歧开始日益突显。"代沟"出现并且加深，进一步影响着老年人与子女之间感情的交流，影响着两代人之间和谐共处和密切往来，从而削弱孝文化在农村养老中的功能。另外，受现代思想和计划生育的影响，独生子女开始普遍化，农村青年人开始将更多的时间精力投向子女的抚养教育，在子女的抚育方面投入过多的精力，"偏重子女"的观念也在一定程度上造成了农村孝道养老的削弱。

三、强化孝道养老的发展对策与设想

我国传统思想中蕴含着丰富的养老思想，"尊老敬老"是我们民族传统

孝道中的基本内容，也是为人处世的基本道德准则，进行充分的发掘和利用可以有效地提高老年人的生活质量，让他们度过一个老有所依、老有所养、老有所乐的晚年生活。当前全面建设小康社会的新形势下，我们仍应继续弘扬和倡导孝行孝德。但当今，受到现代社会各方面的撞击，传统孝道受到了前所未有的考验。

1. 社会层面

（1）加强宣传力度，强化孝意识

《孝经》中提到："夫孝，德之本也，教之所由生也。"孝文化作为中国文化的重要内容，历来都是被大力提倡的。就我国目前的发展情况来看，家庭养老是我国农村当前及今后相当长的时期内的主要养老方式，年轻一代是农村养老的主体，年轻人的养老观念、孝道观念在很大程度上决定着家庭养老的质量。在当前传统孝道受到冲击的情况下，必须重视对青年人进行新的孝道观念的灌输与培养，使广大农村青年树立新的孝道观念。

社会方面，要充分利用报刊、广播、电视等大众传媒进行宣传和教育，大力弘扬尊老、敬老、养老的传统美德，加强养老敬老方面的思想道德宣传，从而形成良好的社会舆论和社会风气，青年人在这种浓厚的孝道文化中长大，潜移默化地就会形成尊重老人、善养老人的思想观念。学校方面，要加强孝道普及教育，特别是对广大青少年，要让他们从小就懂得感恩，知道孝敬父母，尊重老人。

（2）充分发挥社会道德舆论的作用

舆论失效从而缺少能够起作用的外部道德干预，导致家庭养老出现了危机。[10]道德作为一种精神力量，具有潜移默化的作用，它对人们的社会行为具有明显的控制作用。与法律不同，道德主要不是依靠国家强制力量来起作用，而是通过社会舆论来维持。[11]因此，要重塑孝道养老，必须重视发挥社会舆论的监督作用。

具体实施方面，村民自治组织作为领导者应该发挥带头作用，利用广播、电视等大众传媒进行孝道的社会舆论宣传，在全社会营造出尊老敬老的良好氛围。通过社会舆论鼓励那些尊老敬老、孝敬父母的行为，可以选出一些典型给予一定的奖励，以此来鼓励更多的人善养老人。对那些"厌老""虐老""弃老"的丑恶行为要给予严厉的批评，村组织对这些错误行为要进行干涉与调节，帮助村民纠正错误观念，对那些屡教不改的，要及时提请有关部门，使那些不善养老人的青年人得到应有的惩戒。要在社会上普遍形成"养老光荣，不养可耻"的观念，这样，很多青年人迫于要面子的考虑，不善养老人的行为会相应地有所收敛或减少。总之，要通过社会舆论褒扬"尊老"的道德观念，使老年人得到应有的尊敬，提高其幸福度和生活满意度，从而度过一个安乐的晚年。

2. 政府层面

（1）大力进行普法宣传，提升法律意识

强化孝道对农村养老的作用，除了进行道德教化，发挥道德的约束力以外，还需要借助法律的强制力。[12]在我国古代，不孝不仅是一种不道德的行为，而且是一种违法行为，其处罚是非常重的。《中华人民共和国宪法》《中华人民共和国老年人权益保障法》和《中华人民共和国婚姻法》中都明确规定：子女对父母有赡养扶助的义务。在广大农村地区，居民的法律意识普遍比较淡薄，很多人都不懂得不赡养老人是违反法律规定的。因此应该大力开展以宣传养老法律法规为内容的普法教育宣传活动，让村民认识到养老不只是自己的"家务事"，更是一种应尽的义务。子女都有赡养老人的义务，以任何理由拒绝承担赡养老人义务的行为都是法律所不容许的，也是不道德的。对那些没有依法尽到赡养老人义务者给以惩罚，利用法律的权威性与强制性起到震慑的作用。

另一方面，还要健全农村法律援助，提高老年人自觉维护自身合法权益的意识，鼓励老年人敢于突破传统观念，敢于用法律武器来保护自己，切实维护和保障自身的合法权益。生活中许多的农村老年人在遇到不肖子女时，认为家丑不可外扬，大多数都会选择一味地忍让，怪自己命不好，而很少选择通过法律手段来维护自己的合法权益，这也是由老年人的文化水平和传统观念决定的。

（2）加强农村养老立法，健全保障农村养老的相关法律法规

到目前为止，我国还没有一部单独的农村养老法，有关农村养老的问题散见于《婚姻法》《老年人权益保护法》《继承法》《民法通则》等之中，[13]这些法律法规中虽然都有关于青年人有赡养扶助老年人义务和禁止虐待和不赡养父母行为的规定，但这些法规大多数都是些指导性的，也比较笼统概括，缺乏相应的违反处理措施，操作性不太强。这些对于当前的现状显然是不恰当的，必须根据新的时代发展要求，及时进行修改补充，加强立法工作，尽快建立相应的法律规范，使我国农村养老问题也做到有法可依。在制定法律过程中，要紧密结合我国新农村建设的社会实际，不能脱离实际，要分步实施，逐渐推进。[14]

3. 家庭层面

家庭是社会的细胞，是人们日常生活的最主要场所。家和万事兴，任何一个幸福美满的家庭都是建立在亲情的基础上，这种亲情中最基本的就是

孝。因此要发展孝道养老，家庭的作用不可忽视，家庭在孝道的教化中具有不可替代的作用。我们知道孝意识的形成是一个长期的潜移默化的过程，父母是子女的第一任老师，父母要以身作则，从小教育培育孩子尊老敬老的良好品格，给子女树立一个好榜样，注重对青年人孝道观念的引领，子女在生活中耳濡目染，受到良好的熏陶，孝道观念不自觉地就会扎根在其心中。

四、结语

养老社会化就是由社会或政府承担养老的主要责任，这是社会文明进步的标志，也是现代社会发展的必然要求。[15]但由于我国目前的特殊国情，在短期内很难实现农村养老社会化，但这终将是社会进步的发展方向。为了更好地解决我国农村的养老问题，首先，要加快推进农村改革，大力发展集体经济，加大财政对农村的扶持力度，为农民增产增收提供必要服务，以便为农村养老问题的解决提供经济保障，农民富裕了，养老就有了经济基础，就不会出现想养老而自身经济实力不足以保证的情况了。其次，要尽快地建立完善农村社会保障体系，完善新型农村社会养老保险制度、社会救济制度和新型农村合作医疗制度等，只有做到社会养老与家庭养老制度的有机结合，才能真正地实现我国农村老年人的老有所养、老有所乐。

（作者单位：北京物资学院劳动科学与法律学院）

参 考 文 献

[1] 陈桂香. 传统孝文化对当前城市养老的意义及其构建［D］. 西南交通大学，2005.

[2] 国务院全国1％人口抽样调查领导小组办公室. 国家统计局人口就业统计司编《2005年全国1％人口抽样调查资料》［G］. 北京：中国统计出版社，2007.

[3] 孝文化网. 论孝的文化内涵［EB/OL］. ［2011－02－15］. http：//xiao. dizigui9. com/ziyuan/wenhua/zonglun/xiaowenhuagaishu/325. html.

[4] 钟建华，潘剑锋，雷庆铁. 论孝与农村养老［J］. 船山学刊，2009（2）.

[5] 陈功. 我国养老方式研究［M］. 北京：北京大学出版社，2003.

[6] 王红漫. 中国家庭养老的传统文化基础［J］. 中国老年学杂志，1996（6）.

[7] 张文范. 中国的养老之路［M］. 北京：中国劳动出版社，1998.

[8] 潘剑锋. 传统孝道与中国农村养老价值研究［M］. 长沙：湖南大学出版社：2007.

[9] 肖群忠. 传统孝道的传承、弘扬与超越［J］. 社会科学战线，2010（3）.

［10］张伟．农村家庭养老缘何出现危机——以苏北旺村为例［J］．中国乡村建设，2009（4）．

［11］潘剑锋．论孝道在我国农村养老中功能弱化的原因及其防范对策［J］．湖南社会科学，2009（3）．

［12］安云凤．弘扬传统孝道文化，关注农村养老问题［J］．齐鲁学刊，2009（5）．

［13］章怡．论我国养老法的制定［J］．经营管理者，2010（15）．

［14］方红舟，刘艳．新型农村家庭养老法律和制度研究［J］．赤峰学院学报（汉文哲学社会科学版），2010（6）．

［15］钟建华．论文化建设与我国农村养老［J］．湖南科技学院学报，2009（9）．

人力资源管理理论及实证研究

❖ 公共部门和工商部门在人力资源管理上的比较

❖ 我国国有企业员工激励问题研究

❖ 企业实施继任计划的难点及应对思路

❖ 职业成长对企业人力资源管理者离职倾向的影响研究

❖ 电子商务企业核心员工培训体系的问题及对策研究

❖ W公司实习生的主动性人格对组织承诺影响研究

❖ 基于企业文化的人力资源管理探讨

公共部门和工商部门在
人力资源管理上的比较
——对新时期中国情况的研究

张　国[*]

内容提要：在新时期，人力资源管理对中国公共部门和工商部门的可持续发展来说是至关重要的。在人力资源管理方面，公共部门和工商部门既有共同之处，也存在着显著的差异性。在实践中，两者之间应当相互学习，相互促进，取长补短，以便能够取得比较好的工作成效。

关键词：公共部门　工商部门　人力资源管理　比较研究

在当今世界，国家和地区之间的竞争归根结底是人才之间的竞争。中国要想在新一轮的国际竞争中占得先机，顺利实现中华民族的伟大复兴，也必须高度重视人才方面的工作。其中，作为人才工作的一个重要方面，人力资源管理工作也必须得到进一步的加强和改进。在现实社会中，人力资源的管理主要包含公共部门人力资源管理和工商部门人力资源管理两个大的方面。对这两大部门的人力资源管理开展理论上多方面的比较研究，认真总结两者之间的相同和不同之处，必将有助于它们在实践工作中的相互学习和相互促进，进一步提升工作的成效。

一、对公共部门和工商部门的简介

在现实中，公共部门是与私人部门即工商部门相对而言的。所谓公共部门，是指以公共权力作为基础，并以实现公共利益作为目标的公共组织。这

---

　　* 张国（1977—），男，汉族，江苏徐州人，法学博士、讲师、博士后，主要从事企业人力资源、思想政治教育、创造学等方面的科研工作。

里主要用来指以国家行政部门为主的公共组织，其中也包括事业单位[1]。在此，需要指出的一点就是，国有企业和承担某些公共事务管理职能的中介组织也可以归入公共部门的范围之内。私人部门或工商部门则是以追求本部门经济利益最大化为根本目的的组织，其内部在发展的过程中对公共利益的重视程度是有差异性的，在不少情况下，它们还会为了自身的利益而在一定程度上侵害到社会公共利益。

二、对人力资源管理的界定及分类

人力资源管理是从经济学的角度来指导和进行的人事管理活动，即人力资源管理是在经济学理论和人本思想的指导下，通过招聘、选拔、培训、绩效考评、合同管理与薪资管理等对组织内外相关人力资源进行有效运用，满足组织当前及长远发展的需要，保证组织目标的实现与成员职业发展的顺利。根据对象范围，人力资源管理可以划分为个体、群体、组织、国家与国际等不同的层面[2]。根据其追求和维护利益的不同，人力资源管理可以分为公共部门人力资源管理和工商部门即私人部门人力资源管理。要研究公共部门的人力资源管理，就首先得对公共部门的人力资源有所了解和把握。所谓公共部门人力资源，就是公共部门雇用的各类人员，也就是政府机构、事业单位、公共企业和非政府机构雇用的各类人员[3]。所谓公共部门人力资源管理，是指公共部门依照宪法和其他法律的规定对本部门的人力资源进行规划、获取、维持和开发等具体的管理活动。它包括政府部门人力资源管理和第三部门人力资源管理这两个组成部分[4]。可以说，公共部门的人力资源管理则是为了实现社会公共利益而进行的，通过发挥本部门人力资源的重要作用而为社会公众提供优质的公共产品和服务。而工商部门的人力资源管理，则是在遵守国家法律法规的前提之下，依据组织生存和发展的具体目标对组织内部的人力资源进行规划、获取、维持、开发等具体的管理活动，以便能够推动本组织实现经济利益的最大化。

三、公共部门人力资源管理和工商部门人力资源管理的相同点

作为整个社会人力资源管理的一个重要组成部分，公共部门人力资源管理与工商部门的人力资源管理存在着许多共同的地方，两者之间有许多相似之处。本文认为，这些共同点主要体现在以下几个方面。

其一，两者都要追求效率。在现实社会中，无论是工商部门的人力资源

管理，还是公共部门的人力资源管理，都是要讲究和追求管理的高效率。只有在提高管理效率的基础上，公共部门在工作中才有可能实现更好的社会效益，而工商部门的经济效益才有可能实现最大化。在新的时期，为了进一步提高中国人力资源管理的效率，工商部门和公共部门都要在人力资源管理的电子化和网络化方面继续提升自己。可以说，在电子化和网络化的有利环境下，有关人力资源方面的信息能够以更快的速度在各个相关部门之间进行传输，无论是管理者，还是管理对象都能够比较容易地得到这些相关的信息，这样，他们之间就可以进行及时地沟通和交流。因此，人力资源管理的电子化和网络化，能够降低办公的成本，提高工作的效率，强化了公职人员之间的沟通与联系，最终提升了管理的效率[5]。在这一点上，需要指出的是，公共部门，尤其是政府部门应当大力推行对公职人员管理中的信息化和网络化，这样既有利于节约型政府的建设，同时也有助于提高政府中公职人员管理的公开透明性。在当代中国，公共部门人力资源管理中的电子化和网络化建设，能够使全体国民及时地了解为他们提供公共服务的工作人员的职业发展状况，有利于国民对公共部门人事变动情况进行有效的监督，从而增强了双方之间的互动和交流。

其二，两者都应当坚持以人为本的原则。随着经济的发展和社会的进步，无论是工商部门的人力资源管理，还是公共部门的人力资源管理，都应当坚持以人为本的基本原则。以人为本是科学发展观的核心，只有坚持以人为本这一基本的原则，才能够实现人力资源管理方面的可持续发展。在人力资源的管理中坚持以人为本的原则，主要就是要实行人本管理。人本管理的核心就是把人的因素当作管理的首要因素，尊重员工的实际需要，注重员工的职业发展，把组织目标与员工的个人目标有机地结合起来，依靠发挥员工的主动性、积极性和创造性来推动组织目标的实现[6]。在当代中国，无论是公共部门人力资源的管理，还是工商部门人力资源的管理，都远未达到人本管理的基本要求和水平。在公共部门，尤其是在政府部门的人力资源管理中，虽然管理制度已经比较健全，但是对他们职业生涯发展的具体规划则相对欠缺。在部门员工难以跨越职业升迁门槛的情况下，公共部门人力资源的管理就很难防止这些员工职业倦怠情况的发生。在这种情况下，调动他们工作的积极性和主动性的难度就显著加大了。在工商部门，其人力资源的管理大多侧重于最大限度地发挥员工为本部门创造经济价值或物质财富的潜力，而较少考虑他们身心的实际健康状况，有时甚至以牺牲员工的生命为代价来换取本部门利润的最终实现。例如，前几年富士康员工的接连跳楼事件和华为员工过劳死的情况就很好地说明了这一点。从长远来看，工商部门在人力资源管理方面的这种思想和行为对于它们自身的可持续发展是极其不利的。科学发展不仅是对政府的基本要求，也是对企业和企业管理者的基本要求。当前，企业如何从单纯重视经济效益提升转变为同时注重社会责任的履行，注重本单位员工的成长和发展，是每一个企业管理者应当着重思考的问题[7]。在新时期中国的人力资源管理实践中，无论是公共部门还是工商部门，都应当按照人本管理的精神来开展人力资源方面的工作，真正地把员工当人看，更加关注员工的职业发展和身心健康，真正实现组织和员工两者之间的共赢。

其三，两者的相互促进性。在人力资源管理的实践中，公共部门和工商部门应当是相互促进的。一方面，在公共部门的人力资源开发过程中，应该主动地研究企业人力资源管理的经验，整合两者的共性，借鉴企业人力资源管理的部分有益经验。在公共部门人力资源管理的过程中，可以引进企业化的管理方式，用企业家精神去改造公共部门人力资源开发的现行体制，寻求提升效率的有效措施[8]。在当代中国的公共部门，尤其是政府部门的人力资源管理中，应当积极借鉴工商部门对员工的激励机制，以便能够调动员工工作的积极性、主动性和创造性，切实克服人浮于事、得过且过的消极倦怠的工作状态。另一方面，工商部门也要积极地学习和借鉴公共部门人力资源管理方面一些好的经验和具体做法，努力提升自身人力资源管理方面的制度化和正规化水平，不断提升本部门员工的福利待遇，从而进一步提高这些员工对本部门的归属感。为了达到人力资源管理方面相互学习和借鉴的目的，公共部门和工商部门应当定期召开专题性的座谈会或者互派人员参观交流，从而提高人力资源管理方面相互学习的针对性和实效性。

其四，都要致力于学习型组织或部门的建设。在新的时期，为了适应知识更新速度日益加快的严峻挑战，社会中公共部门和工商部门的人力资源建设都应当致力于学习型组织的建设，不断地提高本部门内部员工各个方面的能力和素质，从而使得他们能够比较从容地应对本职工作中出现的一系列困难和挑战。一方面，21世纪的公共部门必须拥有很强的学习精神，大力实施文化创新，建立一个能够不断突破自我的学习型组织，才能适应新环境的挑战。公共部门必须高度重视教育培训工作，通过经常性的教育培训来提升员工的思想政治素质和业务素质，进一步改善公共部门从业人员的专业结构，使其更为科学合理[9]。另一方面，工商部门的人力资源管理，也要通过组织部门内部员工的教育培训以提高本部门的自我学习能力，从而推动本部门积极地向学习型组织的方向靠拢。在学习型组织建设的过程中，无论是公共部门，还是工商部门，除了要依靠自身的力量外，还要积极借助高校和科研院所，尤其要借助高校的力量来努力增强本部门员工各方面的能力与素质。在这一点上，公共部门中的政府机关和工商部门中实力雄厚的大企业做得相对比较好些，而公共部门中的第三部门和工商部门内的中小企业在这方面的情况则很不乐观。鉴于第三部门和中小企业在经济和社会发展中的不可或缺性，党和政府应当高度重视这些部门学习型组织建设的具体进展情况。为此，政府部门应当出台相应的政策和提供一定数量的资金来扶持第三部门和中小型企业员工的培训工作，使得它们在学习型组织的建设方面能够取得突破性的进展。

其五，两者都必须重视员工的职业伦理教育工作。在新的时期，无论是公共部门的人力资源管理，还是工商部门的人力资源管理，部门内部员工的职业伦理教育都必须得到进一步的加强。中国目前虽然还没有关于公务员伦理的法律法规，维持公务员的职业伦理还主要停留在靠党纪和说服教育的层面，但随着以德治国理念逐步深入人心，公务员的职业伦理总是会越来越多地受到人们的重视。可以肯定的是，如何维持公务员伦理的生活及行为，是今后中国公共部门人力资源管理中必须面对的最大挑战之一[10]。在当代中国，虽然中共中央和国务院正在以前所未有的决心和力度解决各种各样的腐败问题，但是政府官员的贪污腐败问题仍旧处于高发期，针对他们的职业伦理教育仍然任重而道远，要想建成廉洁而高效的政府是不可能在短期内实现的。而在工商部门领域，职业伦理的教育也同样需要大力加强和改进。在调研中发现，企业在生产经营中诚信缺失、恶性竞争和违法犯罪的现象仍旧比较突出，企业员工唯利是图、不择手段、铤而走险等方面的行为已经突破了公平竞争、合法经营、勤劳致富的行业伦理规范。例如，三鹿奶粉事件、瘦肉精事件、地沟油问题等就突出地反映了工商部门及其员工职业道德素质的欠缺。因此，在新时期工商部门的人力资源管理工作中，应当高度重视本部门员工的职业道德教育工作，促使他们在法律和道德许可的范围内开展生产经营活动，并依靠技术革新和服务水平的提高去赢得合法的和应得的利润。与此同时，企业也要履行对社会应尽的一份义务，以力所能及的方式积极回报社会。

四、公共部门和工商部门在人力资源管理上的不同之处

在人力资源的管理实践中，公共部门和工商部门也存在着许多不同之处。在此，本文将这些不同之处概括为以下几个方面。

其一，管理主体的特征不同。同工商部门人力资源管理主体相比，公共

部门，尤其是政府部门人力资源管理主体具有权威性的特征。在社会现实中，鉴于公共部门一般拥有人民群众所授予的一定的权利，这一部门所进行的人力资源管理工作同工商部门的人力资源工作相比就更为正规和严肃，该部门的人力资源管理工作对员工前途和命运的影响更大，同时也具有更强的社会影响力。有鉴于此，公共部门人力资源管理工作的开展马虎不得，必须深思熟虑，稳妥向前推进，尽量减少争议，在最大程度突显公平公正性。

其二，目的不同。同工商部门人力资源管理的目的相比，公共部门人力资源的管理具有公益性的目的，也就是说，公共部门的人力资源管理是为社会公众的共同利益而服务的。公共部门，尤其是其中的政府机关，在开展工作时，应按照社会的共同利益和人民的意志，从保证公民利益的基本点出发，制订与执行好公共政策。具体到其中的公职人员，他们必须以公共性与公益性作为自身的工作理念，竭诚为广大人民群众服务，并在政策制定与执行的具体过程中防止部门和个人偏私的利益驱动[11]。而在现实社会中，工商部门人力资源管理目的则主要是为自身经济利益的最大化服务。这一部门中不同的工商企业对社会利益的理解和维护上存在着很大的差异性，有的表现比较出色，能够兼顾经济效益和社会效益，有的则唯利是图，甚至以损害公共利益来实现本部门的利益。

其三，是否具有公开性。同工商部门的人力资源管理相比，公共部门，尤其是政府部门的人力资源管理则具有鲜明的公开性。现代公共行政要求政府部门的管理活动必须公开透明，这是加强公共部门监督的重要途径。人力资源管理作为公共管理的重要内容之一，也体现了公开性的特点。同时，公共部门的人力资源管理制度要受到社会公众和组织内部成员的监督[12]。例如，在政府部门干部的升迁中，一般都要向社会公示，在公示期内，广大的人民群众可以向组织部门反映相关的一些情况，从而真正发挥出监督的实际作用。在现实社会中，工商部门的人力资源管理则一般不具有公开性，这方面的工作信息有可能属于部门内部的商业机密。虽然有些人力资源管理的信息也公开，但是大多局限于组织内部，而不是面向整个社会。

其四，管理对象的差异性。总体而言，同工商部门人力资源管理的对象相比，公共部门人力资源管理对象的能力和素质更高些，同时也更为全面些。在当代中国，要想进入公共部门，尤其是进入政府部门工作，人们必须接受高等教育，而且要通过严格的考试和选拔，这种考试和选拔的淘汰率特别高。据相关部门统计，2009 年国家公务员考试的网上报名通过资格审查人数超过 104 万，而最终能捧上"金饭碗"的仅有 13 566 人，录用率是 1.3%[13]。在不考虑各种消极因素的情况下，能够进入公共部门工作的人员大多是社会中的优秀人才。相比较而言，在现实社会中，工商部门内部对员工能力和素质的要求则没有公共部门那么高。当然，工商部门内部也存在着很大的差异性，大型国企、外企的用人标准一般是要高于国内民营企业的，尤其是要高于中小型民营企业的用人标准的。

其五，管理的复杂程度不同。在现实运作中，同工商部门人力资源的管理相比，公共部门人力资源管理的复杂程度更高。在公共部门组织中，纵横交错、层层节制特征十分明显，而且要求在目标、事权和功能配置方面均实现统一。公共部门人力资源管理在权限划分和绩效管理等方面日趋复杂，这是其他任何组织无法相比的。因此，只有合理划分各级公共管理部门、明确其职责范围和建立统一的人力资源管理制度，才有可能实现该部门高效率人力资源管理的目标[14]。有鉴于此，要想在短期内大幅度地提高公共部门，尤其是政府部门人力资源管理的效率是很难实现的。在现实社会中，工商部门的结构相对简单些，层次也较少，在人力资源的管理中就很难达到公共部门人力资源管理那样的复杂程度。

其六，是否具有法制性。在当代社会，公共部门人力资源的管理同工商部门的人力资源相比，其法制性是十分突出的。现代社会的法制化，涉及到经济发展和社会进步的每个层面，同样也涉及了公共部门的人力资源管理工作。在法制体系比较健全的西方国家大都颁布了公共部门人力资源管理方面的法律法规，而且已经形成了一套比较成熟的法律体系，这就使得该部门的人力资源管理在有法可依的情况下提高了工作效率[15]。改革开放以来，中国的公共部门，尤其是政府部门的人力资源管理的法制化水平已经有了很大的提高。但是，中国同这些西方发达国家相比而言，在这方面的差距依旧是存在的，中国继续大力推进这方面法律法规的建设仍旧是必要的。可以说，正是由于专业性、针对性的法律法规的存在和发挥作用，才使得公共部门的人力资源管理更为正规和严肃。在现实社会中，同公共部门人力资源的管理相比较而言，工商部门的人力资源管理虽然也要遵循基本的法律法规，但是需要它们遵循的更具针对性的法律法规则是比较少的。

（作者单位：北京交通大学中国产业安全研究中心）

参 考 文 献

[1] 翟桂萍，苏杨珍. 我国公共部门人力资源管理变迁的趋向分析 [J]. 江南社会学院学报，2006（4）.

［2］萧鸣政．人力资源开发与管理［M］．北京：科学出版社，2009.

［3］章海鸥．人力资源管理与公共部门人力资源管理关系探讨［J］．人力资源管理，2010（1）.

［4］陈天祥．公共部门人力资源管理及案例教程［M］．北京：中国人民大学出版社，2011.

［5］陈彩琴．公共部门人力资源管理的发展趋势［J］．人力资源管理，2011（5）.

［6］杨芯，黄精微，孙良军．公共部门人力资源管理的特性与发展趋势［J］．现代经济信息，2008（12）.

［7］董克用．我国人力资源管理面临的新环境与新挑战［J］．中国人力资源开发，2007（12）.

［8］刘素仙．公共部门人力资源管理的特殊性及其有效开发［J］．生产力研究，2007（10）.

［9］石飞．我国公共部门人力资源管理现状及对策［J］．经济师，2009（4）.

［10］姚建东．试论公共部门人力资源管理的特性、战略目标和发展趋势［J］．商场现代化，2008（22）.

［11］张培建．我国公共部门人力资源管理的现状及对策［J］．山东省农业管理干部学院学报，2011（2）.

［12］杨翔．我国公共部门人力资源管理的问题与对策［J］．人力资源管理，2010（5）.

［13］大洋网．国家公务员考试今日开考淘汰率高达 98.7% ［EB/OL］．http：//www.huaihai.tv/scroll/2008/1130/2008－11－3090969.html，2008－11－30/2015－11－30.

［14］宫漫．公共部门人力资源管理的发展趋势及对策［J］．中国人才，2009（1）.

［15］陈春娥，徐博．我国公共部门人力资源管理问题及对策［J］．科学与管理，2006（5）.

我国国有企业员工激励问题研究

闫海洋　任　吉*

内容提要：人是企业最重要、最活跃的一种资源，激励人是企业管理的一项核心工作。随着全球经济一体化的加快，我国市场经济地位的确立以及国企改革的进一步深入，我国的国有企业面临巨大的竞争压力。要改善国有企业的经营管理，促进国有企业的发展，加强人力资源管理，加强员工激励是关键。本文首先介绍了员工激励的含义及其作用，然后指出当前我国国有企业在员工激励过程中存在的问题和不足，最后从我国国有企业特殊的实际背景出发，提出了改善国有企业员工激励的对策建议。

关键词：国有企业　员工激励　问题研究

一、员工激励的含义及其作用

1. 员工激励的含义

所谓激励，就是组织通过设计适当的外部奖励形式和工作环境，以一定的行为规范和奖惩措施，同时借助信息沟通来激发、引导和规划组织成员的行为，以有效地实现组织及其成员个人目标的系统活动[1]。

员工激励的出发点是满足组织成员的各种需要，从而调动他们的工作积极性。科学的激励需要奖励和惩罚并举，管理者既要对员工表现出来的符合企业期望的行为进行奖励，又要对不符合企业期望的行为进行惩罚。激励在企业员工工作中自始至终都是存在的，包括企业对员工个人需要的了解、个性的把握、行为过程的控制和行为结果的评价等。因此，员工激励工作需要管理者具有耐心。企业管理者在激励工作中要加强与员工的信息沟通，信息沟通是否顺畅将直接影响激励工作的效果。激励工作的最终

---

* 闫海洋（1992—），河南驻马店人，硕士研究生，研究方向是人力资源管理；任吉（1973—），北京人，副教授、博士，主要研究方向为劳动经济学、人力资源管理。

目的是实现企业和员工的双赢，在促进企业目标实现的同时也确保员工实现其个人目标。

2. 员工激励的作用

（1）吸引外部优秀人才

加强对企业员工的激励可以提高员工的主动性和积极性，从而有利于提高企业绩效，促进企业的高效快速发展，为员工福利待遇的提高提供坚实的保障，有助于吸引外部优秀的人才，为企业整个人才队伍的建设和人力资源的发展提供了良好的保障。

（2）激发员工的潜能

心理因素和外部环境因素共同影响着人的主观能动性的发挥，其中人的心理因素发挥着极其重要的作用。唯物辩证法认为内因是事物发展的根据，外因是事物发展的条件，外因通过内因起作用。因此，通过员工激励可以充分调动员工的积极性和主动性，促使员工的工作能力达到更高的层次，进而实现不断提高员工的工作效率的目的。

（3）激励是实现企业目标的需要

企业目标的实现离不开企业员工，而员工的努力工作是靠积极性来推动的。企业目标的实现当然还需要其他因素，但肯定不能忽视人的因素，企业一方面可以通过制定合理有效的激励措施来激励企业员工，通过吸引外部优秀人才为企业输入新鲜血液，并且能够不同程度地激发那些能力有所差异、思想各异的员工，从而不断提高企业的凝聚力。另一方面，公平公正的激励机制可以激发员工对组织的归属感以及认同感，有利于引导员工将个人发展目标和企业组织目标相结合，促使员工提高工作效率，进而形成积极向上、团结奋进的团队，为企业创造更大的效益，从而更有利于促进企业目标的实现。

二、国有企业员工激励的现状及存在的问题分析

1. 物质激励和精神激励双重不足

目前，我国大多数国有企业物质激励资源的分配不适应企业实际情况，大部分国有企业在实施激励管理时，多采用"工资加奖金"的简单物质激励方式，很明显这样的激励方式不能满足员工多样化的物质需求，而且往往会造成企业耗费虽多，但预期目的却并未达到的恶果，容易造成员工的积极性不高，反倒贻误了组织发展的契机。大部分国有企业物质激励主要以薪酬为主，且薪酬水平简单地以职级来界定，不能结合绩效考核的结果有针对性地制定激励措施。大多国企在员工激励中过多地倚重于物质激励，认为所有的

奖励都可以用更高的工资、奖金来实现，企业在考核方案的制订中缺乏民主性和透明度，对人的考核上，评价大多流于形式，方法不够科学，缺少量化的评价指标，实效不大，而且考评指标的内容没有很好地反映员工的实际业绩，不能反映员工为企业创造的真实价值；绩效指标也未能与岗位相联系，对不同的岗位采用相同的考核指标；薪酬也没能体现员工在企业内部相对价值的大小，最终又落入到按照职级简单定薪酬的简单套路中，无法充分调动员工的工作积极性，薪酬的激励效果较差。

国有企业往往比较重视荣誉方面的激励，比如劳模、三八红旗手等，但获此荣誉的员工数量是有限的。另一方面来说，获得岗位明星、先进党务工作者等称号的员工，起初能获得极大的激励作用，但久而久之，激励作用呈现效益递减的趋势，使得激励效果受到影响。企业旧的管理思想仍然存在，接受新的企业管理激励理念较慢，不利于企业员工的激励。

2. 企业缺乏激励目标

企业只有设立一定的目标才会对人产生激励的作用，有了目标员工才会努力奋斗，没有目标就没有了方向，也就难以产生前进的动力。国有企业普遍对人力资源管理不够重视，更没有明确制定企业员工激励目标，从国企员工方面来看，员工吃大锅饭、铁饭碗的思想还没有转变过来，这就导致国企员工工作的主动性较差，更缺乏创造性。我国国有企业员工的激励至今尚未形成系统的模式体系，很多企业仍然受制于过去的薪酬和职位体系，主观随意性很明显，不同岗位的员工激励水平参差不齐，激励目标不明确，这种状况影响企业生产经营的总体有效性，不利于国有企业与其他所有制企业进行的竞争[2]。部分国有企业虽然推行了一定程度的目标管理，并以此作为考核各级管理人员的主要依据。但关键是目标在往下分解时容易出现相互推诿的现象，导致目标分解不明确，这样也会带来激励当中的不公平。很多的国有企业管理者没有进行认真的调查分析，没有立足实际情况规划未来的激励方向，建立企业的激励目标。

3. 人才晋升、培养机制有待进一步优化

职位晋升是企业的一项重要激励措施，因为职位晋升不仅能增强员工的工作满意度，而且对企业内部的竞争、员工向心力的凝聚等具有重要的意义。员工职务的提升，一方面体现出组织对其个人工作能力的认可，另一方面也体现了人岗匹配的原则。目前，国有企业的晋升制度比较单一，针对基础员工的晋升主要是以工作成绩为标准，这在一定程度上忽略了员工个人品德和管理能力的因素。员工的工作成绩主要来自于考核结果，但是绩效考核不够标准在国有企业中也是普遍存在的，不科学的绩效考核标准一定程度影响了晋升的结果。除此之外，我国大多数国有企业员工的职务晋升还受到年龄和学历的制约，这种硬性规定会对失去晋升资格的员工的工作积极性带来一定的打击，特别是对于那些工作能力比较突出的员工。长期以来，由于国有企业具有浓厚的行政色彩，导致我国国有企业一直沿用计划经济体制下的选人、育人模式，国企领导人论资排辈之风比较盛行，用人很少使用竞聘制度，导致管理者在其位不谋其政，缺乏紧迫感、责任感和上进心，严重影响了整个管理队伍的工作效率。

企业员工的培训是指为使新老员工完成工作所需要的技能而采用的方法。国有企业对员工培训有固定的投资，培训较多是针对高级管理人员，对普通员工一般采取内部培训的形式，但是内部培训每年培训的内容多有雷同，课程有限、缺乏创新和更新，对员工工作能力的提升效果并不明显。很多国有企业在员工培训需求方面没有经过科学的调查分析，导致培训和企业全局战略不能实现统一，员工的培训内容很大程度影响培训效果，企业在制定培训内容时缺乏对员工需求的分析，将很难达到培训的目标，企业没有系统的内部培训制度，缺少基础性、成长性、全面的和可持续发展的培训计划。员工晋升不注重绩效，只注重论资排辈，不注重是否被大多数员工认可，只注重与上级关系是否密切。

三、改善国有企业员工激励现状的对策建议

1. 坚持激励原则

要想有效地激励国有企业员工，企业管理者要坚持以下激励原则：

（1）以人为本的原则

企业要深刻地认识到"以人为本"的思想内涵，员工是企业最珍贵的财富，企业人力资源的开发和利用必须尊重人、理解人、关心人，这样才能真正实现"培养人、留住人、开发人"的目的。建立以人为本的激励机制就是要摒弃原有的"胡萝卜加大棒"的落后管理方式，从员工的需求出发，开发员工潜能，实现自我价值。促进企业的长远发展，尊重人、理解人、信任人是其前提。首先必须尊重企业员工，全心全意依靠员工办企业、发挥和调动员工的积极性，在生活上要关心员工，把员工的冷暖放在心上，为员工排忧解难，要在企业内部创造一个公开、平等、择优、竞争的用人环境，建立一套能上能下、能出能进、充满活力的管理机制。企业管理者要与员工进行充分的双向沟通，与员工沟通是了解员工需求、实施人本激励的前提，建立在良好沟通基础上的激励才是有效的保障。

（2）公开、公平、公正原则

企业在员工激励的过程中，应该公开激励的目标、宣传企业激励制度，这些工作有利于员工理解并配合企业的管理活动；在激励管理的过程中重视公平原则，比如员工的选拔晋升、绩效考核等方面，杜绝仅凭主观片面感觉来评价员工；薪资待遇的不公会影响员工的积极性和工作效率，也影响激励效果，激励作为奖赏员工良好行为、调动员工积极性和惩罚不良行为、约束消极情绪的重要手段，关键是要公平公正。一方面，使员工在激励面前享受平等的权利和义务；另一方面，实施激励的领导和部门必须秉公心、去私虑，避免激励人为地发生倾斜。这是激励必须遵循的基本原则。

（3）差异化激励原则

国有企业管理者在对员工进行激励时要对雇员实行差别激励，不同性别、年龄、职位和性格的员工需求都存在差异，同一员工在不同的发展阶段需要的激励内容也不一样。激励不能停留在满足一种需要上，要根据员工需要而变化，改变激励内容与形式，否则，激励效用就会下降甚至消失。

国有企业应该打破平均主义，拉开员工收入差距，对员工形成积极有效的激励效果。企业在实施激励措施时，如果没有对员工的需求进行认真的分析，一刀切地对所有人采用同样的激励手段，造成的结果往往会适得其反。因此管理者必须深入进行调查研究，及时了解员工在每个阶段需要层次和需要结构的变化趋势，做到有的放矢，才能收到实效。那些盲目的、僵化的、静态的激励方式对企业的发展是十分有害的。在制定和实施激励政策时，首先要调查清楚每位员工的真正需要，将这些需要加以整理、归类，然后采取相应的激励措施，有针对性地帮助员工满足这些需要。

2. 构建"三维"有效激励措施

国有企业如果单纯采用某一种激励方式，不仅对企业造成很大压力，也很难从根本上提高员工工作的满意度。因此，研究多角度、多维度的有效激励机制对激发国有企业员工工作积极性有更为现实的价值，如图1所示：

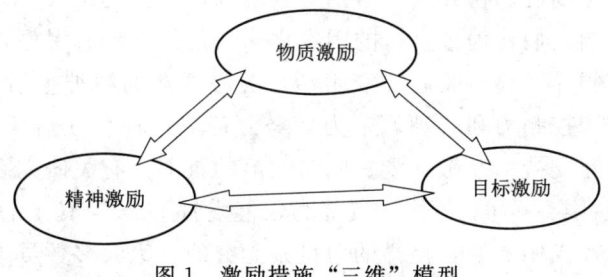

图1 激励措施"三维"模型

（1）物质激励

物质激励，即通过物质刺激的手段鼓励员工工作。目前在国有企业主要表现形式有：正激励，如发放工资、奖金、津贴、福利等；负激励，通过建立制度和措施限制某些行为的发生，如罚款、待岗、下岗等[3]。物质作为人的第一需要，是人们从事一切社会活动的基本动因，所以物质激励作为激励的主要模式，也是目前我国企业内部使用的非常普遍的一种激励手段，在实践中，国有企业的奖金发放采用的是月终一次、年终一次的发放办法，不知不觉陷入了不及时奖励、不分好坏的"皆大欢喜"的无效奖励恶性循环中，根本无法达到激励效果。国有企业应该重视薪酬的作用，采用以强烈物质刺激为基础的薪酬制度。对员工来说，薪资的基本水平是非常重要的，如果薪资太低，员工只愿意承担最低限度的工作量，如果薪资水平合适，员工就会感到满足，因此国有企业应该设计合适的薪酬方案来激励员工，而在设计合适的薪酬水平时要参照员工的价值、其他的福利、市场相关薪资水平以及相关法律法规等因素。要注重奖金的激励作用，使员工奖金的增长与企业的发展紧密相连，让员工体会到只有企业兴旺发达，才有自己奖金的不断提高。物质激励还应与相应制度结合起来。制度是目标实现的保障。因此，物质激励效应的实现也要靠相应制度的保障。企业应通过建立一套制度，创造一种氛围，以减少不必要的内耗，使组织成员都能以最佳的效率为实现组织的目标多做贡献。

（2）精神激励

精神激励即内在激励，是指精神方面的无形激励，包括向员工授权，对他们的工作绩效的认可，公平、公开的晋升制度，提供学习和发展，进一步提升自己的机会，实行灵活多样的弹性工作时间制度以及制定适合每个人特点的职业生涯发展道路等。精神激励是一项深入细致、复杂多变、应用广泛、影响深远的工作，它是管理者用思想教育的手段倡导企业精神，调动员工积极性、主动性和创造性的有效方式。具体的精神激励方法包括情感激励法、领导行为激励法、榜样典型激励法、培训机会激励法等。

情感是影响人们行为最直接的因素之一，任何人都有渴望各种情感的需求。这就要求领导者要多关心群众生活，关心群众的精神生活和心理健康，提高员工的情绪控制力和心理调节力，努力营造一种相互信任、相互关心、相互体谅、相互支持、互敬互爱、团结融洽的氛围。有关研究表明，一个人在报酬引诱及社会压力下工作，其能力仅能发挥60%，其余的40%有赖于领导者去激发。人们常说，榜样的力量是无穷的，绝大多数员工都是力求上进而不甘落后的。如果有了榜样，员工就会有努力的方向和赶超的目标，从榜样成功的事业中得到激励。在当今知识型社会里，知识就是金钱，是永远的财富，给予表现良好的员工技能培训的机会，会让员工受益终身，会对员工具有较大的激励作用。企业文化是一种理念，它与企业的体制是对称的，在构成企业组织结构的不同层次中，企业或组织的文化和价值观处于最高的地位。它对维持企业持续竞争优势、防止外部其他组织的模仿起着无可替代的作用，企业文化是无形的，但其激励作用是巨大的。国有企业员工要成长、发展和自我实现，都需要一个健康和谐的工作环境和积极向上的企业文化氛围。因此，为了更好地激励员工，企业应努力建立公平公正、自由和谐、鼓励创新的企业文化氛围，形成强大的企业文化。当企业员工乐于接受并遵循企业文化时，会使他们产生强烈的归属感，并愿意奉献忠诚、责任心和创造力。

（3）目标激励

目标激励就是通过目标的设置来激发人的动机、引导人的行为，使被管理者的个人目标与组织目标紧密地联系在一起，以激励被管理者的积极性、主动性和创造性[4]。目标是行动所要得到的预期结果，是满足人的需要的对象。目标同需要一起调节着人的行为，把行为引向一定的方向，目标本身是行为的一种诱因，具有诱发、导向和激励行为的功能。因此，适当的设置目标，能够激发人的动机，调动人的积极性。国有企业的管理者应该善于使用目标激励来激励员工，要更好地发挥目标激励的作用应该注意以下几点：首先，应该让个人目标尽可能与企业目标一致；其次，目标的难度要适当，目标太容易完成或太难完成对员工都没有激励作用；再次，目标内容要具体明确，有定量要求，以便于确定目标的完成程度；最后，应既有近期的阶段性目标，又有远期的总体目标。

目标是最好最大的激励，给员工一个值得为之努力的宏伟目标，往往比物质激励更为有效，大多数员工都希望自己能把工作做得更好，使自己更具发展潜力，管理者应帮助他们建立不断超越自己的个人发展目标[5]。目标是合作的一面旗帜，目标能否实现关系到所有员工的利益，自然也是鼓舞全体员工斗志、协调全体员工行动的关键因素。目标能够使员工把握方向，如果把握不了前进的方向，员工的力量就得不到有效的释放，更谈不上提高工作效率了。目标使资源更集中，明确了目标，企业的资源就会更加集中，员工的注意力也会更加集中，这是毫无疑问的。在明确了目标后，员工的行为方式可以鼓励多样化，从而可以发挥个人优势，产生更好的结果，并因此有更大的发展空间。

3. 塑造企业文化，建立激励管理长效机制

企业文化是指在企业内部将各种力量统一于共同方向上所形成的文化观念、历史传统、共同的价值标准、道德规范和生活观念等，是企业内全体成员的意志、特性、习惯和科学文化水平等因素相互作用的结果。企业文化是企业发展的凝聚剂和催化剂，对员工具有导向、凝聚和激励作用。优秀的企业文化可以增进企业员工的团结和友爱，减少教育和培训经费，降低管理成本和运营风险，并最终使企业获取巨额利润[6]。国有企业更应该培育自己优良的企业文化，优良的企业文化能够为员工提供良好的组织氛围，员工受其感染，能把对企业的发展与自己的成就密切联系在一起，而且在这种企业文化氛围内，员工的贡献能够得到及时的肯定、赞赏和奖励。通过倡导人本管理，以满足员工的不同层次的需要为激励手段，形成全方位的深层次激励，从而调动员工的工作积极性，发挥人的主观能动性，使组织和成员成为真正的命运共同体和利益共同体。

四、结语

国有企业是我国国民经济的支柱，在国民经济中占据着主导地位。现代企业的竞争归根结底已经不再是资源的竞争，而是人才的竞争。研究国有企业员工的激励机制，对于促进国有企业改革，建立产权明晰、责权利明确的新型管理体系，提升国有企业的国际竞争力都具有重要的战略意义。随着市场经济在我国的确立，国企改革也在不断地深入进行，如何对国有企业员工进行有效的激励，使他们努力工作，不断提高工作效率，达到员工与企业共赢的效果是一个值得思考的问题。本文对我国国有企业员工激励的现状进行了深入细致的分析，从中发现了存在的问题并有针对性地提出了改进的对策，对我国国有企业发挥员工积极性，提高员工满意度，进而促进国有企业效率的提高，切实发挥国有企业应有的职能具有重要的意义和价值。

（作者单位：北京物资学院劳动科学与法律学院）

参 考 文 献

[1] 周鸿鹏 . 企业知识型员工的激励研究［D］. 天津：天津大学，2005.

[2] 潘伟红 . 国有企业员工激励问题与对策研究——以珠海港控股集团有限公司为例［D］. 大连：大连海事大学，2012（6）.

［3］居长志．员工激励是国有企业人力资源管理的关键［J］. 华东经济管理，2003（10）.

［4］唐华山．激励员工不用钱［M］. 北京：人民邮电出版社，2006.

［5］韩大勇．知识型员工激励策略［M］. 北京：中国经济出版社，2006.

［6］潘首道．国有企业基层员工激励问题研究［D］. 郑州：郑州大学，2007（5）.

企业实施继任计划的难点及应对思路

史晓华　解进强[*]

内容提要：本文运用文献研究法和实证分析方法论述了在中国企业实施继任计划的难点，并结合华为和 IBM 的继任计划的实际特点，提出了应对中国企业继任计划中难点的一些思路。现阶段，中国企业以民营企业居多且各项制度并不明确，它们往往通过人情而非制度来选拔人才，管理人才空降现象较多，而部分公司制度明确却并不执行。正是因为这些原因，中国企业实施继任计划似乎比国外企业更难。随着经济全球化以及中国经济的发展，中国企业要想走入国际、扩大规模，必须进行改变，其中重要的一点就是使公司制度化、规范化，使每个岗位能够后继有人。

关键词：企业人才培养　继任计划　制度规范　职业晋升通道

一、综述

1. 研究背景和意义

当今社会，国内外竞争日益激烈，高素质人才已成为公司核心竞争力能否不断增强的关键因素。而管理人员作为公司的中坚力量，掌握着公司运营的关键环节，其对公司的重要性更是不言而喻。然而，公司在运营过程中由于各种原因造成的管理职位空缺，尤其是关键岗位的缺失，严重影响了公司的发展。因此，建立公司管理人员继任计划，在关键时刻可以选出公司的继任已经成为当务之急。除此之外，继任计划还有如下优点：第一，它能给高潜力的员工提供更多的职业发展机会；第二，它能给高潜力员工提供必要的培训与开发；第三，它能帮助组织获得持续的发展，进而实现自己的目标。国外一流的企业如 GE、IBM、Citibank 等，都已将继任者计划作为企业人

---

* 史晓华（1993—），女，山东烟台人，硕士研究生，研究方向为人力资源管理；解进强（1978—），男，河北赵县人，博士、副教授，研究方向为组织与人力资源。

力资源开发的重要项目来实施，它俨然已成为企业发展优秀员工进而实现组织持续发展的重要工具。但是，相关文献表明，中国 90% 以上的企业没有明确的继任者计划，缺乏科学的接班人培养机制。中国企业实施继任者计划有哪些难点？应该如何应对继任计划难点？本研究拟对此进行探讨。

2. 概念

继任计划（Succession plan），又称接班计划，出现于 20 世纪 70 年代中期，是用于"填补企业重要管理职位空缺"的过程。关于继任计划的概念，目前在管理界有很多解释，Peter Wallum 将其界定为"确保能够为企业高层管理者和基于战略考虑的关键职位提供适量的继任者和接班人的程序"。杰克逊·舒勒认为继任计划是组织在关键职位现任者离职（无论什么原因）时为该职位提供继任者和接班人。方礼兵认为"继任计划是公司确定关键岗位的后继人才，并对这些后继人才进行开发的整个过程。"对此，笔者认为比较合适的观点是：继任计划或后备计划是指确定未来管理需求，并据此对高潜能的雇员进行选拔和培养的过程。它是为首席执行官（CEO）、副总裁、职能部门和业务部门的高层经理等职位寻找并确认具有胜任能力的人员，是为组织储备核心的人力资本，其实施过程要涉及人力资源培训与开发、职业生涯管理和绩效测评等方面。而高潜能人才是指那些公司相信他们具有胜任高层管理位置潜力的人。公司继任计划主要是通过内部提升的方式来系统有效地获取组织人力资源，对公司的持续发展有至关重要的意义。本文所指继任，不仅指公司的最高决策者，而且包括公司的高层、中层、基层管理者。

二、继任计划的现实困惑与实施难点

1. 现实困惑

第一，大多数继任计划已遭到破坏，而大多数企业领导者并不满意他们现时所采用的继任计划。Bernthal 和 Wellins 调查了 900 多家企业，结果发现有 1/3 的企业评价其继任计划是非有效的。如此看来，大多数继任计划在设计和方法论上存在着很大的问题。

第二，信效度差的继任计划将会导致严重的领导者跳槽问题。

第三，到目前为止，仍然没有一种继任计划得到广泛认可，加之继任计划的制订难度比较大，加深了对继任计划前景的模糊感。不仅中小企业，一些大企业对于继任计划都感到困惑和迷茫，对继任计划的作用以及投入产出比持怀疑态度。

第四，继任计划的开展和公司的规模以及岗位相联系。公司规模及岗位不同，继任计划的制订也有差异。

第五，企业管理者缺少对继任者计划的正确认知也是导致这些企业没有实施该计划的重要原因。

第六，继任计划的结果是使某个岗位后继有人，但是经过继任计划的候选人是否能够胜任岗位工作？一般认为，实践中的管理和这些结果是两张皮，权威大于一切，继任计划没有成为管理岗位选拔人才的权威方法。总之，如果做了继任计划，即使做得很好，但不积极地使用其结果，那也就失去了存在的意义；相反，即使很想运用继任计划科学选择岗位候选人，但如果继任计划有纰漏及信息不可靠，结论不可信，继任计划同样没有存在的意义。现实中这两种情况都普遍存在，加上一些管理层把继任计划为权谋所用，导致结果失真，在人们心目中产生了巨大的困惑，甚至对继任计划产生了怀疑。

2. 实施难点

第一，企业缺少实施继任者计划的组织环境。

① 老板或上级不放权。在一些企业，关键职位的继任者都是由老板或是上级指定的，并不是经过一定的程序选拔出来的，这样就让继任者计划失去其意义。

② 企业缺少公平、互信的组织文化。有些企业没有实施继任者计划的原因在于，管理者担忧其可能引发的负面问题。由于组织不具有公平、公正、互信、合作的组织文化，他们担心贸然实施这一计划可能会引发内部争斗。

③ 企业无明确、清晰的长远战略和目标。由于企业没有明确、清晰的长远战略和目标，走一步看一步的做法让他们无法鉴别出组织所需要的核心能力，接班人的培养也就找不到方向。

④ 企业缺少真正的"关键"岗位。在一些组织中，组织的权力高度集中于一个或几个人手中，其他管理职位被严重弱化，导致它们起不到应有的领导作用，而是变成一个"看守"。显然，这些"看守"职位是无需考虑继任者问题的。

⑤ 继任计划选择哪个员工来进行培养成为问题，没有被培养的员工可能会产生不满情绪，导致工作绩效的下降。

第二，企业缺少实施继任者计划的资源、能力。

① 相关人员不了解继任者计划的操作方法和流程。有些企业的管理者对继任者计划这一项目不够熟悉，不了解其操作方法，从而导致企业没有实

施这一项目。

②企业未能掌握相应的人员测评、绩效评价和培训开发技术。企业继任者计划的实施需要用到很多管理工具，如人员测评工具、绩效评价工具、培训开发工具等，如果企业不掌握这些技术，就很难实施这一计划。

③企业缺少相应的人员、资金和时间。由于继任者计划是一项相对复杂的工作，它需要企业投入一定的人力和财力，而一些企业因为人手不足或经费紧张等问题，制约了这一项目的开展。

三、国内外相关案例分析

1. IBM 继任计划

为了明确高层继任者的选拔评价和长期培养标准，在高层管理岗位的继任者的选拔标准上，IBM 有着自己独到的理念，提出了著名的领导力素质评价三环模型。同时，为保证继任计划的执行，IBM 提出了五个著名的计划：

(1) 长板凳计划。在 IBM，公司要求每一名管理层员工自登上管理岗位时，就需要解决自己的第一期继任候选人选和第二期候选人选。对继任者的选拔和培养成为管理人员晋升的一项硬性指标，如果没有合适的继任者，则不得晋升。这样不仅提高了员工的积极性，同时又提升了管理者培养继任人的责任心和积极性。

(2) 明日之星计划。IBM 有一个成长通道，可以通过一个"新人、专业人员、领导者、新时代开创者"的人才梯队培养模式，让新人逐次成长。在这个过程中，会不断发掘"明日之星"，且公司新进的人员都要参加。从大学招聘来的新生要学习包括财务、销售等方面的知识技能。一年之后，新进员工再次参加专业学院的再教育，学习专业素质和技能，公司开始有意识地将员工归类，分为专业型人才和有管理潜质的人才。公司将从参加过专业学院培训的优秀员工中挑选出接班人计划的"明日之星"，并安排他们参加新主管训练课程，提供公司内的资深员工充当他们的良师益友，并对他们进行领导力方面的强化训练。

(3) 由下而上的人才回顾。该项目在整个组织中寻找高潜质的人才，在由下而上的人才回顾中，所有的管理者都在两个维度上对下属进行评价：一是在他们的部门中谁是最佳的绩效者或者贡献最大的人；二是谁对领导的角色表现出兴趣。由下而上的人才回顾项目中挑选出的人才在具备了一定的管理经验后，将被放入领导者发展通道。

（4）下一代天才项目。在 IBM，有一个由公司 300 名高层管理者组成的高级领导力小组，该小组致力于关注领导力及其变化，将这个组织视为实现变革的组织机构。每年会主持召开一次会议，在会议中的每一位成员将负责在他们所在的组织内部寻找一位具有 10 年以下工作经验但是将来某一天能够坐上他们所在位置的年轻人。

（5）总裁助理计划。Next Gens 是总裁助理计划的关键人才池。总裁计划是 IBM 公司全球顶尖总裁的"左膀右臂"。在 IBM，由 78 名顶尖总裁以及 9 名负责最大市场的总经理组成的全球管理委员会负责挑选总裁助理，并为他们提供在业务和领导者面前表现的最大机会，让他们承担最具挑战性的工作。而总裁则会成为助理总裁的良师益友，通过言传身教提高他们的高级决策方法、领导风格等。

为了保证继任候选人的素质提高，IBM 设立了专业学院来对员工进行专业和管理等方面的培养。据相关数据，仅在 IBM 中国公司，平均每人每年的培训费用在 3000 美元左右（中国人力资源网，2006）。通过这种方式，IBM 保证了公司各种人才可以源源不断地得到满足。

2. 华为继任计划

华为董事会下设四大委员会，分别为人力资源委员会、财经委员会、战略与发展委员会、审计委员会。人力资源委员会的成员由董事和资深人力资源专家组成，其主要职责包括：评审公司层面的人力资源策略和政策；审议公司中长期人力资源规划及年度实施计划；审议公司中高层管理者的选拔、调配、考核、薪酬、奖惩和继任计划。继任计划系统一般包括 4 个模块：支持系统、人才库选择系统、领导发展系统以及评估反馈系统。

（1）支持继任计划系统。华为成立了经营管理团队 EMT（Executive Management Team），从源头上杜绝了民营企业中最常出现的一言堂现象，从而为继任计划的提出和实施提供了保障。根据华为公司内部规章《华为基本法》规定，高、中级干部任职资格的最重要一条，是能否举荐和培养出合格的接班人。不能培养接班人的领导，在下一轮任期时应该主动引退。因此，华为从制度上为继任计划的实践提供了坚实的基础。

（2）人员选择系统。人员选择系统，即人才库选择系统。对未来领导人员的定位，任正非认为要从四个方面进行：敬业精神，对工作认真；献身精神，不要斤斤计较；有责任心；有使命感。从领导后备人员选择的源头——招聘可以看出，华为提出了人才是第一资源，是企业最重要的资本的观念。

（3）领导发展系统。华为通过启动和开发继任计划，将曾经发散、不系统的管理进行了系统化。继任计划保证了用人时有人可用，而不是到了要用人的时候到处找人用。因此，华为的继任计划中有很大一部分管理是针对员工的长期关注和培养。通过规范员工任用体系，使领导力的成长和培养变成例行的工作，从而确保领导力的建立和涌现。继任管理的目标就是预测、发展、保留并且部署适合的具备组织所需领导力的领导人员，并且满足组织业务提出的领导人才的需要。华为《基本法》强调"人力资本不断增值的目标优先于财务资本增值的目标"，组织建设要"有利于培养未来的领袖人才，使公司可持续成长"，建立"有效的高层管理组织""充分授权""培育团队精神""完善考核体系"，建立"内部劳动力市场"，引入竞争和选择机制，实现人力资源的合理配置和激活沉淀层，"使人适合职务，职务适合于人"。因此，华为在领导发展方面，主要从组织设计、员工培训、授权等方面得以强化。

（4）评估反馈系统。针对评估反馈系统建设，任正非提出"虚拟利润法"，为使人员在内部流动和平衡，建立"统一的价值评价体系，统一的考评体系"。为避免华为管理层的沉淀，华为公司加强了内部劳动力市场的循环和流动，在考核评价中确定对人的价值评价，并且华为公司也建立了相应制度程序来保证企业不会产生一个沉淀层，加强干部的考核、评价和循环流动的体系。华为引进先进的人力资源管理理念和系统，并提出基于本土特点的人力资源管理系统，指出中国的人力资源管理核心是考核与薪酬问题。根据人力资源管理价值链模式，解决价值创造、价值评价、价值分配问题。华为在企业内部率先建立并推行了员工考核评价体系，考评直接与工资挂钩，坚持在分配上充分拉开差距，报酬向核心人才倾斜。

四、企业实施继任计划的应对思路

借鉴国内外知名大企业继任计划的实施与发展，综合中国企业的实际情况，笔者提出以下几点应对思路。

1. 清楚继任者计划的内容及实施步骤

Fegley 的调查发现，继任计划主要应该包括：识别具有填补未来领导空缺能力的员工；考虑企业长期目标；确保企业关键岗位有合适的继任者；识别领导位置未来可能的空缺；分析劳动力发展趋势；识别继任真空区；把继任计划与组织战略相结合；与组织职业发展相联系；强调劳动力的多样化；发现员工胜任能力缺陷；提供足够的经济支持；识别随着公司发展可能创造出的职位空缺；为有技能不足的员工提供专业的发展基金；为填补领导职位建立足够的人才库；降低关键岗位员工的离职率等。继任者计划之实施，虽然会因为组织特点及环境因素的不同而有所差异，但其基本操作步骤是大体一致的。通过对相关研究者的论述进行分析，研究者整理出以下实施步骤：

（1）根据公司未来的愿景、目标和战略，界定出组织各个重要职位的胜任特征；

（2）为上述职位甄选出高潜力的候选人，并评估这些人目前在知识、技能、能力、个性等方面与理想状态的差距；

（3）系统地了解每位候选人在获取知识，改善技能、能力等方面的特征，然后据此为他们每人量身定做培训和开发计划；

（4）定期评估他们的绩效、经验与潜力，在合适的时机从中选择优秀的候选人到相应的职位。

（5）在整个过程中保持持续地沟通和持续地改进。

2. 创立适合实施继任者计划的组织环境

（1）通过建立一定的制度确保在位者的主动支持，比如通过绩效考核将发掘有潜力的员工、对下属的培养开发作为重要的绩效考核指标，进行必要的思想和心理辅导，促进在位者对继任计划的参与和支持；帮助管理人员建立职业生涯规划，拓展其职业发展空间，减少管理人员的不安全感。

（2）规范公司中的岗位，明确公司各个岗位职责，制定相应的岗位说明书，构建岗位胜任力模型，让员工在平时的工作中有前进的目标及方向。

（3）企业中人员晋升、调配要有一定的制度规范，不能按照人情进行岗位调动或者对某个岗位随意空降管理者。实践中，企业可以借鉴华为公司的人员选择系统：首先，对未来领导人员进行定位，设定一定的继任者标准，如：敬业精神，对工作认真；献身精神，不要斤斤计较；有责任心；有使命感等；然后，给每个标准附上权重，用此标准来对继任者候选人进行评估，从而选出继任者候选人。

（4）创建公平、互信的组织文化。在公平互信的企业文化下实施继任计划会激发员工的积极性，让员工认识到只要自己足够优秀，就有成为继任者的机会，从而使员工更加努力地工作，从各个方面提高自己，提高积极性，从而提高工作绩效。

（5）企业要有明确、清晰的长远战略和目标，这样就能让他们鉴别出组织所需要的核心能力，接班人的培养也就能找到方向。

（6）强化意识思想决定行为，思想的先进性决定了行为的先进性。管理继任计划是一个长期的过程并要求科学的流程与技术支持，需要企业最高决策层、管理层对其投入大量的精力和实践，若没有足够的决心、缺乏正确的认识，计划很难持续。因此，企业的高层管理者、董事会要真正意识优秀管理人才的重要性，继任计划对于培养优秀未来管理人才的重要意义，企业推行管理继任计划的必要性与紧迫性。

3. 打通职业通道

打通企业内部职业通道，让员工有通畅的晋升道路，也有利于继任计划的实施。企业应该设置如图 1 的职业通道，其中包括横向变动、纵向晋升以及斜向晋升。企业内部有规范的岗位胜任力模型以及详细的岗位说明书，为员工提供明确的晋升方向，再加上通畅的晋升道路以及公平的晋升制度，更加有利于继任计划的实施。

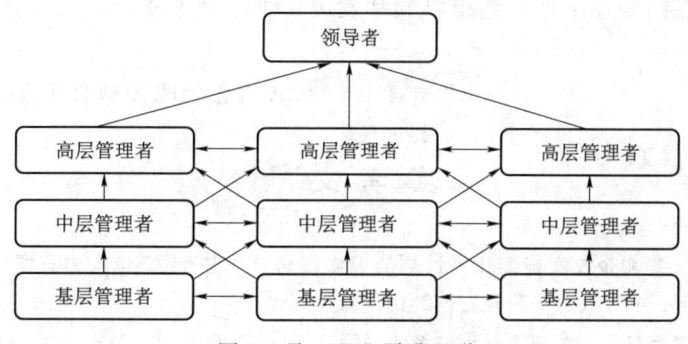

图 1　员工职业晋升通道

4. 对候选人进行针对性的培养

设立继任者的选拔和评价标准之后，对候选人的现有能力水平与继任职位之间的要求进行评价，然后针对差距进行弥补。通过有针对性的培训，达到要求或缩小候选人与继任岗位之间的差距。培训的方式多种多样，主要结合继任候选人自身的需求。如红豆集团的继任者，首先在公司的各个部门轮岗，在继任副总裁之后，又到国外著名的商学院学习，最终出任公司 CEO；索尼等公司则更注重对员工缺失能力的培训。

5. 对继任计划进行动态监督管理

随着公司内外政治、经济、社会、行业等环境的变化，对继任者的能力要求也会相应地发生改变。今天的继任计划，明天就不一定能适合公司发展的需求，对继任者的能力要求也会有相应改变，继任计划也要不断进行调整以适应这种变化。继任候选人并不是稳定的，而是在对候选人的培养不断观察，对候选人人选进行调整和充电，不适合者，随时给予变更。

五、结论

继任计划的研究与实践在我国还处于发展初期，很多企业对继任计划并不熟悉甚至完全陌生。因此，企业的更替并不顺利，甚至面临继任人选无从选择的困境。继任计划正是基于此，为企业提供合格可靠的继任人才并加以遴选，从而保障企业的生命力得以延续。本文通过对多方文献的综述，借鉴国内外的先进继任计划管理理念，并通过 IBM、华为的案例对中国企业的继任计划进行分析，分析中国企业进行继任计划的难点，并给出相应的应对思路，为我国企业继任计划得以顺利发展提供了理论基础。

（作者单位：北京物资学院劳动科学与法律学院）

参 考 文 献

[1] 曹金华. 影响企业实施继任者计划的因素探析——基于 13 位人力资源经理的访谈研究 [J]. 中国人力资源开发，2015 (5)：6－12.

[2] 黄崇铭，戴烽. 人力资源培训的系统型管理 [J]. 兰州学刊，2009 (9)：104－106.

[3] 邓彩霞，沈杰龙. 浅议有效的继任计划及其实施机制 [J]. 科技经济市场，2015 (9)：88－89.

[4] 牛喜强. A 企业继任计划问题及对策研究 [D]. 石家庄：河北经贸大学，2014.

[5] 黄波，凌文辁. IBM 的继任计划 [J]. 人才资源开发，2005 (11)：50－51.

[6] 何莹，王德才. 中国企业继任计划研究 [J]. 华东经济管理，2014 (1)：128－132.

[7] William J. Rothwell，李龙乔. 论新一代"继任者计划"与"人才管理" [J]. 现代企业教育，2014 (11)：82－86.

[8] 万弘. Y 公司人才管理与继任者计划案例研究 [D]. 青岛：中国海洋大学，2012.

[9] 王晓莉. 中小企业管理人员继任计划的实施——以 A 企业为例 [J]. 中国人力资源开发，2010 (4)：49－52.

职业成长对企业人力资源管理者离职倾向的影响研究

王　芬　唐华茂[*]

内容提要： 随着企业人力资源管理者（以下统称为"HR"）地位的不断提升，他们的离职问题也越来越受到社会各界的关注。通过对离职相关文献的回顾，发现先后出现了许多研究模型对员工的离职问题进行了解释和预测，但目前对企业 HR 离职问题的相关研究还是比较缺乏。因此，本文在结合HR 工作特点的基础上，从职业成长的不同维度出发，研究职业成长本身及其各个维度（职业目标进展、职业能力提升、晋升速度、薪酬增速）对 HR离职倾向的影响，并在前人研究的基础上，判断工作压力对职业成长与离职倾向两者关系的调节作用，从而构建了一个 HR 职业成长与离职倾向的关系模型。

关键词： 人力资源管理者　职业成长　离职倾向

一、引言

LinkedIn 发布的 2015 年《中国职场人士跳槽报告》显示，职业发展空间是职场人士在企业中最为重视和看重的因素，如果目前所从事工作对职业发展没有直接的促进作用，他们常常会通过跳槽的方式增加自己的职业发展空间。可见，职业成长对员工的离职倾向具有一定的影响。

HR 作为企业人力资源管理的重要实践者，由于人力资源管理理论在国内发展不成熟、企业管理者不重视等原因，其职业发展情况受到严峻的挑战，主要表现为：第一，企业管理者对人力资源管理的认识还停留在理论层面，在具体实践中未对 HR 的工作引起足够重视；第二，不

---

* 王芬（1993—），女，安徽安庆人，硕士研究生，主要从事人力资源管理研究；唐华茂（1971—），男，湖南长沙人，博士、教授，主要从事人力资源管理研究。

能对 HR 的角色进行准确定位，将 HR 的工作与行政混为一谈，这种情况在中小企业较为常见；第三，由于人力资源管理是一个长期的过程，管理效果在短期内并不能显现出来，容易使企业管理者对 HR 的实践失去信心，不愿加大对人力资源管理实践的投入，也不愿赋予 HR 应有的权利和地位。

从《2015 离职与调薪调研报告》中我们可以看出，2014 年企业员工的平均离职率达到了 17.4%。其中，在接受调查的所有职位等级中，操作人员的离职率是最高的，达到了 25.1%。如此高的离职率对企业 HR 来说并不是一个好消息，高离职率意味着企业人员流动性大，HR 需要付出同等的甚至更多的时间和精力来填补职位的空缺，以及采取相应的措施来降低员工离职率，这无疑给 HR 带来了很大的工作压力。当企业资源不足而且各方面竞争力处于劣势时，这种压力会更加突出，长此以往，这座压力的大山会使 HR 喘不过气，甚至会使他们"仓皇逃走"。

二、文献回顾与理论假设

1. 职业成长与离职倾向的关系研究

虽然关于职业成长理论的文献数量并不是很多，但随着人们对职业成长的重视以及员工主动离职问题的突出，越来越多的研究者开始注意到职业成长在员工离职行为中的影响作用。March & Simon（1958）是较早关注与职业发展有关因素对员工离职行为的影响的人，他们在 1958 年就首先提出了个人的职业奖励（如金钱、地位方面）会降低员工的离职率；而 Price（2000）通过实证研究却发现职业成长度对离职倾向的影响并不显著，便在之后的研究中放弃了对这一变量的继续考察。但综合其他一些学者的相关研究，我们可以肯定地推断出员工职业成长与其离职倾向的关系。Bedeian、Kemery 和 Pizzolatto（1991）通过实证研究发现，具有较高职业承诺的员工，其职业成长机会对其离职倾向存在着显著的负向影响；张勉（2003）等人发现 IT 企业技术人员的职业成长、晋升机会与离职倾向均有显著的负相关关系，并且在 2006 年进一步证实了职业成长对离职倾向的负向作用。此外，翁清雄（2009）、李洁和吕康银等（2012）、凡志洋（2013）、袁庆宏和丁刚等（2014）等学者的研究均表明职业成长对员工离职倾向具有显著的负向影响作用。

HR 作为企业人力资源的重要实践者，有着与其他员工不同的特点。首先，HR 是职业生涯管理理论的第一受益人，深谙职业生涯管理的重要性，对自身的职业发展规划也是尤为重视；其次，人力资源管理领域进入门槛较低，其他非专业背景的人员可以轻松地进入，使得 HR 的能力素质参差不齐；最后，HR 较其他员工更熟悉企业的各项制度，尤其是与自身发展息息相关的晋升制度和薪酬增长制度。因此，在借鉴前人研究成果的基础上，针对人力资源管理者的这些特点，本文将从职业成长的职业目标进展、职业能力提升、晋升速度和薪酬增速四个维度分别分析其对 HR 离职倾向的影响，并提出如下假设：

H1：职业成长对人力资源管理者离职倾向有负向影响；

H1－1：职业目标进展对离职倾向有负向影响；

H1－2：职业能力提升对离职倾向有负向影响；

H1－3：晋升速度对离职倾向有负向影响；

H1－4：薪酬增速对离职倾向有负向影响。

2. 工作压力与职业成长、离职倾向的关系研究综述

关于工作压力与职业成长之间的关系，陈艳（2009）通过实证研究发现人力资源管理人员普遍面临着职业发展的压力，其中职业提升的压力在所有压力中是最为突出的，且这些压力的存在对人力资源管理人员的职业发展产生了负面的影响；汪潇（2014）对信息技术类员工的实证研究验证了角色压力会抑制员工的职业成长；而沈晔（2014）通过对高校辅导员的实证研究，认为对辅导员进行工作压力的疏导是促进其职业成长的一个具体方法和基本保障。由此可以推断，工作压力与职业成长彼此之间会产生一定的作用。而对于工作压力与离职倾向之间的关系，学者们也做了大量的分析和研究并取得了一定成果，在这些研究中，学者们直接或间接地证实了员工工作压力与离职倾向之间的作用关系。一些学者认为工作压力对离职倾向可以产生直接的影响：Collins（1993）和 Trorutman 等人（2000）通过对会计人员的工作压力的研究发现工作压力直接对离职倾向造成影响，且二者呈显著正相关关系；杜梅和朱洵韬（2011）在对上海市银行从业人员的研究中也发现，工作压力与离职倾向显著正相关；而李莉和周浩等人（2015）对哈尔滨市社区卫生服务人员的实证研究也证实了工作压力与离职倾向的正向相关关系，且发现报酬满意度对二者的关系具有调节效果。除此之外，也有部分学者认为工作压力是通过其他的一些变量对离职倾向产生间接作用的，如工作满意度（Agarwal，1993；聂琼等，2015）、情绪反应（董琪明，2014；张振铎等，2015）、职业倦怠（顾远东，2010；陈彩萍，2012）等，他们均通过实证研究验证了在工作压力与离职倾向之间起到的中介作用。

基于职业成长与离职倾向、职业成长与工作压力、工作压力与离职倾向

这三对关系的研究，董俭（2014）发现大学生新员工的工作压力对职业成长预期与离职倾向之间的关系具有调节作用，但调节作用并不十分显著。因此，本文在对企业 HR 进行研究时，结合企业 HR 的特点，也将工作压力引入研究模型，主要从任务压力、角色压力和人际冲突三个方面对其工作压力进行分析，试图探究其对 HR 职业成长与离职倾向的关系是否真的具有缓冲调节作用，并提出如下假设：

H2：工作压力对企业人力资源管理者职业成长与离职倾向关系具有调节作用；

H2－1：任务压力对职业目标进展与离职倾向的关系起到了调节作用；

H2－2：任务压力对职业能力提升与离职倾向的关系起到了调节作用；

H2－3：任务压力对晋升速度与离职倾向的关系起到了调节作用；

H2－4：任务压力对薪酬增速与离职倾向的关系起到了调节作用；

H2－5：角色压力对职业目标进展与离职倾向的关系起到了调节作用；

H2－6：角色压力对职业能力提升与离职倾向的关系起到了调节作用；

H2－7：角色压力对晋升速度与离职倾向的关系起到了调节作用；

H2－8：角色压力对薪酬增速与离职倾向的关系起到了调节作用；

H2－9：人际冲突对职业目标进展与离职倾向的关系起到了调节作用；

H2－10：人际冲突对职业能力提升与离职倾向的关系起到了调节作用；

H2－11：人际冲突对晋升速度与离职倾向的关系起到了调节作用；

H2－12：人际冲突对薪酬增速与离职倾向的关系起到了调节作用。

三、研究实施

1. 研究对象

本文以在企业中从事人力资源规划、员工招聘选拔、绩效考核、薪酬福利管理、激励、培训与开发、劳动关系协调等工作的专业管理人员为研究对象，通过网络调查的方式进行，回收有效问卷总计 238 份，问卷有效回收率为 93.7％，样本分布如表 1。

表 1　样本分布情况（N＝238）

样本属性		频数	百分比	累积百分比
性别	男	65	37.36	37.36
	女	109	62.64	100

样本属性		频数	百分比	累积百分比
年龄	25 岁及以下	63	36.21	36.21
	26～35 岁	102	58.62	94.83
	36～45 岁	7	4.02	98.85
	46 岁及以上	2	1.15	100
学历	高中或中专及以下	6	3.45	3.45
	大专	26	14.94	18.39
	本科	114	65.52	83.91
	研究生及以上	28	16.09	100
从事人力资源管理的年限	1 年及以下	61	35.06	35.06
	2～4 年	68	39.08	74.14
	5～7 年	30	17.24	91.38
	7 年以上	15	8.62	100
主动离职次数	没有	55	31.61	31.61
	1～2 次	86	49.43	81.03
	3～4 次	29	16.67	97.70
	5 次及以上	4	2.30	100
目前所在公司性质	民营企业	84	48.28	48.28
	国有企业	29	16.67	64.94
	外资企业	25	14.37	79.31
	其他	36	20.69	100
职务	助理	33	18.97	18.97
	专员	71	40.80	59.77
	主管	40	22.99	82.76
	经理及以上	30	17.24	100

2. 测量工具

(1) 职业成长的测量

本文主要借鉴国内学者翁清雄和胡蓓（2009）、翁清雄和席酉民（2011）的研究成果，从职业目标进展、职业能力发展、晋升速度和薪酬增速 4 个维度对人力资源管理者的职业成长状况进行测量，并根据研究的需要，将问题项"目前的工作促使我掌握新的与工作相关的知识"和"目前的工作促使我掌握新的与工作相关的技能"合并为"目前的工作促使我掌握新的与工作相关的知识和技能"，量表的内部一致性系数（Cronbach's a）为 0.895。

（2）工作压力的测量

工作压力测量量表是在参考黄俊（2008）、白玉苓（2010）和童天（2011）对工作压力的研究成果的基础上编制而成的，共包括 12 个问题项，分别从任务压力、角色压力和人际冲突三个维度进行测量，量表的内部一致性系数（Cronbach's a）为 0.860。

（3）离职倾向的测量

本研究主要参考 Mobley（1978）和黄春生（2004）开发的离职倾向量表，设计了包含 4 个问题的量表，"我常常想辞去我目前的工作""如果有合适的工作机会，我将接受""在未来半年内，我很可能离开目前的工作单位"和"假如我继续待在本单位，我的前景可能不太好"，量表的内部一致性系数（Cronbach's a）为 0.897。

四、研究结果

1. 职业成长、工作压力与离职倾向的相关分析

从表 2 的分析结果可知，自变量职业成长的四个维度与离职倾向分别存在着显著的负相关关系，说明企业 HR 的职业成长与其离职倾向有着负向的相关关系，其中职业能力提升与离职倾向的相关性最高（$|r|$ ＝ 0.506），其次是职业目标进展（$|r|$ ＝0.492），薪酬增速与离职倾向的相关性最弱（$|r|$ ＝0.235）。同时我们也可以发现，自变量之间也存在着一定的相关关系。

从调节变量工作压力的三个维度与离职倾向的关系来看，任务压力与离职倾向存在着负相关关系（r＝－0.109），但这种关系并不显著。角色压力与离职倾向存在 0.01 水平（双侧）上显著的正相关关系（r＝0.364），而人际冲突与离职倾向也存在 0.01 水平（双侧）上显著的正相关关系（r＝0.369）。

从调节变量各维度与自变量职业成长各维度的相关性来看，任务压力与职业成长的各维度均存在 0.01 水平（双侧）上显著的正相关关系；角色压力与职业目标进展和职业能力提升均存在显著的负相关关系，而与晋升速度和薪酬增速则存在着显著的正相关关系；人际冲突与职业目标进展和职业能

力提升存在着显著的负相关关系，而与晋升速度和薪酬增速有着 0.01 水平（双侧）上显著的正相关关系。

表 2　各变量之间的 Pearson 相关系数矩阵（N＝238）

变　量		X1	X2	X3	X4	M1	M2	M3	Y
X1	Pearson 相关性	1							
	显著性（双侧）								
X2	Pearson 相关性	0.755**	1						
	显著性（双侧）	0.000							
X3	Pearson 相关性	0.460**	0.375**	1					
	显著性（双侧）	0.000	0.000						
X4	Pearson 相关性	0.144*	0.118	0.801**	1				
	显著性（双侧）	0.026	0.069	0.000					
M1	Pearson 相关性	0.249**	0.198**	0.244**	0.191**	1			
	显著性（双侧）	0.000	0.002	0.000	0.003				
M2	Pearson 相关性	−0.193**	−0.246**	0.181**	0.273**	0.309**	1		
	显著性（双侧）	0.003	0.000	0.005	0.000	0.000			
M3	Pearson 相关性	−0.283**	−0.328**	0.186**	0.322**	0.129*	0.716**	1	
	显著性（双侧）	0.000	0.000	0.004	0.000	0.046	0.000		
Y	Pearson 相关性	−0.492**	−0.506**	−0.424**	−0.235**	−0.109	0.364**	0.369**	1
	显著性（双侧）	0.000	0.000	0.000	0.000	0.092	0.000	0.000	

注：* 表示在 0.05 水平（双侧）上显著相关；** 表示在 0.01 水平（双侧）上显著相关

2. 人口统计学变量对因变量影响的差异分析

（1）采用独立样本 T 检验分析性别在离职倾向上的差异

从表 3 不同性别在离职倾向上的差异比较结果中可以发现，企业 HR 性别变量对离职倾向变量检验的 t 统计量均未达到显著性水平，显著性概率值 P-值均大于 0.05，未通过显著性检验，说明不同性别的企业 HR 在其离职倾向上是不存在显著差异的，性别对离职倾向无显著的预测作用。这与以前学者（黄云娟，2011；凡志洋，2013 等）的研究结果表现出一致性，随着男女平等观念的深入人心，女性员工与男性员工一样，也会追求职业的发展，在工作上有自己的远大追求，并不会因为追求稳定而屈就于某个岗位，从而使得男女的离职倾向差异性不大。

表 3　性别独立样本 T 检验

组统计量				独立样本检验					
因子	性别	N	均值	方差方程的 Levene 检验		均值方程的 t 检验			
				F	Sig.	t	df	Sig.（双侧）	
离职倾向	男	88	3.068	假设方差相等	0.449	0.504	−0.071	236	0.943
	女	150	3.077	假设方差不相等			−0.071	178.6	0.944

（2）采用单因素方差分析的方法分析其他人口学变量在离职倾向上的差异

从表 4 单因素方差分析的结果可以看出，企业 HR 的离职倾向在年龄、学历、从事人力资源管理的年限、主动离职次数以及公司性质上的显著性 $P-$ 值均高于 0.05，未达到显著性水平，说明这些变量对离职倾向并无显著的预测作用。而变量职务通过了显著性检验，显著性 $P-$ 值为 0.005，表明企业 HR 的职务对其离职倾向有显著的预测作用。

这个研究结果与陈奇镇（2012）对 HR 离职倾向的研究刚好相反。陈奇镇通过实证研究发现，企业 HR 的离职倾向在职务上并无显著性差异，而在学历和不同工作职责上存在差异，造成这种差异的原因可能与样本量的大小和样本的选取有关。

表 4　其他人口统计学变量与因变量离职倾向的单因素方差分析

项　目		N		均方	F	事后比较 Scheffe 法	事后比较 LSD 法	事后比较 HSD 法
年龄	25 岁及以下	79	组间	1.172	1.507	—	—	—
	26～35 岁	143						
	36～45 岁	11	组内	0.778				
	46 岁及以上	5						
学历	高中中专及以下（A）	7	组间	2.475	3.253*	n. s.	A＞D B＞D	n. s.
	大专（B）	30						
	本科（C）	156	组内	0.761				
	研究生及以上（D）	45						

续表

项　　目		N		均方	F	事后比较 Scheffe 法	事后比较 LSD 法	事后比较 HSD 法
从事人资年限	1 年及以下	73	组间	1.523	1.970	—	—	—
	2～4 年	96						
	5～7 年	42	组内	0.773				
	7 年以上	27						
主动离职次数	没有	70	组间	1.211	1.558	—	—	—
	1～2 次	121						
	3～4 次	41	组内	0.777				
	5 次及以上	6						
公司性质	民营企业	123	组间	0.716	0.914	—	—	—
	国有企业	41						
	外资企业	34	组内	0.783				
	其他	40						
职务	助理（A）	40	组间	2.068	2.699*	n.s.	A>C B>C	n.s.
	专员（B）	104						
	主管（C）	54	组内	0.766				
	经理及以上（D）	40						

注：*. 表示在 0.05 水平（双侧）上显著相关

综上分析，在所有的人口统计学变量中，除了学历和职务变量对离职倾向有显著差异，其他统计变量并没有显示出对离职倾向预测的差异性。就变量"学历"而言，"高中或中专及以下"以及"大专"群体的离职倾向均显著高于"研究生及以上"群体；对"职务"变量来说，"助理"以及"专员"群体的离职倾向均显著高于"主管"群体。因此，在后面的回归分析中，学历和职务将作为控制变量加入回归模型。由于学历和职务为定类变量，本文将在其加入回归模型前将其进行虚拟化处理，分别设立 3 个虚拟变量。

3. 职业成长对离职倾向影响的假设验证

（1）职业成长对离职倾向的总体回归分析

由表 5 可以看出，模型 2 的调整后的拟合决定系数为 0.288，职业成长对离职倾向有 28.8% 的解释量。同时，我们可以看出回归模型达到了显著性水平，F 值存在 0.01 水平上的显著性，说明总的职业成长对离职倾向的回归效果是显著的，而且其标准化的 $\beta = -0.511 < 0$，说明职业成长对离职倾向具有显著的负向影响，结果与相关分析的结果一致。

表5 职业成长对离职倾向的总体回归分析

模型		非标准化系数		标准系数	t	Sig.	R^2	调整 R^2	F 值
		B	标准误	Beta 分布					
1	（常量）	10.565	0.655		16.140	0.000	0.067	0.043	2.779 *
	高中中专及以下 & 研究生及以上	3.397	1.410	0.163	2.409	0.017			
	大专 & 研究生及以上	1.703	0.831	0.160	2.050	0.041			
	本科 & 研究生及以上	0.691	0.596	0.093	1.161	0.247			
	助理 & 主管	1.395	0.723	0.148	1.931	0.055			
	专员 & 主管	1.414	0.586	0.199	2.414	0.017			
	经理及以上 & 主管	0.650	0.725	0.069	0.897	0.371			
2	（常量）	21.073	1.300		16.205	0.000	0.309	0.288	14.697**
	高中中专及以下 & 研究生及以上	1.482	1.235	0.071	1.201	0.231			
	大专 & 研究生及以上	1.025	0.720	0.096	1.423	0.156			
	本科 & 研究生及以上	0.167	0.517	0.023	0.324	0.746			
	助理 & 主管	0.629	0.629	0.067	0.999	0.319			
	专员 & 主管	0.670	0.512	0.094	1.308	0.192			
	经理及以上 & 主管	0.505	0.625	0.053	0.808	0.420			
	职业成长	−0.199	0.022	−0.511	−8.970	0.000			

注：因变量：离职倾向；＊＊.表示在 0.01 水平（双侧）上显著相关，＊.表示在 0.05 水平（双侧）上显著相关

（2）职业成长各维度对离职倾向的回归分析

表 6　职业成长各维度对离职倾向的回归分析

模型		非标准化系数		标准系数	t	Sig.	R^2	调整 R^2	F 值
		B	标准误	Beta 分布					
1	（常量）	10.565	0.655		16.14	0	0.067	0.043	2.779*
	高中中专及以下 & 研究生及以上	3.397	1.41	0.163	2.409	0.017			
	大专 & 研究生及以上	1.703	0.831	0.16	2.05	0.041			
	本科 & 研究生及以上	0.691	0.596	0.093	1.161	0.247			
	助理 & 主管	1.395	0.723	0.148	1.931	0.055			
	专员 & 主管	1.414	0.586	0.199	2.414	0.017			
	经理及以上 & 主管	0.65	0.725	0.069	0.897	0.371			
2	（常量）	21.711	1.350		16.088	0.000	0.346	0.317	12.019**
	高中中专及以下 & 研究生及以上	1.150	1.230	0.055	0.934	0.351			
	大专 & 研究生及以上	0.782	0.715	0.074	1.094	0.275			
	本科 & 研究生及以上	0.175	0.507	0.024	0.345	0.730			
	助理 & 主管	0.337	0.627	0.036	0.537	0.592			
	专员 & 主管	0.852	0.504	0.120	1.690	0.092			
	经理及以上 & 主管	0.452	0.615	0.048	0.734	0.464			
	职业目标进展	−0.126	0.098	−0.118	−1.284	0.200			
	职业能力提升	−0.426	0.121	−0.294	−3.528	0.001			
	晋升速度	−0.324	0.119	−0.302	−2.708	0.007			
	薪酬增速	0.100	0.127	0.079	0.787	0.432			

由表 6 可知，模型 1 的拟合决定系数 $R^2 = 0.067$，在回归模型 2 中加入职业成长各维度变量后拟合决定系数变为 0.346，表示整个方程可以解释总变异量的 34.6%，且 F 值达到了 0.01 水平上的显著性，说明职业成长各维度对离职倾向的回归模型具有显著性。其次，职业成长中的职业能力提升和晋升速度两个维度进入了离职倾向的回归方程，且标准化的 β 值均为负数（$\beta_2 = -0.294$，$\beta_3 = -0.302$），说明职业能力提升和晋升速度对离职倾向均有负向的影响。因此，假设 H1-2、H1-3 得到验证，而职业目标进展和薪酬增速对离职倾向的回归系数均未通过显著性检验，假设 H1-1 和 H1-4 不成立，故假设 H1 职业成长对企业 HR 离职倾向有负向影响部分成立。

4. 工作压力的调节作用分析

（1）对任务压力的调节效果分析

表 7　任务压力对职业成长各维度与离职倾向关系的调节效果分析

	变量/统计量	模型 1	模型 2	模型 3
step1	高中或中专及以下 & 研究生及以上	0.163*	0.046	0.027
	大专 & 研究生及以上	0.160*	0.075	0.047
	本科 & 研究生及以上	0.093	0.028	0.033
	助理 & 主管	0.148	0.041	0.056
	专员 & 主管	0.199*	0.125	0.108
	经理级以上 & 主管	0.069	0.038	0.041
step2	X1	—	−0.130	−0.131
	X2	—	−0.296**	−0.296
	X3	—	−0.302**	−0.305**
	X4	—	0.072	0.049
	M1	—	0.058*	0.071**
Step3	X1×M1	—	—	−0.129
	X2×M1	—	—	0.024
	X3×M1	—	—	0.335**
	X4×M1	—	—	−0.124
	R^2	0.067	0.349	0.383
—	调整 R^2	0.043	0.317	0.341
—	$\triangle R^2$	0.067	0.282	0.034

—	变量/统计量	模型 1	模型 2	模型 3
—	F	2.779*	11.011**	9.182**
—	△F	—	19.550**	3.054*

注：*. 表示在 0.05 水平（双侧）上显著相关；＊＊. 表示在 0.01 水平（双侧）上显著相关

由表 7 可以看出，模型 1 反映了控制变量学历和职务对离职倾向的影响，结果显示：与研究生及以上学历相比，大专及以下学历的 HR 的离职倾向较高，而与主管职务相比，专员职务的 HR 的离职倾向较高。模型 2 反映了职业成长各维度、任务压力与离职倾向的关系，结果显示职业成长中的职业能力提升（$\beta=-0.296$）和晋升速度（$\beta=-0.302$）对离职倾向有显著的负向影响，而任务压力（$\beta=0.058$）对离职倾向具有显著的正向作用，且它们对离职倾向的联合解释量增加了 28.2% 并达到显著性水平。模型 3 在模型 2 的基础上加入了自变量与调节变量的交互项，调整后的拟合决定系数由 0.317 增加到 0.341，增量为 3.4% 且达到显著性水平，说明任务压力对职业成长与离职倾向之间的关系有显著的调节效果。其中，X3×M1（晋升速度与任务压力的乘积）在 0.01 水平上显著，且标准化的 β 值为 0.335，说明任务压力在晋升速度与离职倾向的关系中起到正向的调节作用，即任务压力越大，晋升速度对离职倾向的影响越强。因此，假设 H2－3 得到验证。

（2）对角色压力的调节效果分析

由表 8 中的模型 2 中可以看到，职业成长中的职业能力提升（$\beta=-0.203$）和晋升速度（$\beta=-0.374$）对离职倾向均有显著的负向影响，而角色压力（$\beta=0.357$）与离职倾向有显著的正向作用，且它们对离职倾向的联合解释量增加了 38.1% 并达到显著性水平。模型 3 在模型 2 的基础上加入了自变量与调节变量的交互项，其拟合决定系数改变量为 0.035 且达到显著性标准，说明角色压力对职业成长与离职倾向之间的关系有显著的调节效果。其中，X2×M2（职业能力提升与角色压力的乘积）在 0.01 水平上显著，且标准化的 β 值为 0.147，说明角色压力在职业能力提升与离职倾向的关系中起到正向的调节作用，角色压力越大，职业能力提升对离职倾向的影响越强。同时，X3×M2（晋升速度与角色压力的乘积）的回归系数为 0.172 且达到显著性水平，说明角色压力在晋升速度与离职倾向的关系中起到正向的调节作用。因此，假设 H2－6、H2－7 得到证实。

表 8　角色压力对职业成长各维度与离职倾向关系的调节效果分析

	变量/统计量	模型 1	模型 2	模型 3
step1	高中或中专及以下 & 研究生及以上	0.163*	−0.0002	0.020
	大专 & 研究生及以上	0.160*	0.055	0.036
	本科 & 研究生及以上	0.093	−0.007	−0.011
	助理 & 主管	0.148	−0.004	−0.022
	专员 & 主管	0.199*	0.077	0.075
	经理级以上 & 主管	0.069	0.033	0.035
step2	X1	—	−0.097	−0.073
	X2	—	−0.203*	−0.235**
	X3	—	−0.374**	−0.410**
	X4	—	0.019	0.039
	M2	—	0.357**	0.370**
Step3	X1×M2	—	—	−0.013
	X2×M2	—	—	0.147**
	X3×M2	—	—	0.172**
	X4×M2	—	—	−0.154
	R^2	0.067	0.449	0.483
	调整 R^2	0.043	0.422	0.448
	$\triangle R^2$	0.067	0.381	0.035
	F	2.779*	16.712**	13.838**
	$\triangle F$		31.249**	3.720**

注：*．表示在 0.05 水平（双侧）上显著相关；**．表示在 0.01 水平（双侧）上显著相关

（3）对人际冲突的调节效果分析

表 9　人际冲突对职业成长各维度与离职倾向关系的调节效果分析

	变量/统计量	模型 1	模型 2	模型 3
step1	高中或中专及以下 & 研究生及以上	0.163*	0.021	0.046
	大专 & 研究生及以上	0.160*	0.024	0.011
	本科 & 研究生及以上	0.093	−0.011	−0.021
	助理 & 主管	0.148	0.001	0.006
	专员 & 主管	0.199*	0.103	0.106
	经理级以上 & 主管	0.069	0.022	0.010

续表

	变量/统计量	模型 1	模型 2	模型 3
step2	X1	—	−0.062	−0.010
	X2	—	−0.201**	−0.253**
	X3	—	−0.367**	−0.413**
	X4	—	−0.003	0.010
	M3	—	0.357**	0.414**
Step3	X1×M3	—	—	−0.006
	X2×M3	—	—	0.181
	X3×M3	—	—	0.214*
	X4×M3	—	—	−0.139
	R^2	0.067	0.438	0.475
	调整 R^2	0.043	0.411	0.44
	$\triangle R^2$	0.067	0.371	0.037
	F	2.779*	16.025**	13.409**
	$\triangle F$		29.839**	3.929**

注：*. 表示在 0.05 水平（双侧）上显著相关；**. 表示在 0.01 水平（双侧）上显著相关

由表 9 的模型 2 可以看到，职业成长中的职业能力提升（$\beta = -0.201$）和晋升速度（$\beta = -0.367$）对离职倾向有显著的负向影响，而人际冲突（$\beta = 0.357$）与离职倾向有显著的正向作用，且它们均可解释离职倾向43.8% 的变异量，与模型 1 相比，拟合决定系数改变了 0.411 并达到显著性水平。模型 3 在模型 2 的基础上加入了自变量与调节变量的交互项，其拟合决定系数改变量为 0.037，人际冲突的回归系数为 0.414 且均达到显著性水平，说明人际冲突对职业成长与离职倾向之间的关系有显著的正向调节效果。但同时我们注意到，X3×M3（晋升速度与人际冲突的乘积）在 0.05水平上显著，且其标准化的 β 值为 0.214，说明人际冲突在晋升速度与离职倾向的关系中起到正向的调节作用，即人际冲突越大，晋升速度对离职倾向的影响越强，假设 H2−11 得到验证。

综上可知，假设 H2 工作压力对职业成长与离职倾向关系具有调节作用部分成立。其中，假设 H2−3、H2−6、H2−7、H2−11 的调节作用成立，假设 H2−1、H2−2、H2−4、H2−5、H2−8、H2−9、H2−10、H2−12 的调节作用不成立。

五、研究结论与启示

1. 研究结论

（1）HR 在企业中的职业成长状况并不十分乐观，主要体现在薪酬增速和晋升速度上，这在一定程度上反映出企业没有给他们提供良好的职业成长环境和职业发展空间。同时，他们的离职倾向处于中等水平，与房地产销售人员离职倾向相比，离职倾向还是比较稳定的，但这可能受话题敏感性的影响，导致离职倾向偏低。

（2）企业 HR 在组织中的职业能力提升对离职倾向的预测效果最明显，其次是晋升速度，说明当 HR 在企业中的职业能力提升和晋升速度较低时，他们更容易产生离职的倾向。产生这种结果的原因可能是：一方面，企业环境的复杂多变性对 HR 提出了更高的要求，使得 HR 在工作实践中会更倾向于注重自身职业能力的提升，以期在未来的就业市场上具有更强的竞争力；另一方面，随着组织结构逐步向扁平化趋势迈进，大部分企业都面临着岗位层级和数量的减少，而晋升作为员工证明自己在组织中的价值所在和实现自我价值的需要，晋升速度的缓慢或机会的渺茫会使人力资源管理者缺乏自我实现的成就感，从而对企业失去信心。

（3）工作压力对职业成长与离职倾向的关系起到正向调节作用，但这种调节效应并不总是存在。从分析结果可以看出，工作压力中的任务压力、角色压力和人际冲突对职业成长与离职倾向的关系均有着不同程度的调节作用。任务压力、角色压力和人际冲突在晋升速度与离职倾向的关系中均起到正向调节作用，即工作压力对晋升速度与离职倾向的关系具有正向调节作用，而且工作压力越大，晋升速度对离职倾向的影响作用会越强。由于晋升速度对离职倾向有着负向的影响，当 HR 面临着较大的工作压力时，这种负向作用也会不断加强。同时，角色压力对职业能力提升与离职倾向的关系也具有正向的调节作用，即 HR 角色压力越大，其职业能力提升对离职倾向的影响就会越强。

（4）不同学历和职务的 HR 在离职倾向上有比较显著的差异，大专及以下学历比研究生及以上学历的 HR 拥有更高的离职倾向，而专员职务比主管职务的 HR 的离职倾向高。我们可以发现，学历及职务越低，HR 的离职倾向越高，但这与以往的研究结果并不完全一致。任慈（2009）、Delobelle（2011）等学者的研究均表明离职倾向与学历具有正相关关系，学历越高，离职倾向越明显。本文产生相反结论可能是由于各学历样本数据不均衡导致的，从统计结果来看，本科以下学历员工仅占 15.5％，而本科及以上学历员工却占到了 84.5％，由此导致研究结果出现误差。另一方面，职务与离职倾向关系的研究结果与前人的研究结果是一致的，随着 HR 职务级别的不断提升，其在企业中拥有的相关资源也会越多，因职业成就感的驱使，为了实现自身的价值，他们的离职倾向往往没有职务较低的员工大。

2. 管理启示

（1）加强对人力资源管理者的职业培训

企业可以根据业务发展需要和员工的需求为 HR 量身定制一份完整的培训计划。笔者认为应着重考虑以下两个方面：首先，人力资源部可以充分利用其内部的人力资源整合优势，在组织内部开展交叉培训，如各职能模块 HR 与业务一线 HR 进行理论知识和实操技能等的交叉培训；其次，在培训内容方面，不仅要有必要的基础理论知识的培训，还应该对行业发展及现状、公司组织体系、公司在行业中所处的地位以及发展方向和目标等方面的内容进行重点培训。通过有针对性的培训提高 HR 的工作能力，不仅能使他们更加适应现代人力资源管理的要求，还能在某种程度上增强他们的稳定性。

（2）建立多样化的人力资源管理者职业发展路径

企业可以通过为员工建立多样化的职业发展路径，让员工了解职位发展的多样化，具体可以通过以下方式实现：第一，横向职业发展路径。对于 HR 来说，除了可以在人力资源管理领域进行职位的横向调动，企业也可以根据员工的兴趣爱好和能力特征为其提供横向调动到运营、营销等岗位的机会。第二，双向职业发展路径。通常这种职业通道的划分方法在技术部门出现得较多，对于人力资源部这样的职能部门来说却十分少见，但随着人力资源管理专业化程度的提高，企业也可以为 HR 设计管理序列和专业序列的双重职业发展路径，拓宽其职业路径的选择面。

（3）外包人力资源管理相关的事务性非核心工作

企业可以根据自身的能力和需要，有选择性地将人力资源管理中那些重复烦琐的非核心工作外包出去。这种方式不仅有利于降低企业的管理成本，提高管理效率，还能有效降低 HR 的工作负荷，使他们从烦琐的工作任务中释放出来，从而把更多的精力放置于协助企业管理者制定和执行企业的战略等核心工作上，真正成为企业经营业务部门的战略伙伴。但是外包也有一定的弊端，如启动成本高、机密信息泄露等，企业应根据自身的实际情况进行选择性外包或分时段外包。

（4）明确人力资源管理相关岗位的职责权利目标

企业应结合自身的实际情况编制详细明确的人力资源管理相关岗位的岗位说明书，并根据企业发展情况适时地进行修正和补充，让工作内容、职责权利、工作目标和上下级关系等与岗位相关的规定都有据可循，避免员工对自己定位不清，不了解岗位职责权利以及多头领导的现象，减少因角色压力而导致的离职倾向。同时，HR 也应不断加强自身的认知能力，提升对角色的认知和工作内容的认知。

（5）建立良性的内部沟通机制

企业可以通过建立完善而有效的内部沟通机制来实现这种有效的沟通。一方面，可以通过采取倡导各部门之间积极沟通交流的方式，鼓励人力资源部门与业务部门进行积极的沟通；另一方面，企业可以通过健全沟通渠道的方式来实现 HR 的有效沟通，沟通渠道主要有正式的和非正式的，正式沟通渠道包括定期的领导见面、不定期的群众座谈等，而非正式的沟通渠道包括联谊会、聚会等。此外，还可以通过建立有效的沟通反馈机制来达成高效、双赢的沟通。

（6）为基层人力资源管理者提供职业成长机会

低学历并不意味着低能力，企业应从自身角度出发，加强对学历较低人员的管理，多给他们提供学习和培训的机会，挖掘他们身上的闪光点为企业所用，这样不仅有利于企业的发展，也会让学历较低的 HR 感受到自身在企业中的价值，从而增强他们的忠诚感，降低离职倾向。此外，不论职务的高低，企业的发展都离不开每一个员工的努力。因此，对于目前职务较低的HR，企业应向他们展现良好的职业发展前景，从而增强他们的稳定性。

（作者单位：北京物资学院劳动科学与法律学院）

参 考 文 献

[1] 翁清雄，席酉民. 职业成长与离职倾向：职业承诺与感知机会的调节作用 [J]. 南开管理评论，2010（2）：119—131.

[2] 翁清雄，席酉民. 企业员工职业成长研究：量表编制和效度检验 [J]. 管理评论，2011（10）：132—143.

[3] 翁清雄，胡蓓. 员工职业成长的结构及其对离职倾向的影响 [J]. 工业工程与管理，2009，14（1）：14—21.

[4] 董俭. 大学生新员工职业成长预期与离职倾向的关系研究 [D]. 南京：南京师范大

学，2014.

［5］黄云娟 . 销售人员职业成长对其离职倾向的影响［D］. 南京：南京师范大学，2011.

［6］胡文彬 . 企业管理人员工作压力量表的编制及应用［J］. 职业与健康，2010（2）：124—128.

［7］李琦 . 人力资源管理从业人员流动性问题研究［J］. 中国人力资源开发，2012（9）：11—15.

［8］马同华 . 人力资源管理者的离职影响与对策［J］. 人力资源，2011（11）：46—48.

［9］沈辰 . 人力资源工作者离职意向影响因素实证研究［D］. 北京：首都经济贸易大学，2014.

电子商务企业核心员工培训体系的问题及对策研究

张亚楠*

内容提要： 随着互联网技术的发展，电子商务应运而生。电子商务的发展创造了一个商业奇迹。与此同时，电子商务发展中的问题也愈发突显，其中最亟待解决的问题是电子商务的人才缺乏。面对这些问题，企业的员工培训成为首选。本文将通过问卷调查、访谈、案例研究等方法，根据电子商务企业及其核心员工的特点，在丹尼尔·温特兰德的战略培训体系框架的基础上，从战略层、管理层、执行层三个层面，就目前电商企业核心员工培训的问题展开研究，针对性地提出了"市场倒逼＋对标管理＋员工分析＋需求重构"的培训需求分析模式、具有挑战性的项目型的培训方式以及快速的成果转化机制等对策，对电子商务企业核心员工的培训进行了完善。

关键词： 电子商务　员工培训　培训体系　三层分析法

一、电子商务企业核心员工培训体系概述

1. 电子商务企业现状及其特点

（1）电子商务企业的定义及发展现状

20 世纪 90 年代电子商务开始在我国起步，进入 21 世纪电子商务的发展成为社会发展的潮流，不断颠覆和改变着社会的生产、生活方式。对电子商务的定义有很多种，其共同点就是，电子商务是依靠电子设备和网络信息技术进行的商业模式。

伴随着社会信息化进程的加快，特别是互联网的高速发展，电子商务作

---

* 张亚楠（1989—），女，河南省周口市人，硕士研究生，研究方向为人力资源管理。

为一种新的商业模式在中国快速兴起并高速发展。近几年中国电子商务交易规模一直保持较快增速，年增速平均为 GDP（7%～9%）的 2～3 倍。自 2010 年突破 4 万亿元以来，中国电子商务交易额每年以人民币 2 万亿元左右的增幅增长，日益成为拉动国民经济增长的重要动力和引擎。

（2）电子商务企业发展的特点

近几年来，电商企业随着互联网技术的发展不断涌现，并创造出一个个让人瞠目结舌的奇迹。站在"互联网＋"的风口上必须要顺势而行，每个企业都想通过与电商的结合创造出新的商业奇迹。根据电子商务企业的发展形势与环境，总结电子商务企业的以下特点：

① 市场广阔，发展速度快。标普资本数据显示，截至 2014 年 9 月，在全球市值最高的 10 家互联网公司里，有 4 家是亚洲公司。2004 年，这一排行榜中仅有两家亚洲公司的身影。阿里巴巴和腾讯、Baidu 与京东 4 家公司的总市值约 4260 亿美元。而 4 家美国最大的互联网公司——谷歌、Facebook、亚马逊以及 eBay，其总市值为 7970 亿美元。从这两项数据可以看出，电子商务的市场是突破了时间和空间的，当前的发展并不充分，还有广阔的市场等待开发，发展潜力巨大。

另外，依托信息技术创新，移动电商成为电商发展的趋势，为打开更大市场提供了有力支持；电子商务在政府的大力扶持下不断延伸扩展，与海外贸易进行跨界发展，发展前景非常好。

② 发展变革速度快。1990 年电子商务在我国诞生，25 年间，它从开始的无人问津到现在的万人空巷，从 B2C 到 O2O，从平台电商到垂直电商，从"烧钱"到市值千亿，从 PC 端到移动端又到物流网，电子商务已经充斥在我们生活的方方面面，它的发展速度是前所未有的，不管是模式，还是涉及领域，或是行业现状都在以极快的速度变化着，电子商务已经成为当代最具变革性的商业模式。

③ 进入门槛低，机遇与挑战并存。电子商务作为一种新型的商业模式具有很大的潜力和活力，创造出了很多新的机会，而且电子商务进入门槛很低，创业者可以怀揣想法进入这片商海。但是机遇也伴随挑战，电商行业存在"马太效应"，即强者愈强，弱者愈弱，如果初创企业不能把握住瞬时的机遇，没有足够的创造力和资金，可能很快就会昙花一现，被行业巨头或新进者击垮。

④ 小商机汇聚大市场。长尾理论是随着电子商务发展而来的。它是电商企业获得市场的新思维。长尾理论是指在商品存储和流动渠道足够大时，即使是需求不旺盛，销售不佳的商品共同占有的市场份额可以与热销商品相

匹敌，即众多小市场可汇聚成巨大商机。长尾理论是互联网时代特有的，通过互联网，企业能够把市场扩展到世界各个角落，极小的需求汇总后也可与大需求客户相比。长尾理论也是促进企业电商化的动力之一，它提高了资源的利用率并且扩大了电商企业的客户群体。

2. 电子商务核心员工的界定及其特点

（1）电子商务核心员工界定的理论框架

结合电子商务企业发展的特点，本文借鉴斯奈尔教授的观点，即从两个维度来定义核心员工，即稀缺性和价值。稀缺性是指人力资本的持有者所具备的知识技能及其他属性，只有少数人持有，这种人才在劳动力市场上也是供不应求的。所谓价值是指人才资本的持有者运用其资本可以为组织创造出很高的附加值，是一般员工很难或无法创造的。根据这两个维度，可以把企业员工划分为四种类型：核心员工、公用性人才、辅助性人才和独特性人才。在斯奈尔教授的模型中，第一类型的人力资本具有高价值并且高度稀缺，被定义为核心员工。如表1所示：

表1　斯奈尔教授核心员工界定

	稀缺————————非稀缺	
价值大 ↓ 价值较小	高价值高稀缺 （核心员工）	高价值不稀缺 （公用性人才）
	低价值稀缺 （独特性人才）	低价值不稀缺 （辅助性人员）

结合电子商务员工的现状，本文将人才类型做出如表2的调整：

表2　电商企业核心员工界定

	稀缺————————非稀缺	
价值大 ↓ 价值较小	高价值高稀缺 （战略人才）	高价值不稀缺 （核心人才）
	低价值稀缺 （核心人才）	低价值不稀缺 （基础性人员）

由表2可知，核心人才为"低价值稀缺人员"与"高价值不稀缺人员"两类，因为这两类人都是企业高效运营、增强市场竞争力必不可少的部分。

理论上，战略人才也是核心人才，但是，在企业中，战略人才和核心人才还是存在很多职能上、结构上的差别的。为了能够更精确地探究出适合多数核心员工的培训体系，本文中不考虑战略人才的培训体系。另一方面，战略人员的问题通常可能并不是通过一般培训就能够很好解决的。

（2）电子商务企业核心员工的界定

根据以上两点的要求，本文所研究的企业培训体系的应用对象为电子商务企业的技术、运营部门的员工。

从价值方面来说，随着互联网技术的发展，企业管理者们把信息技术应用到了企业价值链中，促使价值链的每一个环节最优，提高了整个价值链的效率。信息技术促进了价值链的横向与纵向的延伸扩展。虽然，电子商务的价值链不完全在于信息技术本身，但信息技术与商务模式的紧密结合至关重要。电商模式能发挥多大的价值，最终取决于人们对信息技术的利用程度，包括信息的收集、分析、传输、共享等。因此，信息技术虽然不能直接产生价值，却是价值最重要的载体。

而对于电商运营来说，是与信息技术紧密相连的，前文提到，电子商务的盈利模式存在"长尾理论"，而对于"长尾理论"的应用必须依靠电商运营。只有在技术的基础上做好电商运营才能最大限度地发挥电商模式的优势。技术与电商运营是紧密相连、相互实现的，电商运营是依存于技术平台的，而技术的机制需要运营来体现。这两个方面都是电商模式发挥作用的重要保证。

从稀缺性方面来说，在 2015 年 3 月拉勾网进行的"企业最急需的人才"调查中，运营人才占 37.68%，排在最急需人才第一位；技术性人才以 28.57% 排在电商人才最急需岗位第二位。现在电商企业都处于"跑马圈地"、快速扩张的时期，运营及技术人员成为需求最迫切的工具性人才。随着企业间竞争不断加剧，负责电商品牌运营的综合性高级人才会越来越热门。电商企业对人才的需求方向中，高级综合人才、技术性人才、运营人才是三大主要人才需求（《2013 年度中国电子商务人才状况调查报告》，2003）。

综上所述，把企业的核心员工定义为在企业中从事技术、运营的员工是有一定合理性的。

（3）电子商务企业员工特点

电子商务是一种新兴的商业模式，充满活力和潜力，电商企业的员工也呈现出不同的特点，主要体现在以下几方面：

① 核心员工不再是某个人，而是某个团队

在电子商务模式中，企业的人员不再仅仅以创造财富和利润的多少来定义。企业中确实存在一小部分人，可能只有员工总数的 10％ 或是更低，他们产出 80％，甚至 90％ 的价值，他们的存在就是企业的价值体现。但是，在更加强调团队的电子商务企业中，他们能力的发挥更需要整个团队的辅助，团队每个成员都至关重要。就是说，企业价值的发挥，不仅仅依赖个别杰出员工，还依赖整个团队。

② 电商企业员工学历普遍较高

互联网企业专业招聘网站拉勾网在 2015 年 3 月发布的《2015 年互联网人才流动报告》中提到，互联网企业中，本科生与硕士研究生加起来占比达到 80％～90％。由此可知，互联网行业基本上以高素质员工为主。学历较高的员工更具有学习意识和动机，为建立学习型组织提供了很好的基础，而且学历高的员工学习能力和接受新事物的能力更强，也为高效、高速的培训提供了可能。

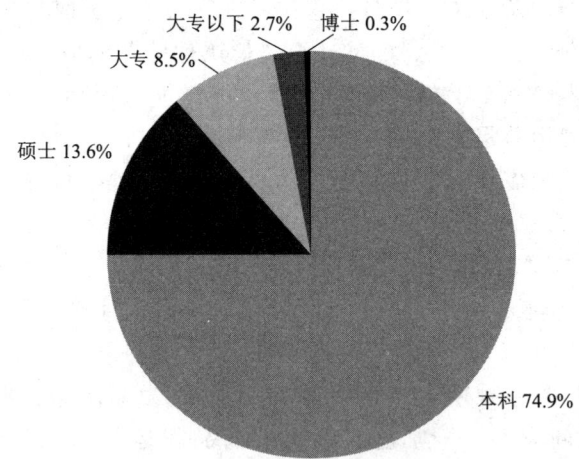

图 1　电子商务从业者学历分布

资料来源：拉勾网《2015 年互联网人才流动报告》

③ 思维活跃，个性独立，但稳定性差，团队意识薄弱

"80 后"、"90 后"员工学习能力较强；具有更独立的个性和观点，思维活跃，具有批判和创新精神，大都比较喜欢新鲜和刺激，对于互联网电商这些新兴行业有着极大的兴趣。

另一方面，他们通常为独生子女，生活独立性差，承受挫折能力差；但有很强的自我意识；注重感性沟通，情绪易波动。这些特点也对培训提出了新的要求。

④ 年龄结构偏向年轻化

根据社会调查显示，"90后"员工占企业总体人数的 56.38%。现在电子商务的主要消费群体是"80后"、"90后"的年轻人，年轻人是最了解年轻人的。因此，现在整个电商行业基本都是以"85后"、"90后"的年轻人居多。企业员工的年轻化则是互联网基因的必然导向。

⑤ 员工流动率较高

电商企业员工偏向年轻化，更具创新精神，再加上当前的社会环境，他们具有更多的选择机会，所以他们的流动率会相对较大。另外，电商行业倾向于选择猎挖合适的人选，在高薪等诱惑下，员工流动就不可避免。拉勾网发布的《2014中国互联网职场调查报告》显示，当前互联网行业的平均跳槽率为 18.16 个月。

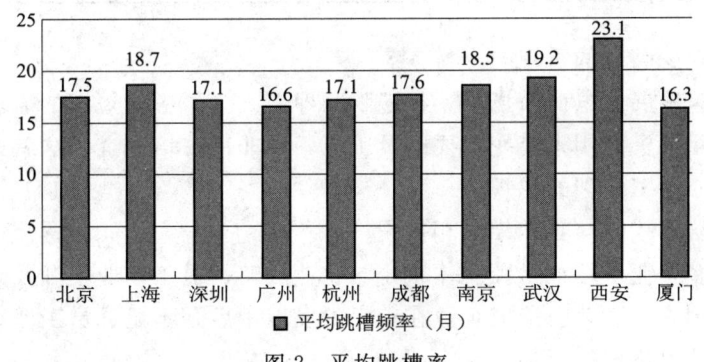

图 2　平均跳槽率

资料来源：拉勾网《2015 年互联网人才流动报告》

二、电商企业员工培训体系中存在的问题

20 世纪初，国外学者开始了关于企业培训的研究，我国学者和企业近几年也对企业的培训给予了很多关注，但是一直"叫好不叫座"，造成这种情况的原因有以下几种。

1. 培训战略规划缺乏

战略是发展的指向标，是不可或缺的。通常，企业缺乏培训的战略规划体现在以下方面。

（1）未形成终身学习的企业文化

企业文化是企业的软实力，是具有更深远意义的组织发展的一部分，是增强企业向心力、凝聚力的重要手段。如表 3 所示，在对 145 名核心员工的调查中，对企业文化培训的需求排在 6 种主要培训需求的第三位，在专业需求和行业需求之后，因而，当前企业文化的培训做得并不到位，而员工对于它的需求却比较强烈。

表 3 培训需求调查

选 项	平均综合得分	排名
专业技能	4.64	1
行业现状培训	3.16	2
企业文化	2.24	3
沟通表达能力	2.04	4
人际交往能力	1.87	5
其他	0.09	6

（2）缺少高层的重视与支持

在高速发展的电商市场中，机遇瞬间即逝，为了应对短期的需求，企业高层更愿意把资源用来猎挖需要的员工上，而非用在培训上，这就造成了高层对于核心员工培训的忽视。

（3）培训战略与其他模块相割裂

在很多企业，培训是独立体系，与企业战略、员工职业生涯及人力资源其他模块割裂，这就会造成企业在未来的发展中后劲不足、员工流动率上升以及培训效果不佳等后果。

（4）员工定位错误

随着社会化大生产的产生，岗位技能的细分更加专业化，成为提高效率、降低成本的有效方法，但是在电子商务中，需要的是复合型人才，尤其对于体现企业竞争力的核心人员来说，复合型的知识更是非常重要的，尤其是对企业的核心员工来说。

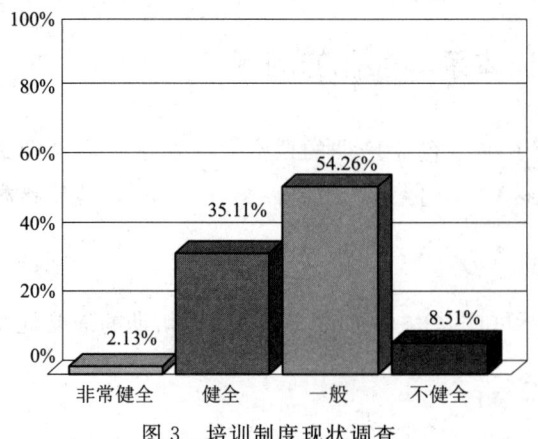

图 3 培训制度现状调查

2. 培训制度不健全

培训制度是对培训的整

个过程进行规范的条款。促使执行者可以按照要求执行培训计划，使任何培训行为有法可依，这也是促进培训长期、持续、规范、系统的必要手段，是培训顺利实施，发挥效果的重要保证。而当前，培训制度的现状却不太乐观。如图 3 所示，针对培训制度的调查中，54.26％的员工认为企业培训制度一般，超过半数。

如图 4 所示，而在进行培训内容方面的调查时，认知度较高的就只有新员工入职培训，其他制度内容认知度都低于 30％。原因可能有两种，即企业没有其他培训制度要求，或是对员工培训制度的说明讲解不够。

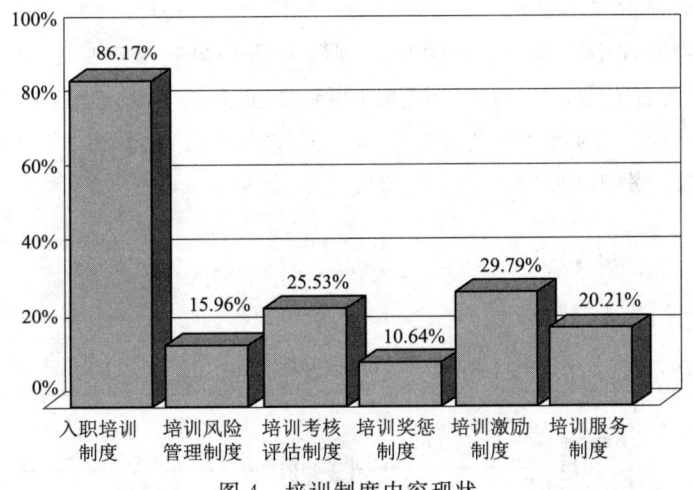

图 4　培训制度内容现状

3. 培训流程不规范

培训流程主要体现在培训执行过程中，它是企业培训的关键，流程实施不好会造成整个培训的低效。目前，我国培训流程中的问题体现在以下方面：

（1）培训需求不清晰

如图 5 所示，在对 145 名电商员工进行的问卷调查中，题项"您认为所在公司培训内容的选择是否科学合理?"的调查数据显示：58.51％的被调查人员认为合理度一般，还有 3.19％的被调查人员认为培训内容是不合理的。

培训需求不清晰可能由两方面造成。其一，员工不知道自己需要什么。由于信息的不对称和不完整性，也可能受到表达沟通能力的局限，他们无法准确表达自己需要哪些方面的知识和技能。其二，企业对内没有与员工进行深入沟通，不了解员工需求；对外不清楚市场发展现状、发展趋势和市场需求。

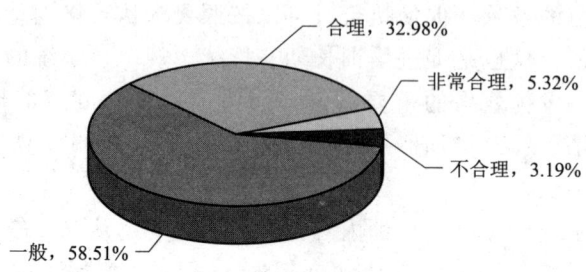

图 5　培训内容合理性分析

（2）培训方式不灵活

在问卷调查中，专题讲座法和案例研究法是最受员工接受的培训方式，选择率分别都达到了 50％，模拟训练法和头脑风暴法的选择率都为 29.79％，教授式的选择率为 13.83％，工作指导法占到 23.4％，研讨法和工作轮换法分别为 20.31％和 17.02％。

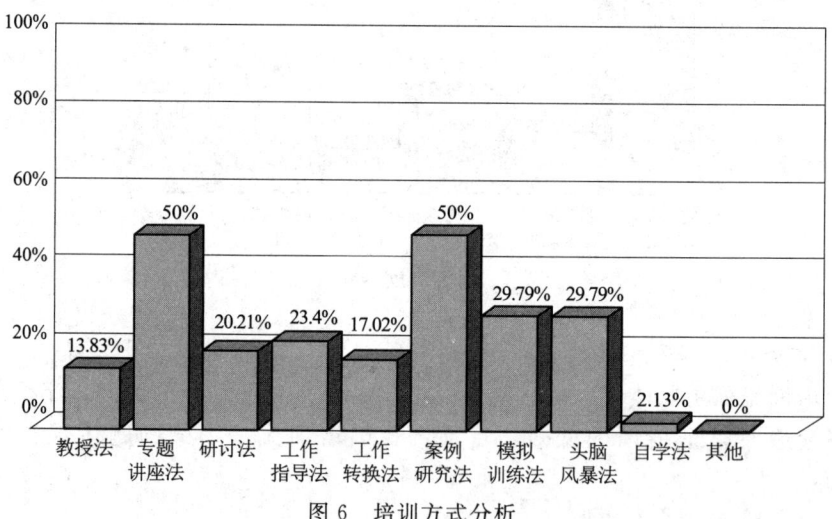

图 6　培训方式分析

当前企业中最常用的培训方式是课堂教授和案例研究两种方式，但这两种方式已经不能满足培训的需要，并且不符合电商员工的个性特点。此外，由于培训对象的增加，采取课堂教授和案例讨论的方式更加不符合当前的需求。

（3）培训成果转化不受重视

培训不受重视最直接的原因有两个方面，一是培训成果转化时间长，二是培训成果转化率低。而在培训的过程中，培训成果转化这一环节往往也是被忽视的。电子商务行业发展迅速，机遇稍纵即逝，企业管理者希望培训实施后，员工能够快速掌握，并且最快地运用到现实中，获得可计量的成果，但是人的学习是一个过程，要跨过巩固知识的阶段是很不现实的。所以企业想要快速运用培训技能，必须加强引导培训成果的转化。

（4）培训评估机制不完善

培训评估做得不到位，主要体现在两个方面：一是培训评估没有涵盖到整个培训过程。培训评估分为事前评估、事中评估和事后评估，它涉及培训的各个环节。二是培训评估不科学。科学的培训评估应该是一个动态的过程，随着培训的推进，有针对性地提出改进意见。

通过问卷获得数据可以看出：只有 29.79％的被调查人员认为企业是把培训效果评估作为常态来做的，70.21％的被调查人员反映企业并没有严格执行培训评估。

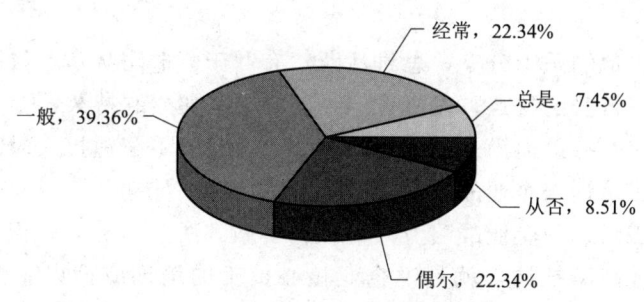

图 7　培训评估实施状况分析

三、电商企业员工培训体系对策分析

基于上述对培训流程中存在的问题及原因的相关分析，本章将结合电子商务核心员工培训的特点，从战略层、管理层和执行层等三个层面有针对性地提出对策和建议。

1. 从战略层面分析

（1）构建学习型组织，营造团队学习氛围

众所周知，彼德·圣吉的《第五项修炼》中提到的学习型组织的建立需要五个关键环节，包括自我超越、改善心智模式、建立共同愿景、群体学习和系统思考。根据分析，可以看出电子商务企业核心员工的特质更有利于企业建立学习型组织。首先，电子商务企业核心员工普遍具有较高学历，且平均年龄较低，他们具有很强的自我超越的诉求，心智模式和系统思维更具塑

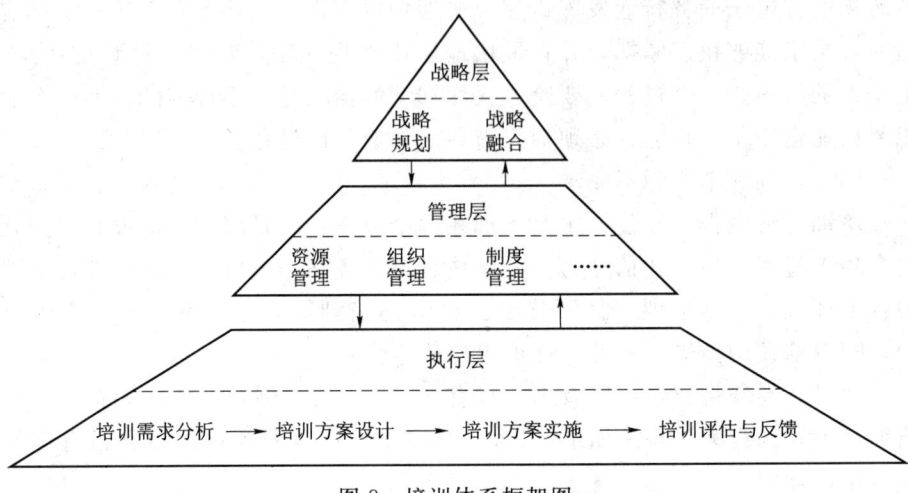

图 8　培训体系框架图

造性；其次，他们乐于分享，思维活跃，有利于营造团队学习氛围；关键在于企业要根据自身的特点，发挥优势，引导员工建立起持久、全方位的学习氛围，这是一个持续而漫长的过程，需要企业坚持不懈地投入时间和精力。

（2）员工培训与企业战略及人力资源其他模块挂钩

要使员工培训与企业战略及人力挂钩要做到两点：其一，把企业核心员工培训与企业战略挂钩，就是说企业核心员工的培训应该以企业战略为导向。把企业战略与核心员工培训挂钩，最主要表现在核心员工的人才梯队建设与培训内容的选择上。就是说在企业战略中，未来企业的发展规模是什么样的，它的业务重点是什么，针对发展规模和业务重点，需要多少人才，需要哪方面的人才，根据这一要求进行核心员工的培训。其二，核心员工培训与人力资源其他模块挂钩。企业的核心员工是企业重点保留的人力资源，在整个人力资源体系中应该同样具有核心的地位。核心员工的培训也应该是整个人力资源体系中的一部分，因而，必须把培训与其他模块挂钩。

2. 从管理层面分析

（1）建立全面的培训制度

培训制度是培训过程中的行为准则。重点在于分清权责，确保整个培训流程有条可依。培训制度通常包括培训的组织体系、培训的流程、培训的管理职能、培训计划、培训考核机制、培训实施流程、培训师规范、培训纪律、培训奖惩激励制度、培训资源管理等。培训制度的确定培训体系制度化关键环节，是培训体系长期、高效发挥作用的保证。

（2）业务管理者也是培训管理主体

盖洛普的一项调查显示：对于企业而言，人力资源管理最重要的工作是将人力资源管理活动渗透到企业机理中去。实现这一目标的唯一方法，是确保直线经理在员工管理中承担适当的责任（康至军，2013）。因而，在培训的各个环节，培训执行者应该重视直线经理的参与和作用，充分发挥直线经理对受训员工的影响作用。想要做到这些，就必须获得高层管理者的支持，并且完善相关的奖惩制度，激励、激发直线经理的主动性，强调他们对于下属员工的培训责任。

3. 从执行流程分析

（1）加强培训需求分析

结合胜任素质模型，提出"市场倒逼＋对标管理＋员工分析＋需求重构"的培训需求分析模式。其中"市场倒逼＋对标管理"可以理解为外部分析，也可理解为战略方面的分析；"员工分析＋需求重构"是一个递进的步骤，访谈之后，对访谈结果进行重新解构，可理解为内部调查，也是策略层面的培训需求调查。

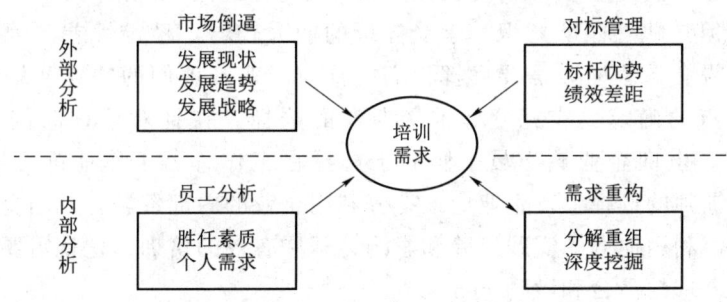

图9 培训需求分析模式图

① 市场倒逼

"市场倒逼"的方式就是以市场需求为标准反推出培训需求。它与基于企业战略和业绩目标的培训需求分析的差别在于它的动态性。主要研究行业的发展现状，发展趋势和企业的发展战略。

② 对标管理（Benchmarking）

电商行业中明显存在马太效应，"马太效应"是指在一个行业或领域内，多家公司竞争，最后总是只有综合实力最强的胜出并且获得全部优势。电子商务企业想要得到一席之地，想要不被淘汰，必须向标杆企业学习。主要是对比标杆企业的优势和绩效差距。

③ 员工分析

员工分析一般是通过考察员工当前工作绩效与要求工作绩效之间的差距，确定"谁应该接受培训"和"需要什么样的培训"。简单地说，人员分析的关键是找出哪些人员"不愿"，哪些人员"不能"，这样才能有针对性地设计培训方案（陈胜军，2012）。

④ 需求重构

需求重构的目的在于用不同角度看待问题。电子商务行业的发展速度很快，而且变幻莫测，要抓住问题的关键，必须在确定培训需求之前完成需求重构的工作。需求重构的过程就是"透过现象看本质"。

（2）培训方案设计

培训方案的设计过程就是以培训目的为出发点，用最经济的方式合理安排受训者在合适的时间、合适的地点，由合适的培训师，运用合适的方式，最大化的发挥培训效果的过程，也是一个不断协调分配培训资源，调整培训行为的过程。

培训课程的设置应该结合培训目标与学员特点，因人而异、循序渐进。电商企业员工年轻，富有创造力，乐于接受新鲜事物，具有一定的行业经验，但是缺乏团队意识，承受挫折的能力较弱，稳定性差。因而，在针对他们设置课程时，需要发挥他们的优点，避开他们的缺点。培训时间和培训地点的确定也应充分尊重受训者的选择。在针对培训时间与地点的调查中，电商企业核心员工倾向于选择在工作日、工作地进行培训。

在培训师的选择上，企业应该充分利用企业的内部资源，调动企业中的"大牛们"，利用他们的实践经验和影响力开展有效的培训，这就需要企业为他们提供合理的平台和激励。

在培训方式方面，在科技快速发展的今天，新的培训技术也层出不穷。当前，E-learning 正在很多企业广泛应用，特别是网络培训，已经成为培训的重要方式。相比之下，在职培训（J-learning）和课堂培训（C-learning）还有待发展，但是它们也是企业培训很重要的方式和选择。

（3）培训成果转化

当前，培训不受重视主要有两个原因：一是培训成果转化时间长，二是培训成果转化率低。这两点对于电子商务企业来说都是很致命的。因为电子商务行业发展迅速，技术与运营人员又处于不断变化的环境中，一项培训如果需要较长时间才能转化为成果，那么可能已经错过这项技能的最佳使用时间，培训就失去作用了，而成果转化率低更是最直接导致培训效果低下的原因。因而，企业需要设置一种更快速的培训成果转化机制。快速转化机制应该是相互联系、层层推进的。

这种机制需要做到以下几点：

① 营造较好的学习氛围，并且要求技术部门和运营部门的负责人全程参与。学者 Srewont 在 2007 年提出：学员的上司积极参与和投入到培训项目中，可使学员取得相当可观的进步；

② 建立学习进程档案，培训前明确培训目标，阐明培训期望；

③ 结合项目型的培训方式，在课程进行到每个阶段时，给出阶段成果，随时追踪，随时解决培训中遇到的困难；

④ 由上司进行监督和评估；

⑤ 评估结果与绩效、薪酬、晋升挂钩。

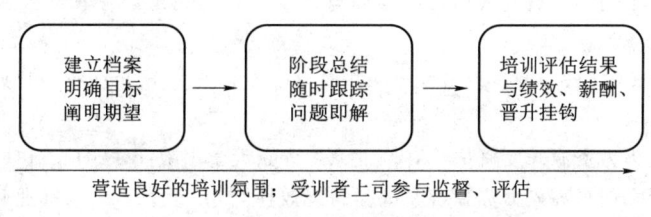

图 10　快速培训成果转化关键流程

（4）培训效果评估

很多学者对培训评估进行过研究，其中，柯氏模型是应用最广泛的，柯克帕克里特模型由浅入深，从反应层、学习层、行为层、结果层对培训进行评估，柯氏模型也是众多学者最为推崇的理论。其中，考夫曼五级模型就是在柯氏模型的基础上发展而来的。考夫曼认为，培训能否成功，培训前的各种资源的获得是至关重要的。另外，培训效果不仅仅只对本组织有益，还会作用于组织所处的环境，进而给组织带来效益，所以评估应该有五个层次，即加上评估社会和顾客的反应。结合电子商务发展速度快、市场复杂的特点，考夫曼的五级模型更适合电商企业核心员工培训的评估。

四、结语

电子商务企业存在其独特的地方，因而它的问题也有独特性，但是，其他企业也可能存在类似的问题，这些问题需要所有企业一起思考解决方法。培训体系的搭建是一个涉及方方面面、漫长的过程，企业必须结合其战略经营管理进行长期的规划，并且尽量掌握内外部环境的各种可控和不可控的因素，参考多种成功模型，多思索自身特质，才能够设计一套符合自身企业发展，并且能因时、因地、因人制宜的完善的体系。

（作者单位：北京物资学院劳动科学与法律学院）

参 考 文 献

[1] 赵曙明．人力资源管理与开发［M］．北京：高等教育出版社，2009．

[2] 叶阿次．扼住管理类培训体系的关键点［J］．中外管理，2012（9）．

[3] 彭剑锋．人力资源管理概论［M］．上海：复旦大学出版社，2011．

[4]［10］康至军．人力资源开发阅读地图［M］．南京：江苏人民出版社，2010，8（1）．

[5] 王淑珍，王铜安．现代人力资源培训与开发［M］．北京：清华大学出版社，2010，4（1）．

[6] 康至军．HR突破转型：跳出专业深井成为业务伙伴［M］．北京：机械工业出版社，2013，10（1）．

[7] 萧鸣政．人力资源开发概论［M］．北京：北京大学出版社，2014，1（1）．

[8] 何素梅．如何提高人力资源培训过程的有效性［J］．北京：北京林业管理干部学院学报，2005（4）．

[9] 卓玲．中小企业人力资源模式研究［J］．管理之道，2009（7）．

W公司实习生的主动性人格对
组织承诺影响研究

高　壹*

　　内容提要： 笔者凭借自身在W公司实习的机会，以W公司实习生为研究对象，以心理学领域变量主动性人格为自变量，管理学领域变量组织承诺为因变量，分别针对W公司实习生设计调查问卷，其中，主动性人格量表和组织承诺量表是借鉴之前成熟的问卷形成的。然后，笔者通过W公司内部沟通工具一对一的形式把问卷链接邀请填写，并请求帮助转发至其所在部门的其他同事帮忙填写，从数据来源更为可靠的方式尽量多获取数据，对研究结论提供精度支持。最后，本文通过SPSS17.0统计软件对回收的数据进行统计及分析，得出以下结论：W公司实习生的主动性人格对组织承诺存在中度相关性（组织承诺＝0.524×主动性人格＋2.070）。根据本文的研究结论，笔者从个体层面和组织层面为W公司实习生他们自身及W公司对他们的管理提供建议，主要包括：① 心理学领域存在不同变量对组织承诺或工作满意度产生相关影响。其中，对于W公司实习生而言，心理学变量主动性人格则作为重要的影响因素；② 作为想进入W公司实习的实习生则需要显示自己的主动性人格特征，即积极主动适应和改变环境，并能够为实习组织目标努力。③ 对于W公司对实习生的管理，主动性人格可作为招聘实习生或对实习生进行行为管理的参考依据，而主动性人格这一指标并不适用于对正式员工的筛选和组织文化建设。

　　关键词： W公司实习生　主动性人格　组织承诺

　　实际上，实习越来越成为学校、企业及学生本人等不同群体关注的话题。在学校看来，尤其是专科院校，实习是提高学校就业率的重要渠道和保

---

　　* 高壹（1989—），男，广东湛江人，硕士研究生，研究方向为人力资源管理。

证；于企业而言，尤其是经济实力雄厚的大规模企业，通过吸引在校生加入企业参与实习的措施把"琐碎之事"让实习生替代正式员工完成，这样一来不仅减少人力成本同时又有利于正式员工聚焦于企业战略的工作。此外，企业还可以依据实习过程考察实习生，根据企业及岗位的用人需求甄选合适人才，从而降低企业招聘培训等成本；站在学生本人的角度来看，实习不仅让自己有一笔小收入，减轻家里负担，而且实习能为学生提供提高能力的平台，积累工作经验，为毕业就业做好铺垫。因此，实习生群体逐渐成为企业的人力资源的重要组成部分。

在实习期间，笔者主要通过观察法和访谈法对实习生的想法和行为进行记录和分析，发现一种现象：性格略为内向的实习生与周边实习生或正式员工交流偏少，生活上与其他同事产生较少接触；性格外向的实习生对岗位工作表现得更加热爱，与正式员工及其他实习生更能"打成一片"，同时与主管相处得更融洽。笔者结合入离职数据分析，内向型实习生离职率较外向型的高。因此，笔者引入心理学的"主动性人格"理论研究 W 公司的实习生主动性人格对组织承诺的影响。

一、文献综述

1. 主动性人格

心理学，人格是指解释个体能够在不同社会角色下表现出与角色匹配行为的心理品质。早期人们认识人格只是建立在喻义之上（人格在希腊语中取面具之意），但随着深入研究，学者认为人格是构成个体区别与他人思想、情感及行为的，稳定而统一的心理特质。通过文献查阅，在了解主动性人格的基础上，笔者认为本研究的自变量主动性人格的含义与前辈的是类似的，是指进入 W 公司实习的每一个体具备在实际工作和生活上不受环境限制，积极主动寻找办法解决工作中的问题，并同时与其他同事和谐相处的生命特征。

为了定量地判断和评价个体是否具备主动性人格，Bateman & Grant (1993) 共同开发了主动性人格量表。该量表是由 17 个题项构成的单维结构量表，该量表采取 Likert 七点评定法（从非常不同意到非常同意依次得分为 1~7 分）对 17 个选题分析打分，若该个体的综合得分越高，则他的主动性人格的特征越显著。通过检验，该量表的信度和效度均达到指标要求，可以运用到实际测评。

此外，主动性人格可以作为自变量对其他变量产生直接影响。比如，国内学者叶莲花（2007）认为大学生的主动性人格对时间洞察力产生直接影响；主动性人格也可作为调节变量对因变量产生影响。比如，工作年限能够调节主动性人格与工作绩效的关系（温瑶，2008）；主动性人格也作为中介变量对其他变量影响。比如，大学生创业态度和创业效能感在主动性人格与创业意向之间起中介作用（陈美君，2009）；主动性人格对其他变量还具有调节效应。比如，主动性人格还能调节离职意向与主动离职行为的关系（Allen，2009），调节工作与家庭冲突（家庭干涉工作）与幸福感（生活满意度）的关系（Cunningham，2011）。

2. 组织承诺

自工业革命以来，随着组织规模的扩大，企业与员工之间的关系渐渐变得现实和非情感化，员工更倾向忠诚于自己，而不是组织。源于法约尔的管理思想，基于经济理性人的假设，美国学者贝克尔（Becker，1960）最早提出组织承诺的概念，认为组织承诺是员工随着对组织"单向投入"的增加而不得不继续留下，员工离职意向会减弱的一种心理现象。基于不同的研究出发点及分析问题角度，至今，学术界对组织承诺的定义尚未形成统一概念。通过组织承诺的文献综述，笔者认为本研究所涉及组织承诺的概念是指每个员工或实习生在情感和行为上愿意继续留在组织中，为实现组织（部门或团队）目标而愿意付出努力，包括三层含义：第一，员工对组织的一种行为倾向的体现，也是员工继续留职的一种信号；第二，员工的组织承诺是基于个体目标与组织目标在某一方面是一致的，这有利于促进员工工作和个人职业生涯发展；第三，除了情感上的表征外，员工行动是愿意为公司付出努力的，员工是能够驱动产生高绩效的。上述是员工对组织的组织承诺的重要依据。

随着越来越多学者重视以组织承诺作为变量进行研究，试图从定性分析到定量分析，先后进行组织承诺量表开发、测试及使用。首先是 Porter（1974）等学者组织开发了组织承诺量表（长版本与短版本），主要包括努力承诺、留人承诺与价值承诺三个方面。Mowday（1979）等学者以情感认同作为组织承诺量表的主要构成。20 世纪 90 年代，以 Allen、Meyer（1991）为代表的学者倾向采用三维组织承诺量表。在国内学者结合国情将三维组织承诺量表简化为二维度量表，只包括"情感承诺"和"继续承诺"；基于中国问卷背景，国内学者凌文栓和张治灿（2001）研究设计了基于中国文化的"中国职工组织承诺问卷"。本研究的组织承诺量表是采用 12 题项的量表问卷，此量表的依据来源于雷巧玲（2008）。

文献研究显示，根据组织承诺与其他变量的关系，对组织承诺产生影响的要素大略分为前因变量、结果变量和相关变量。通俗地讲，前因变量是指引导员工对组织产生组织承诺；结果变量是指因组织对员工承诺的实现而使得员工对组织承诺增加。相关变量是指组织承诺作为中介变量或调节变量等参与其他变量之间的关系研究。Reichers（1985）运用定性文献梳理法整理了影响组织承诺的前因变量、结果变量及相关变量等研究成果。Mathieu（1990）运用定量分析法总结了影响组织承诺的前因变量、结果变量和相关变量。

二、W 公司实习生的特征

根据笔者在 W 公司实习的机会，对周边或认识的实习生的行为、态度及情绪等方面进行观察记录，结合笔者面向 W 公司实习生进行毕业论文的问卷调查的数据分析，得出以下关于 W 公司实习生的特征：

第一，没日没夜加班。在 157 份有效的 W 公司实习生的调查问卷中，超过一半的问卷填写者认为 W 公司实习生特征之一为加班。实际上，整个互联网的实习生或正式员工都处于加班或被加班的状态。这一特征明显区别于非互联网行业，尤其是与传统行业具有明显的差异。加班不是因为工作任务量大完成不了而产生的加班。比如说，W 公司是一家门户网站性质的互联网公司，天天更新，乃至时时更新成为常态，所以不管是实习生还是正式员工都面对没日没夜的加班。加班问题背后隐藏的问题即为工作节奏快。正是因为在 W 公司工作的节奏很快，总会产生做不完的需求，催生做不完的工作，引起加班加点的工作常态。这也导致近些年来的过劳等问题。

第二，注重创新。尽管创新是大众词汇，不管是个人还是企业都在讲究创新，但是在互联网公司，没有创新就活不下去。据笔者的实习观察，大多工作以项目制的形式展开，每一个项目意味着一个方案，一个可执行的创意。比如说采购一款纪念品。按照常规做法，联系供应商，提出需求，再从供应商提供的纪念品款式进行挑选，最后定稿。可在 W 公司实习，笔者发现，在 W 公司，不仅仅是按照需求完成纪念品采购工作，而且纪念品还一定要与众不同，要融入自己的创意，为此，甚至进行三四场讨论会。在 157 份的实习生调查问卷中，约 74.2％的实习生提及创新是互联网实习生的重要特征之一，有些从互联网发展迅猛的角度解读创新的必要性，有的从互联网业务多元化分析创新的重要性，互联网公司越来越多，从产品到营销的竞争愈加激烈，唯有创新可立于市场不败之地。

第三，"屌丝"文化。当提及 W 公司，大多数人认为 W 公司是一家无节操，无下限的企业。从正式员工到实习生都释放着"屌丝"的文化气息。不管是平时的企业文化宣传还是项目运行，W 公司对内容的无节操无下限并没有克制。比如说，年会视频宣传片里允许出现基情剧情和无节操的桥段，且故事情节均由 W 公司高管完成。在如此氛围的熏陶下，W 公司的实习生同样开放，无所禁忌。"屌丝"是该公司明显的特征，在 W 公司实习的学生大多表现为轻松自由开放。

第四，要求具备快速学习能力。互联网整个行业发展迅速，催生互联网企业的数量和规模的发展。业务的多样化促使企业对人才的渴望。其中，快速学习能力是互联网人相当重要的品质。在 W 公司，上级是没有充足时间或耐心指导实习生工作的，从实习生入职开始，绝大部分工作技巧靠自己摸索。这则要求 W 公司实习生能够具备快速学习能力，这是区别于其他行业的重要因素之一。

第五，时间自由，来去自如。较于传统行业而言，互联网工作没有严格的上下班时间，按照自己的任务量自行安排时间，可以早到早走，也可以晚到晚走，甚至是允许在家办公。对于 W 公司实习生而言，上班时间轻松自如是一大特色。因为 W 公司实习生另一大特色是实习生队伍以编辑类及技术类为主，而这两类实习岗位在上班时间上最不受约束。技术开发是典型的弹性上班制。

整体上，作为互联网公司的 W 公司的实习生具备互联网人包括实习生和正式员工的基本特征，如创新、弹性上班等。W 公司区别于其他行业和其他互联网公司的是编辑类实习生所占比例较大，因此实习生团队中女性多于男性。此外，屌丝＋基情的无节操无下限的公司文化给予实习生的教育凸显不同特征。

三、W 公司实习生的主动性人格对组织承诺的影响研究

1. 变量定义及测量

本研究主要涉及的变量是主动性人格和组织承诺。通过文献研究，笔者将主动性人格定义为自变量，组织承诺定义为因变量。变量的操作性定义以及所使用的量表如表 1 及表 2 所示。

表 1　W 公司实习生的主动性人格量表

变量	题　项	编号
主动性人格（PAP）	我会经常寻找新方式来改善我的生活	PAP1
	无论我在哪里，我都能够主动适应并改变环境	PAP2
	看到我的想法能够付诸实践，我很高兴	PAP3
	如果我遇到自己不喜欢的事情，我就会想方设法改变它	PAP4
	不管怎样，只要我认定的事就一定会努力去实现	PAP5
	我喜欢我的想法占上风，尽管可能会与他人不一致	PAP6
	我很善于发现机会	PAP7
	我总在寻找更好的解决问题的方法	PAP8
	只要有信念，没有什么困难能够影响我	PAP9
	能比别人更早发现好机会	PAP10

表 2　W 公司实习生的组织承诺量表

变量	题　项	编号
组织承诺（OC）	我愿意为现实习公司付出更多努力帮助其成功	OC1
	我会告诉朋友我现实习公司是一家值得效劳的公司	OC2
	我对现实习公司没什么忠诚可言	OC3（R）
	我发现自己的价值观和现实习公司的价值观非常相似	OC4
	当我向别人提起自己是这家实习公司的一员时，我感到非常骄傲	OC5
	只要其他公司有类似的工作，我就会跳槽	OC6（R）
	这家实习公司真正能够鼓舞我，激励我发挥所长	OC7
	我很庆幸实习时选择在这家公司实习	OC8
	继续在这家公司实习对我没什么好处	OC9（R）
	我十分关心现实习公司的发展前途	OC10
	现实习公司是我实习过的最好的一家	OC11
	选择在这家公司实习是我做出的错误决定	OC12（R）

资料来源：根据 Mowday（1979）整理

2. 问卷设计

选取自变量主动性人格和因变量组织承诺后，笔者选择"个人信息"和"实习信息"作为本问卷的控制变量，如表 3 实习信息及表 4 个人信息。

表 3　实习信息

题目	选　项				
是否了解学校实习制度？	非常不了解	不了解	一般	了解	非常了解
实习意愿	非常不想	不想	一般	比较想	非常想
实习次数	第一次	第二次	第三次及以上		
实习类型	技术类	编辑类	市场类	职能类	产品类
实习与专业相关性	非常不相关	不相关	一般	相关	非常相关
实习满意度	非常不满意	不满意	一般	满意	非常满意

表 4　个人信息

题目	选　项			
性别	男	女		
年龄	20 岁以下	20～25 岁	25 岁以上	
学校	国外	重点院校	普通院校	
学历	本科以下	本科	硕士	硕士以上
户籍	国外	城镇	农村	

在梳理文献的基础上，笔者运用了国外成熟的主动性人格量表和组织承诺量表并结合本文研究内容进行修改，问卷编制采用的是结构式封闭型问卷，以李克特式（Likert）量表的形式，即"1＝非常不符合，2＝不太符合，3＝基本符合，4＝比较符合，5＝非常符合"，完成初始问卷的设置。完成初始问卷后，笔者邀请导师和 W 公司 HR 经理对初始问卷进行评估，在导师的指导下完成了较符合本文研究需要的调查问卷。

3. 问卷预测试

笔者将初始问卷以邮件的方式发给笔者的朋友及同事进行填写，因为如果他们能够对每一道题目完全理解，没有产生歧义，那么，正式发布问卷后，获取的数据将是有效的。在发放初始问卷之前，笔者对问卷调查目的进行了详细阐述，保证问卷调查信息是匿名的且承诺 100％保密，引导问卷填写者尽可能如实填写。

在发放正式问卷之前，笔者采取问卷预测试的方式确保问卷的质量。笔者将初始问卷以电子邮件的形式发送给 W 公司同事及同学朋友。预测试时，笔者共发出调查问卷 30 份，回收了 30 份，其中有效问卷 30 份。根据预测试的反馈信息，笔者对问卷进行修改，删除了有重复含义的题目，替换用词不当的词语，对不通顺语句进行修改。最后，将问卷前部的个人信息调整至最后，更好保护问卷填写者的隐私。主动性人格有 10 个题，组织承诺有 12 个题，实习信息 6 题，个人信息 5 题，共 33 个题项。通过预测试，笔者对问卷各题目的晦涩表达和学术化语言进行了修正，确保问卷上的各题目意思明确且语句通顺，形成了正式问卷。然后，笔者凭借 W 公司实习生的身份通过 W 公司内部沟通工具一对一把问卷链接发给正式员工，邀请其匿名填写，获取进行本论文研究数据。

4. 信度分析

本研究采用的是克伦巴哈（Cronbach，1951）提出的 α 系数对问卷进行信度分析。理论上，Cronbach's α 系数多用于态度和意见式问卷。学术界默认，若 α＜0.35，则说明问卷的可靠性较低；若 0.35≤α＜0.7，则为尚可；若 α≥0.7，则说明问卷具有较高的可靠性。笔者采用 SPSS17.0 对问卷的信度进行检验，计算 W 公司实习生主动人格量表和组织承诺量表的 Cronbach's α 系数，如表 5 所示。

表 5　　W 公司实习生主动性人格量表和组织承诺量表信度分析（n＝157）

	名　　称	Cronbach's α 系数	题目数	处理方式
自变量	主动性人格（PAP）	0.887	10	接受
因变量	组织承诺（OC）（含逆向题）	0.920	12	接受

由表 5 可得出，W 公司实习生的主动性人格量表共 10 道题目，Cronbach's α 系数为 0.887；组织承诺量表共 12 道题，其中有 4 道题目为逆向题目，Cronbach's α 系数为 0.920。显然，两量表的 Cronbach's α 系数均大于 0.7，这说明本问卷具有较高的内部一致性，信度得以验证。

5. 效度分析

根据 Kaiser（1974）观点可知，适当性数值 KMO 的大小可以用来判断问卷能否进行因素分析，即结构效度的优劣。一般而言，若 KMO 值大于 0.90，则说明题目与题目之间适合进行因素分析；若 KMO 统计值大于 0.80，则说明量表适合进行因素分析；若 KMO 值大于 0.70，则可以进行因素分析；但若 KMO 统计值仅大于 0.60，则可以勉强进行因素分析，若 KMO 值在 0.60 以下，则不适合进行因素分析。笔者采用 SPSS17.0 软件对问卷所涉及的主动性人格量表和组织承诺量表进行了效度分析，如表 6。

表6　W公司实习生的主动性人格量表的效度分析（n＝157）

KMO 和 Bartlett 的检验		
取样足够度的 Kaiser-Meyer-Olkin 度量		0.872
Bartlett 的球形度检验	近似卡方	795.712
	Df	45
	Sig.	0.000

笔者采用 SPSS17.0 统计软件对 W 公司实习生的主动性人格量表中的10 个题项进行 KMO 检验和 Bartlett 球形检验。结果如表 6 所示，KMO 值为 0.872，Bartlett 球形检验的卡方值为 795.712（p＜0.01），Sig.＜0.000，因此，主动性人格量表的 10 个题项适合进行探索性因子分析。

6. W公司实习生问卷调查样本的描述性统计

本文是以 W 公司实习生为研究对象，通过问卷星制作问卷量表，再通过 W 公司使用的内部沟通工具采取一对一的方式把问卷链接发给实习生，邀请其匿名填写。此外，让实习生同事继续转发给自己部门的其他实习生完成问卷填写。据统计，共发放问卷链接邀请 150 人，回收问卷 171 份，去除无效问卷，所得有效问卷为 157 份，有效问卷率为 91.8%。问卷内容分四部分：第一部分：实习信息；第二部分：主动性人格量表；第三部分：组织承诺量表；第四部分：个人信息。本文通过 SPSS17.0 对有效回收问卷进行描述性分析，如表 7 及表 8 分别是问卷填写者的个人信息及其实习信息。

表7　W公司实习生的基本信息（n＝157）

样本特征		样本频率（份）	有效百分比	累积百分比
性别	男	69	43.9%	43.9%
	女	88	56.1%	100.0%
年龄阶段	20 岁以下	2	1.3%	1.3%
	20~25 岁	141	89.8%	91.1%
	25 岁以上	14	8.9%	100%
毕业院校	国外	3	1.9%	1.9%
	重点院校	119	75.8%	77.7%
	一般院校	35	22.3%	100.0%
最高学历	本科以下	1	0.6%	0.6%
	本科	84	53.5%	54.1%
	硕士	70	44.6%	98.7%
	硕士以上	2	1.3%	100.0%

续表

样本特征		样本频率（份）	有效百分比	累积百分比
户籍	国外	3	1.9%	1.9%
	城镇	104	66.2%	68.2%
	农村	50	31.8%	100.0%

表 8　W 公司实习生的工作信息（n＝157）

样本特征		样本频率（份）	有效百分比	累积百分比
对学校的实习安排了解	非常不了解	6	3.8%	3.8%
	不了解	14	8.9%	12.7%
	一般	30	19.1%	31.8%
	了解	72	45.9%	77.7%
	非常了解	35	22.3%	100.0%
实习意愿	非常不想	2	1.3%	1.3%
	不想	3	1.9%	3.2%
	一般	12	7.6%	10.8%
	比较想	39	24.8%	35.7%
	非常想	101	64.3%	100.0%
实习次数	1 次	54	34.4%	34.4%
	2 次	55	35.0%	69.4%
	3 次及以上	48	30.6%	100.0%
实习类型	技术类	51	32.5%	32.5%
	编辑类	70	44.6%	77.1%
	市场类	4	2.5%	79.6%
	职能类	12	7.6%	87.3%
	产品类	20	12.7%	100.0%
实习与专业相关性	非常不相关	9	5.7%	5.7%
	不相关	23	14.6%	20.4%
	一般	30	19.1%	39.5%
	相关	55	35.0%	74.5%
	非常相关	40	25.5%	100.0%

样本特征		样本频率（份）	有效百分比	累积百分比
实习满意度	非常不满意	1	0.6%	0.6%
	不满意	4	2.5%	3.2%
	一般	25	15.9%	19.1%
	满意	88	56.1%	75.2%
	非常满意	39	24.8%	100.0%

从表 7 可知本次问卷调查样本的个人信息的基本情况。从性别来看，在 W 公司实习的是女生多于男生，但比例接近 1∶1，此比例数据与 W 公司实际实习生的男女比例一致，这与 W 公司属于门户网站性质的互联网公司有关。从表 8 中实习生的工作信息的描述性统计表和工作岗位比例可知，编辑类是 W 公司工作岗位的重点，此类以女性居多，技术类则以男性居多。从所调查对象的年龄分布来看，20～25 岁实习生占 89.8%，这符合实习生的年龄阶段，也证明数据获取来源真实可靠。从学历来看，W 公司的实习生是以本科和硕士为主，两者比例接近 1∶1，本科以下及硕士以上几乎没有人。从学校分布情况分析，重点院校占比超过样本数的 3/4，高达 75.8%，一般院校则比想象的比例还低，这应与 W 公司在国内具备品牌的大型互联网公司的定位有关。最后，从个体的户籍来分析，显然，城镇户籍的实习生超过一半（66.2%），其次是农村的（31.8%），此外还有个别的是国外户籍的。笔者通过 SPSS 的交叉表分析发现，重点院校的实习生中，城镇户籍的比农村户籍的多一倍多；重点院校的实习生样本中，硕士人数大于本科人数，而在一般院校的实习生中，本科人数远远大于硕士人数，这可能因为 W 公司在筛选实习生时并没有特别重视学校背景。根据笔者分析 W 公司实习生名单的数据来看，整体上而言，本次针对 W 公司实习生的问卷调查的参与者分布情况与 W 公司实习生分布情况是类似的。

从表 8 中可以了解到 W 公司实习生样本的实习情况。在本次问卷调查对象中，W 公司的实习生中有约 68.2% 的学生对其学校对实习安排是了解的，约 12.7% 的同学是不了解的。这说明在 W 公司实习的同学们大多为循规蹈矩的学生。当问及实习意愿时，W 公司的实习生 89.2% 表示很想参与实习，不想参加实习的比例低至 1.9%。由此可知，实习对学生尤其是应届生而言是非常有需求的。对于实习次数，W 公司实习是他们第三次或以上的占比为 30.6%，表示是第一次实习和第二次实习的人数接近。据笔者对

W 公司实习生入离职数据分析，W 公司实习生分布大多在编辑和技术（运营）上。在本次实习生的问卷调查中，编辑类（44.6%）第一，其次是技术类（32.5%），最低的是市场类（2.5%），这与整体数据分布类似，也证明问卷调查来源的真实性。在问及"实习与专业的相关性"问题时，填写问卷调查的 W 公司实习生人群中，大约 5.7% 的人认为非常不相关，不相关的比例为 14.6%，相关的比例为 35.0%，有 25.5% 的认为实习与专业是非常相关。这一比例数据与笔者想象的一样，技术类的实习生认为非常相关的贡献基本是 25%，这与实际认识是相符的，也与 W 公司实际情况是匹配的。对于实习满意度的简单调查，满意度结果出乎意料，约有 80.9% 的实习生满意 W 公司实习，其中，非常满意的比例达到 24.8%，而非常不满意的约占 0.6%，不满意的占 2.5%。这说明 W 公司的实习生的实习满意度很高。

7. W 公司实习生的主动性人格与组织承诺的相关分析

相关性分析是指对两个或多个具备相关性的变量元素进行分析，从而衡量两个变量因素的相关密切程度。本研究重点是研究 W 公司实习生的主动性人格对组织承诺的影响。为验证自变量主动性人格对因变量组织承诺是存在显著相关的，笔者采取 Pearson 相关分析法研究 W 公司实习生的主动性人格对组织承诺的影响，如表 9。从 Pearson 分析结果来看，在 0.01 水平（双侧）上显著相关，主动性人格与组织承诺之间是显著正相关的，即 $p < 0.01$ 时，主动性人格对组织承诺是显著相关的。

表 9　W 公司实习生的主动性人格对组织承诺的相关分析

		组织承诺	主动性人格
组织承诺	Pearson 相关系数	1	0.510**
	显著性（双侧）		0.000
	N	157	157
主动性人格	Pearson 相关系数	0.510**	1
	显著性（双侧）	0.000	
	N	157	157

注：** 表示在 0.01 水平（双侧）上显著相关。

8. W 公司实习生的主动性人格与组织承诺的回归分析

回归分析是确定两种或两种以上变量间相互依赖的定量关系的一种统计分析方法。本文采取的是线性回归分析。由 Pearson 相关分析结果显示，自变量主动性人格与因变量组织承诺是存在显著的正相关关系的。笔者认为主动性人格对组织承诺的影响程度到底是多大，笔者引入 SPPS 的逐步回归分析法，将主动性人格作为自变量，以组织承诺为因变量，在 SPSS 逐步相关分析法的基础上，对自变量与因变量之间的关系进行进一步的分析，试图找到最接近 W 公司实习生的主动性人格对组织承诺影响的预测模式。

笔者在 SPSS 中对模型自变量与因变量进行逐步回归分析时，主动性人格对组织承诺的回归模型中，模型适应度及回归分析结果如表 10 及表 11 所示。

表 10　W 公司实习生的主动性人格对组织承诺的回归分析

（模型适应度[b]）				
模型	R	R^2	调整的 R^2	标准估计的误差
1	0.510[a]	0.260	0.255	0.563 55

注：a 预测变量（常量）：主动性人格

b 因变量：组织承诺

表 11　W 公司实习生的主动性人格对组织承诺的回归分析结果

模型	非标准化系数		标准系数	t	Sig.
	B	标准误差	Beta		
1（常量）	2.070	0.271		7.648	0.000
主动性人格	0.524	0.071	0.510	7.375	0.000

根据表 10 及表 11 数据显示，W 公司实习生主动性人格的统计数据 Sig. 均小于 0.01，是显著相关的。主动性人格对组织承诺的正向影响（B＝2.070，Sig. ＝0.000＜0.01），调整后的联合解释变异量 R^2 为 0.271，这表明主动性人格可以解释 27.1％的组织承诺的变量。F 值所对应的 Sig. ＝0.000＜0.01，这表明回归方程（组织承诺＝0.524×主动性人格＋2.070）整体是显著相关的，标准化系数有意义。因此，主动性人格可以作为 W 公司实习生组织承诺的预测指标。

四、结论与未来研究

笔者凭借自身在 W 公司实习的机会，结合亲身实习实践，提出研究 W 公司实习生的主动性人格对组织承诺的影响研究。通过设计问卷、问卷预测试、正式问卷发布及回收数据通过 SPSS 分析等研究过程，得出以下结论：W 公司实习生的主动性人格对组织承诺存在正向相关关系。W 公司实习生实习满意度对组织承诺存在一定的正向相关性（r＝0.365）。由 Pearson 相关分析可知，对于 W 公司实习生的自变量主动性人格对因变量组织承诺是显著相关（r＝0.510）。由回归分析可知，自变量对因变量的回归方程可以表示为：组织承诺＝0.524×主动性人格＋2.070。由回归系数可见，W 公司实习生的主动性人格对组织承诺的相关程度表现为中度相关。这说明对于 W 公司的实习生而言，主动性人格可作为一个实习生获取和配置的条件要素。

笔者分别从个人层面和企业层面为 W 公司对实习生的管理提出建议：想要来 W 公司实习，最好是具备主动性人格的个体，或者至少在 W 公司对实习个体进行测试时能够表现出主动性人格。另外，笔者建议进入到 W 公司实习的实习生们在工作生活等要显示出主动性人格，即积极主动适应并影响周边环境，否则可能会影响到实习生实习工作满意度，从而影响组织承诺。从 W 公司对实习生的管理角度来看，除了利用薪资、工作环境等方面作为吸引实习生的要素外，W 公司可以从实习生本身的特质进行吸引和管理。因此，笔者认为 W 公司在引进实习生时，即招聘实习生时，加强对实习生主动性人格的识别或测试。因为主动性越强的实习生，对公司的组织承诺越明显，呈现较好的线性回归关系。

根据上述提及的论文不足，笔者在导师、校内校外学术专家和企业 HR 从业者的指导下对本研究进一步思考，认为未来研究主要体现在以下三个方面：

第一，完善量表。本研究所采取的量表尽管经受了学术前辈的验证，但面对互联网和中国国情，主动性人格量表和组织承诺量表应需与时俱进，开发出符合我国互联网从业者或实习生的量表。

第二，增加样本数量。借助在 W 公司实习的机会，通过内部关系让更多实习生填写问卷，获取大数据，才能保证分析结果与 W 公司的实际情况是吻合的，是能够为 W 公司对实习生的管理提供可依赖的数据支撑。

第三，深入研究自变量、中介变量及因变量。本文以 W 公司实习生为研究对象，提出单个自变量和单个因变量，控制变量则为常见的且对因变量基本不会产生影响的变量。但实际上，某一个因变量是由多个自变量综合产生的。在下一步研究中，笔者认为有必要提取出 2～3 个要素作为并列的自变量进行研究。

（作者单位：北京物资学院劳动科学与法律学院）

参 考 文 献

［1］闫燕．海归知识员工组织支持感和主动性人格对组织承诺的影响研究［D］．成都：
西南财经大学，2012.

［2］Bateman TS.，Crant JM. The proactive component of organizational behavior：A
measure and correlates［J］. Journal of Organizational Behavior，1993，14（2）：
103－110.

［3］Van Dyne，Morrison. Proactive Personality：take voice and take charge［J］. Journal
of Applied Psychology，1998，51（3）：27－35.

［4］Morrison Chan. Interactive Effects of Situational Judgment Effectiveness and Proactive
Personality on work Perceptions and work Outcomes［J］. Journal of Applied
Psychology，1999，91（2）：475－481.

［5］Crant J. M. The Proactive Personality Scale and Objective Job Performance Among
Real Estate Agents［J］. Journal of Applied Psychology，1996（88）：532－537.

［6］Kirkman B L，Rosen B. Beyond self-management：Antecedents and consequences of
team empowerment［J］. Academy of Management Journal，1999，42（1）：58－74.

［7］Allen ，Cober R T，Kane K，et al. Proactive personality and the Successful job
Search：A field investigation with college graduates［J］. Journal of Applied
Psychology，2009，91（3）：717－726.

［8］Cunningham MI. The concept of personal initiative：an overview of validity studies
［J］. Human Performance，2011（14）：97－124.

［9］Beeker，H. S. Notes on the concept of commitment［J］. American Journal of
Sociology，1960，66：32－42.

［10］Sheldon. Taxonomy of organizational justice theories［J］. Academy of management
review，1971，12：9－22.

［11］Porter，L. W，R. M.，Boulian. Organizational commitment，Job Satisfaction，and
Turnover Among Psychiatric Technicians［J］. Journal of Applied Psychology，
1974，59（17）：603－609.

［12］Buchanan. Building organizational commitment：The socialization of managers in
work organizations. Administrative Science Quarterly，1974：533－536.

［13］孙健敏，李原．组织行为学［M］．上海：复旦大学出版社，2005.

［14］王晶晶．组织承诺研究评述［J］．武汉市经济管理干部学院学报，2009，16（3）：
29－34.

［15］凌文轻，张治灿，方俐洛．影响组织承诺的因素探讨［J］．心理学报，2001，33
（3）：259－263.

［16］雷巧玲．企业雇员组织承诺三因素模型实证研究［J］．南开管理评论，2002（5）：

70－75.

[17] 邱皓政. 量化研究与统计分析——SPSS 中文视窗版数据分析范例解析 ［M］. 重庆：重庆大学出版社，2014.

附录一：

W 公司实习生的主动性人格对组织承诺的影响研究调查问卷

您好，现针对 W 公司实习生对公司的认可程度进行问卷调查，旨在了解实习生特征及现状，从而提供激励方案，帮助成长。本问卷采取匿名填写，大胆填写即可，同时承诺对您的信息 100％保密。

第一部分：实习信息

1. 您对学校的实习工作流程及相关规定是否了解？

A. 非常不了解　　　　　B. 不了解　　　　　C. 一般

D. 了解　　　　　E. 非常了解

2. 实习意愿

A. 非常不想　　　　　B. 不想　　　　　C. 一般

D. 比较想　　　　　E. 非常想

3. 实习次数

A. 第一次　　　　　B. 第二次　　　　　C. 第三次及以上

4. 实习岗位类型

A. 技术类　　　　　B. 编辑类　　　　　C. 市场类

D. 职能类　　　　　E. 产品类

5. 实习岗位与专业的相关性

A. 非常不相关　　　　　B. 不相关　　　　　B. 一般

D. 相关　　　　　E. 非常相关

6. 实习满意度

A. 非常不满意　　　　　B. 不满意　　　　　C. 一般

D. 满意　　　　　E. 非常满意

第二部分：主动性人格量表

此问题所表达的内容与您的真实感受的符合程度如何，其中 1 代表非常不符合，2 代表不太符合，3 代表基本符合，4 代表比较符合，5 代表非常符合。

（1）我会经常寻找新方式来改善我的生活。

（2）无论我在哪里，我都能够主动适应并改变环境。

（3）看到我的想法能够付诸实践，我很高兴。

（4）如果我遇到自己不喜欢的事情，我就会想方设法改变它。

（5）不管怎样，只要我认定的事就一定会努力去实现。

（6）我喜欢我的想法占上风，尽管可能会与他人不一致。

（7）我很善于发现机会。

（8）我总在寻找更好的解决问题的方法。

（9）只要有信念，没有什么困难能够影响我。

（10）能比别人更早发现好机会。

第三部分：组织承诺量表

此问题所表达的内容与您的真实感受的符合程度如何，其中 1 代表非常不符合，2 代表不太符合，3 代表基本符合，4 代表比较符合，5 代表非常符合。

（1）我愿意为现实习公司付出更多努力帮助其成功。

（2）我会告诉朋友我现实习公司是一家值得效劳的公司。

（3）我对现实习公司没什么忠诚可言。

（4）我发现自己的价值观和现实习公司的价值观非常相似。

（5）当我向别人提起自己是这家实习公司的一员时，我感到非常骄傲。

（6）只要其他公司有类似的工作，我就会跳槽。

（7）这家实习公司真正能够鼓舞我，激励我发挥所长。

（8）我很庆幸实习时选择在这家公司实习。

（9）继续在这家公司实习对我没什么好处。

（10）我十分关心现实习公司的发展前途。

（11）现实习公司是我实习过的最好的一家。

（12）选择在这家公司实习是我做出的错误决定。

第四部分：个人信息

1. 性别

A. 男　　　　　　　B. 女

2. 年龄

A. 20 岁以下　　　B. 20～25 岁　　　C. 25 岁以上

3. 学历

A. 本科以下　　　B. 本科　　　　　C. 硕士　　　　　D. 硕士以上

4. 学校

A. 国外　　　　　B. 重点院校　　　C. 普通院校

5. 户籍

A. 国外 　　　　B. 城镇 　　　　C. 农村

第五部分：问答题

您认为 W 公司的实习生有什么特征？

问卷到此结束，再次感谢您的配合，祝您工作顺利！

基于企业文化的人力资源管理研究

张睿成 *

内容提要：本文重点分析了企业文化管理背景下的人力资源管理的相关问题。从企业文化管理和人力资源管理的内涵出发，先讨论企业文化与人力资源管理的关系，进而建立企业文化对人力资源管理工作的作用机制，最后再讨论企业如何在文化建设背景下顺利开展人力资源管理工作。

关键词：企业文化　人力资源管理　企业管理

知识经济时代企业间的激烈竞争日益表现为人才的竞争，人才的竞争已经成为企业取得竞争优势的关键资源，然而单单只拥有人才资源对企业来讲还是不够的，需要对人才进行识别、使用和合理配置才能更好地发挥人才优势，这就是企业人力资源管理所要发挥的作用。进行人力资源管理必须要有正确的理念作为指导，企业文化建设无疑成为指导人力资源管理活动的理论指引。本文以企业文化建设为出发点探讨人力资源管理中存在的问题及提升管理的措施。

一、企业文化与人力资源管理的内涵

企业文化就是一个企业或公司在长期的运营过程中所形成的企业特有的价值观、道德规范、传统风俗、文化观念等，企业受到企业文化的潜在影响逐渐形成自己特有的生产方式和经营体系。其内涵可以分为三个方面：企业文化物质层面的建设，如企业文化硬件、软件、环境等环节的建设；企业的管理制度、管理体系方面的建设，建设具有企业特色的规章管理制度体系；精神方面建设，精神方面主要包括企业的价值观、精神、道德品质等方面，

---

* 张睿成（1981—），男，黑龙江人，硕士研究生，主要从事人力资源管理研究。

这是企业文化建设核心的环节，也是企业文化建设的灵魂工程。

人力资源管理指为企业能够实现目标所进行和采取的一系列有计划、具有战略意义的人力资源部署和管理行为。其内涵为：人力资源管理的战略性，即"契合性"，人力资源管理必须与企业的发展战略契合，同时整个人力资源管理系统各组成部分或要素相互间的契合；人力资源管理的系统性，是由人力资源管理政策、实践以及方法、手段等构成的一种战略系统；人力资源管理的目标导向性，通过组织构建将人力资源管理置于经营系统中，促进组织绩效最大化。

单单从内涵出发不足以阐明二者之间的相互联系和作用机制，无法将二者统一起来进行综合研究，因此，应先建立起企业文化建设与人力资源管理的互动机制。

二、企业文化与人力资源的关系

企业文化和人力资源管理存在一个共同点，那就是以人为本。从企业文化影响人力资源管理的视角看，企业文化对于人力资源管理起到引领作用；从人力资源管理影响企业文化的视角看，人力资源管理对企业文化起到支撑作用。

1. 共同点——以人为本

企业的文化归根结底是人的文化，企业的人塑造了企业的文化。所以，企业文化是不可能脱离人的，人这个元素是企业文化的核心。企业文化的核心价值，就是要实现企业内人员的价值，并通过个人价值的实现推动企业价值的实现。所以，最理想的企业文化是能够将个人价值的实现和企业价值的实现整合在一起，同时达成这两个实现。

人力资源管理把企业员工看成一种资源，通过合理的人员配置、有效的人力组织、科学的激励和惩罚措施，使得人尽其才地为企业服务，促成企业绩效的不断攀升。可见，人是企业人力资源管理的对象，企业人力资源管理的各项工作都要围绕人这个因素来展开。

至此，可以清晰地看出企业文化和人力资源管理的核心内容都是人，以人为本是二者的共同所在。只不过人力资源管理更倾向于用规章制度管理人的行为，而企业文化则注重从思想上管理人的行为。

2. 企业文化的引领作用——从企业文化到人力资源管理

企业文化作为企业的价值观、道德规范、传统风俗、文化观念等，以无形的方式贯穿于企业的运营之中，企业的各种日常活动包括人力资源管理活动在内，都不可能脱离已经形成的企业文化氛围而进行。从企业的内部看，企业的员工会很自然的遵循某种方式或习惯来开展自己的工作，企业的领导层会按照一定的程序来做出领导决策；从企业的外部看，企业员工的精神面貌、企业的公众形象、企业的办事方式等，都深深地打上了文化的烙印。

企业文化作为企业的灵魂，它的发展引领着人力资源管理的发展。积极创新的企业文化会营造重视创新的企业氛围，那么这个企业在未来发展中会拥有更多的机会；一个企业的文化总是墨守成规，这个企业在未来很可能需要进行重大的改革才能获得发展。企业文化在无形中给员工个人施加了一种软约束，对企业的人力资源管理模式也会形成一种引领作用，人力资源管理会自然而然地选择适应企业文化。一个企业的文化倾向于专制和独裁，该企业的人力资源管理体系就往往会更强调领导的特权、员工日常工作会受到比较严格的管控、违反规定的员工往往会受到比较严重的物质惩罚。如果一个企业的文化倾向于民主和分权，员工表现得轻松活泼、员工和领导之间以一种平等的方式相处，该企业的人力资源管理体系就往往更强调民主、给予员工更多地参与管理的机会、对员工的激励往往更多地从精神层面展开。

3. 人力资源管理的支撑作用——从人力资源管理到企业文化

在企业文化被日益重视的今天，很多企业都试图塑造自身的企业文化。他们采取了一系列的措施，包括制定企业未来发展愿景并让员工牢记、提出企业精神并形成口号让员工背诵、定制统一服装并让员工穿戴等，这些做法的意图都是促进企业文化的形成。但从实际的执行情况看，这些做法一般很难达到预期的效果，员工机械式地践行"企业文化"，不仅僵硬、古怪，也无法从内心促成员工对企业的归属感、忠诚感和责任感。

人力资源管理制度本身就是企业重要的实践行为，是企业文化这种人文气息得以形成的重要物质基础。当一代又一代的企业员工恪守企业的人力资源管理制度以后，大多数人的企业习惯就会形成一种文化环境，大多数人对于人力资源管理的内心理解和认同就会形成一种文化氛围。所以，从人力资源管理到企业文化的方向观察，人力资源管理对于企业文化起到了明显的支撑作用。

三、企业文化对人力资源的作用机制

通过对企业文化与人力资源管理的相互联系的分析引入企业文化背景下的人力资源管理模型，以研究从企业文化建设为出发点的人力资源管理体系的构建，具体结果见图1。

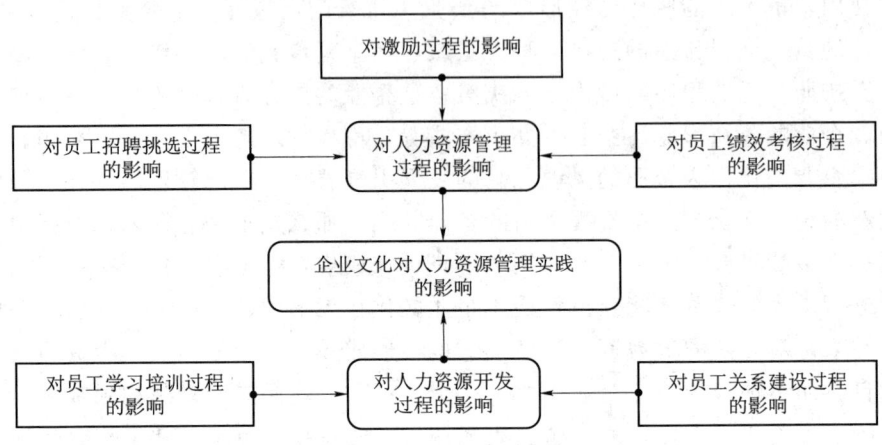

图1　企业文化背景下人力资源管理模型

在本模型中，企业文化对人力资源管理实践的影响是整个模型的核心内容。由此可判断，在企业文化与先进管理理念的指引下，企业能够正确地认识到管理工作中存在的问题，并根据自身发展需要，建立完善的人力资源管理系统，为推动现代化人力资源管理奠定基础。

人力资源管理实践分为人力资源管理的常规管理过程和人力资源的开发过程，企业文化对人力资源管理实践的影响体现在以下方面。

1. 企业文化建设对人力资源管理过程的影响

（1）对员工招聘过程的影响

企业文化对招聘方式的影响。企业在选择招聘方法时，会因企业文化的不同特点而有区别。这样，企业可以更加细化地挑选适合自己的人才，减少招聘中的"沉没成本"。

企业文化对招聘对象的影响。企业所需的人才类型直接取决于企业文化，当新员工的特质与企业文化相符，新员工便能很快进入角色，否则可能良久不能适应，甚至可能被淘汰或自动辞职。

（2）对员工激励过程的影响

企业文化对于员工的激励过程的影响主要体现在引导、凝聚、精神激励。

引导功能。企业文化是企业的一面旗帜，明确地告诉了本企业价值观是什么，具有什么样的精神、追求什么样的目标，向员工展示自己企业的发展前景，使员工不断地检视自己的价值观，调整自己的价值和行为取向。

凝聚功能。优秀的企业文化具有强大的凝聚力，它来源于员工对企业价值观的认同，把员工个人的命运同企业的发展密切联系起来，创造一种良好的文化氛围，激励人们团结合作，奋发进取。

精神激励功能。现代企业文化以人为中心、以文化为手段，以激励员工的自觉行为为目的，其基本特征是重视人、相信人、理解人、尊重人、培养和塑造人的人本主义。它无形地对员工产生巨大的激励作用，使员工处于一种和谐人际关系的文化氛围中，拥有自信与自豪感，保持积极的精神状态，不单把工作作为一种谋生的手段，更作为一种实现自身价值的途径。

（3）对企业绩效考核过程的影响

指导性。企业文化对绩效管理的指导性包含两方面的含义，即对企业目标制定的指导性和对员工行为的指导性。不同类型的企业文化应该具有与之相匹配的绩效管理体系，这样才能最大限度地发挥绩效管理的作用。同时，企业文化同样指导着员工的行为。员工的价值观或多或少的差异都会体现在个人的行为上，员工只有在平时的工作中努力地使自己的行为能够适应企业的核心价值观，才能完成工作业绩而获得嘉奖、晋升等机会。

长期性。企业文化的形成是一个长期的过程。因此，可以认为企业文化是根深蒂固的，经过长期积淀形成的企业文化很难被改变。企业文化对企业绩效管理的影响也表现出长期性的特点，不可能通过改变企业文化来改变绩效管理的体系。

2. 企业文化建设对人力资源开发过程的影响

（1）对员工学习培训过程的影响

导向功能。包括经营哲学和价值观念的指导以及企业目标的指引两个方面。经营哲学决定了企业经营的思维方式和处理问题的法则；企业共同的价值观念规定了企业的价值取向，使员工对事物的评判达成共识，有着共同的价值目标，企业的领导和员工为着他们所认定的价值目标去行动。企业目标代表着企业发展的方向，没有正确的目标就等于迷失了方向。

调适功能。企业各部门之间、员工之间，由于各种原因难免会产生一些矛盾，解决这些矛盾需要各自进行自我调节，企业哲学和企业道德规范使经营者和普通员工能科学地处理这些矛盾，自觉地约束自己。

约束功能。主要是通过完善管理制度和道德规范来实现。包括有效规章制度的约束以及道德规范的约束。企业制度是企业文化的内容之一，是企业内部的法规，企业的领导者和企业职工必须遵守和执行，从而形成约束力。道德规范是从伦理关系的角度来约束企业领导者和职工的行为。

（2）对员工关系建设过程的影响

企业文化的风格直接影响企业中员工与员工的关系，影响着企业内部的沟通方式，企业文化作为企业的价值观，会直接作用于员工的价值观，员工会潜移默化地遵循企业的价值观去处理和对待周围的人和事物，形成企业内部的工作氛围，企业文化的先进与否将对企业员工关系建设的人力资源管理工作产生重大影响。

四、基于企业文化的人力资源管理措施

在企业文化管理的背景下，管理人员可在战略性发展规划的指导下，进一步优化相关管理行为。本文认为，在企业文化背景下开展人力资源管理工作，可从以下几方面实施：

1. 基于企业文化的人力资源招聘管理

（1）人与组织匹配

人与组织匹配的招聘模式具有很多传统招聘模式所没有的优点，概括地说表现为改善员工的态度、降低离职率、提高员工工作绩效。价值观一致性和目标一致性都与个人的工作态度紧密相关，价值观的一致性能够带来个人的激励以及感知的工作团队的凝聚力。

（2）基于企业文化的招聘流程

第一步，进行组织分析以评价工作环境。根据组织特点，组织文化、价值观、目标、规范甚至整体生产特征，而非仅仅根据某一个特定工作岗位的特点来定义和评价工作环境。

第二步，针对特定的人员类型确定考核标准。基于企业文化的招聘模式注重对人的整体评价，一方面根据工作分析来推断在技术上胜任工作的员工所具备的专业技术能力，另一方面需要根据组织分析来推断要成为组织的有效成员，员工所必须具备的需求、价值观和兴趣。

第三步，设计并选择人员测评方法。新模式下，需要测评的能力和素质更全面和广泛，需要将多种测评技术加以综合和选择，开发适合本企业的测评题目来挑选人才。可以利用的甄选技术包括：人格测试、实务操作、情景模拟和管理游戏等。

第四步，强调心理契约的重要性。心理契约是企业和员工之间内隐的交换关系，本质是一种情感契约，是形成企业凝聚力和团队氛围的一种无形的手段。人力资源管理者应当在招聘中将员工关系从经济契约提升到心理契约的高度。

2. 基于企业文化的培训管理

（1）制定基于企业文化的人力资源培训规划

企业培训规划必须符合企业实际发展需要，紧紧围绕实现企业的战略目

标和员工职业生涯发展的"双赢"目标，尤其是根据企业文化对培训规划进行合理的配置，既要符合企业文化发展的要求又要重视员工的个人职业发展规划，这样才能在根本上激发员工的积极性，才能增强员工对企业的归属感，才会对企业投入自己毕生的精力。

（2）完善基于企业文化的培训体系

企业必须要不断地完善培训体系，通过完善的培训体系提升企业员工的个人能力：一是企业管理者要加强对企业人力资源培训的重视程度，为企业的培训工作投入相应的人力、物力支持；二是创新培训模式。基于"以人为本"的理念，企业要积极创新培训形式，取消单一的集中培训的模式，积极探索脱产培训与在职培训、组织挑选与自主选学、对口交流与挂职锻炼的多种模式的培训方式；三是拓展培训群体。企业培训的目的就是提高企业员工的工作能力，因此企业培训的对象也要拓展，并且根据不同岗位职工的工作性质，开展针对性的教育培训活动，同时也要注重对员工的职业道德教育，通过职业道德教育，提升员工的思想道德，实现员工的价值观与企业文化的趋同。

（3）实施以人为本的培训评价体系

传统的企业培训只重视培训的形式与参与人数等表面现象，而忽视培训内容是否符合员工的个人职业发展需要等，并且对于培训效果的评价也缺乏员工的真实感受因素，而基于企业文化的培训评价体系则要重视对培训活动实效性的分析，强调了对员工适用性的分析。具体而言，基于企业文化的培训评价体系主要包括：授课质量评价、组织管理评价、环境设施评价、员工收获评价等多个层面，实现培训工作的精细化管理。

3. 基于企业文化的薪酬管理体系

薪酬是人力资源管理的重点，薪酬水平高低影响员工工作积极性，开展科学的薪酬管理，能够促进员工发展，保证员工的工作理念与组织目标和企业发展战略保持一致。基于企业文化的薪酬体系管理主要包括以下内容：重视薪酬体系设计。应根据企业发展水平设计合理的薪酬体系，并以优化岗位组织结构为基础，形成具有可操纵性的薪酬制度；开展全面的薪酬管理。应调整现有的薪酬制度，并及时收集、反馈薪酬信息，通过检视薪酬管理，提高对员工生产的认可度，加深员工对企业的认可。

4. 基于企业文化的绩效管理措施

知识经济时代企业知识型的员工大量增加，企业员工的整体素质不断提高，这就要求绩效管理多样化、多元化，这就需要企业充分发挥创新精神，摒弃传统的统一性绩效管理方式，针对不同的工作采取与之相适应的绩效管理措施。要充分发挥企业文化中的人本主义，将工资报酬、岗位安排、晋升降级、解雇等关于绩效管理工作做出公开、清晰、明确的说明，让员工了解绩效管理中的考核标准，与自身作比较促进员工积极性、主动性和学习能力的提升。

企业文化建设是现代企业管理的主要内容之一，随着市场竞争的日益激烈，企业文化建设的重要性越来越受到企业管理人员的重视。企业文化建设要结合人力资源管理的基本要求，协调发展，不断推动企业向着正确的方向发展，并且不断培养员工的职业技能，运用激励手段，增强员工对企业的认同感，并转化为员工的自觉行为，然后通过员工将企业文化传播到外界，企业内外都对企业文化达到认同，真正树立企业品牌形象，不断谋求企业发展。

（作者单位：北京物资学院劳动科学与法律学院）

参 考 文 献

[1] 许丰．基于企业文化的人力资源分析 [J]．经营管理者，2015（10）：196．

[2] 柳彩莲．企业文化和人力资源管理的双向促进模式研究 [J]．改革与战略，2015（10）：69－70．

[3] 李敦莲．新形势下加强企业文化建设的思考 [J]．管理观察，2015（12）：91．

人力资源管理
方法与技术

❖ 运用全面质量管理提升人力资源管理水平

❖ 基于全面质量管理探讨图书馆人力资源管理
  问题

❖ 基于 PDCA 循环构建企业培训管理体系

❖ SWOT 分析法在制造企业人力资源规划中的
  应用

运用全面质量管理提升人力
资源管理水平

王丽云　李广义 *

内容提要：为了适应当今社会的快速发展以及人才急需的现状，很多企业都对人力资源管理进行了创新。由此可见，人才已经成为推动社会发展的重要力量。在新经济时代下，企业若想实现经济利益最大化，在现代社会中稳步发展，就需要对人力资源进行创新性的管理与运营。本文主要研究在新经济时代下，如何运用全面质量管理理论来提升人力资源管理水平，从不同的角度解决当下人力资源所面临的问题，以提出有效的解决对策。

关键词：全面质量管理　人力资源管理　管理对策

一、引言

随着时代的快速发展，我国已经步入新经济时代，新经济时代区别于"旧经济"和"传统经济"，它更多的是集高新技术和网络技术为一体的新型现代化经济。在新经济环境下，网络信息和技术是时代的物质基础，知识是主导的主要因素，社会生产力是以技术作为生产动力，人才是推动社会经济发展的主动力。所以企业只有对人力资源进行不断创新，才能发挥人才在现代社会的重要性。本文将从全面质量管理的视角来提升人力资源管理水平，使我国的人力资源管理水平得到进一步的提高，以能更好地解决我国人力资源所面临的问题。

---

* 王丽云（1989—），女，河南林州人，硕士研究生，研究方向为企业人力资源管理；李广义（1962—），男，陕西大荔人，教授，研究方向为人力资源管理与社会保障。

二、人力资源管理及全面质量管理综述

自彼得·德鲁克（Peter F. Drucker）1954 年第一次提出"人力资源"的概念，许多管理学者就开始对此理论进行探讨和研究。如今，人力资源管理理论已经被学术界和企业界所接受。在人力资源管理理论的演变过程中，人力资源管理学者以各自不同的研究视角对人力资源管理理论与实践做了深入探讨。通过对人力资源管理理论发展历程的研究和分析，可以将不同学者提出的人力资源管理定义归为以下三类。

第一类是在彼得·德鲁克、怀特·巴克（E. Wight Bakke）等人提出的基础上由比尔（Beer）、莱文（Lewin）和舒勒（Schuler）等人发展而成的人力资源管理概念。他们认为，人力资源管理是管理人员具有的一种广泛意义上的普通管理职能，其目的是对工作场所的个体进行适当的管理，具体包括：理解、维持、开发、利用和协调一致。人力资源管理的这一定义是在"人本主义"管理哲学的基础之上建立的，它把组织中的所有员工、人力资源都看作组织的有价值的资源，而不是把他们看成组织中应该最大限度减小的成本开支。

第二类是海勒曼（Henneman）、彼得森（Peterson）、翠西（Tracy）、罗宾森（Robbinson）、斯特劳斯（Strauss）、塞尔斯（Sayles）和德斯勒（Dessler）等人研究探讨提出的。他们认为，人力资源管理只是人事管理的一个新的名称，是专业人员从事的员工管理。这一定义是以这样一种假设为前提的：现在的管理活动和管理实践是最好的和可以接受的，能够对员工进行有效的管理，并且这些管理实践是可以被不断丰富和发展的。

第三类是英国管理主义学派的代表学者斯托瑞（Storey）等人在 20 世纪 80 年代末 90 年代初提出的。他们认为，人力资源管理是为了掩饰管理控制方法和躲避工会的一种复杂的管理方式，人力资源管理是用来显示管理人的合法性的一种不同方法，而不是作为手段或工具的人力资源管理。

综上所述，人力资源管理主要是指对人力这一特殊的资源进行有效开发、综合利用和科学管理。从开发的角度来看，它不仅仅包括人力资源的智力开发，还包括人的道德觉悟和思想文化素质的提高；它不仅是对人的现有能力的充分发挥，也是对人的潜力的有效挖掘。从利用的角度来看，它包括的是人力资源的发现、鉴别、选择、分配和合理使用。从管理的角度来看，

它包括的不仅是人力资源的预测与规划，还包括人力资源的组织和培训。根据现代企业的需要，人力资源管理将成为现代科学管理的核心。

Feigenbaum 于 1956 年在 *Total Quality Control* 一文中首次提出了全面质量控制（TQC）的概念，并在后期的不断完善中提出了全面质量管理。他把全面质量管理定义为：全面质量管理是为了在最经济的水平上，并充分满足用户要求的条件下而进行的市场研究、设计、生产和服务，以把企业内各部门研制质量、维持质量和提高质量的活动构成一体的一种有效体系。

全面质量管理可以归为以下三方面的基本概念：

第一，以顾客为中心。对于大多数组织来说在其演进的过程中，开始阶段关注的只是最基本的产品质量，目标是使产品能够被使用。在这一阶段顾客提供不了什么信息，大多数人尚不确定他们是否需要这些商品和服务。为大众消费者创造和定制产品是目前经营领域内最流行的趋势之一，并且越来越多的公司发现，保持住现有顾客比获得新顾客能获得更多利润。Reichheld 汇编了很多有关公司如何保持顾客和超越顾客满意而达到顾客忠诚的案例，建立顾客忠诚已经成为公司战略计划和过程管理的基石。

第二，持续改进。传统的管理思想是以"质量控制"为核心，是一种静态的管理。而全面质量管理强调的是有组织、有计划、持续地进行质量改进以不断满足市场需求，是动态的管理。顾客需求的迅速变化要求企业必须持续改进才能留住顾客。另一方面，在快速变化的市场环境中，企业要想保持稳步前进，只有不断改进自己才能生存和发展。

第三，职员价值。多年来学术界和企业界一直在明确地强调企业的生产和发展取决于企业的员工，但是很多公司的过程步骤是由少数的计划人员、主管或工程师来设计的，编制和规定了细致的职位说明，并没有充分考虑职员的价值。

三、全面质量管理与人力资源管理的区别与联系

1. 全面质量管理与人力资源管理的区别

（1）两者的定义不同

全面质量管理是以顾客满意、持续改善和附加价值为核心的一种全面经营管理理念，它指组织以质量为中心，全员参与为基础，目的在于通过让顾客满意和本组织的员工、社会成员受益而达到成功的一种经营理念。而人力资源管理是在经济学和人本思想的指导下，通过招聘、甄选、培训、报酬等

管理形式来对组织内外相关人力资源进行有效的运用，以保证组织目标的实现和员工最大化发展的全过程。

（2）两者的目标不同

质量管理一度被认为是符合规格和要求即可。全面质量管理概念的引入，质量管理便意味着满足甚至是超越顾客的需要和期望，全面质量的目标可以总结为以下 4 个层次即：降低成本、提高收益、职员参与、顾客满意。人力资源管理的目标则侧重于以人力资源支持组织战略目标的实现，并且在此过程中实现个人的全面发展。

2. 全面质量管理与人力资源管理的联系

（1）人的学识、认知影响全面质量管理

全面质量管理的推行、实施等都需要由人来完成。人的主动性、积极性、责任心直接影响全面质量管理的运行成效。全面质量管理不仅要对产品质量、服务质量等进行管理，还要对影响质量的各因素进行管理，但由于人的认知、能力、人生观、价值观、心理、品质和性格等许多方面存在着差异性，这种差异性对全面质量管理的全面性、参与性以及顾客满意等实施都会带来一定的挑战，对于产品或服务的实现影响巨大。

（2）全面质量管理对人力资源管理提出相应要求

由全面质量管理的经营理念可以看出，人力资源管理是全面质量管理的重要内容。质量第一贯穿全面质量管理始终，而产品质量取决于工程质量，工程质量取决于工作质量，工作质量取决人的质量，即人的素质，所以提高人的素质是提高全面质量管理的基础。训练有素的员工对企业的发展至关重要。人力资源管理的核心任务是激发、培养和发展员工的能力，也就是提高员工的整体素质。在快速变化的时代环境下，企业要想实现持续发展、稳步前进，就要通过人力资源管理培育员工，不断提高员工的整体素质。

四、我国人力资源管理现状

1. 人力资源整体战略规划不足

通过对我国当前公司的调研，可以发现我国公司人力资源的整体战略性规划存在很大不足，尚没有形成一个对公司管理活动进行优化的系统，与公司的总体发展战略目标相违背，没有形成一个完整的机制。对于公司的发展过程没有制定出合适的人才管理解决机制。在企业的不同发展阶段中，没有形成合理的人力资源发展规划目标，只是将招聘和培训作为一种简单形式来实施。对于公司的不同发展阶段所进行的人才招聘与培训没有形成系统的方式，没有很好地解决员工的培训与发展的问题，没有把人力资源管理放到战略的高度。

2. 公司员工考核和薪酬激励机制不健全

在当下人力资源管理的薪酬制度体系下，我国企业的组织结构理念尚不全面，只是针对员工做了最基本的保障，而对员工建立的激励机制没有得到很好的体现。企业中针对员工所建立的考核机制与目标不一致，标准化程度不高，评价体系单一，且结果分析不科学、不全面。在我国企业的人力管理的薪酬制定的环节，管理者更多重视的是人力资本的节约，激励设置单一，基本的出发点只是保证员工的基本劳动报酬。由于对员工激励机制的设置不健全，在一定程度上影响了员工工作的积极性，没有正确有效地发挥员工的创造能力。

3. 系统性问题

建立一个健全的并且具有长远性的人力资源管理体系是保障企业人力资源部门起到重要效果的前提。我国从 90 年代开始就已经将人力资源管理引进了国内，并且经过了很长一段时间的实践和运用，已经逐步认识到了提高企业凝聚力以及竞争力的关键因素就是建立一个与企业实际情况相符合并且具有长久性的人力资源管理体系。但是理论与实践总是有一定差距的，目前还有许多企业的人力资源管理人员对人力资源管理体系存在认识不足，对设计和规划不甚了解，所以，只有企业管理中面临一些紧迫性问题时才会进行人力资源管理的改革，但是此时的改革也通常忽略了人力资源管理的长远性和全面性。

五、运用全面质量管理提高人力资源管理水平

1. 在人力资源管理中体现全面质量管理要求

虽然全面质量管理对人力资源管理有相应的要求和明确的内容，但在实际工作中，人力资源管理部门和高层管理部门往往缺乏有效沟通，导致人力资源管理部门不能很好地运用全面质量管理，管理往往达不到预期效果。因此我们应把人力资源管理部门和其他各个管理部门联系起来，使全面质量管理理念更好地贯穿在人力资源管理过程中。全面质量管理强调的是所提供的产品或服务使客户满意，把顾客至上作为一种经营理念，同样人力资源管理工作的核心思想也是以人为本，要使自身的客户满意，就要不断增强服务意识和人本理念。因此，必须从思想层面树立牢固的人本理念、服务文化，并

以此作为人力资源工作的出发点和落脚点。

人力资源管理应当发挥领导的作用，人力资源管理的某些目标、决策都需要领导的决定，员工努力的方向需要领导的明确和相应的激励，领导的关注度和重视程度直接影响到员工的积极性和工作实施的效果。因此，人力资源管理工作的开展必须获得领导层的支持与重视。人力资源管理强调全员参与，人力资源管理工作毋庸置疑是针对企业中每个员工的工作，关键是作为企业应当给每个员工提供合适的岗位，创造良好的工作平台与环境，开展必要的培训与绩效管理，促进员工个人的发展。作为企业中的每一个员工也都应发挥主人翁的精神，自我完善，自我提高，在实现组织目标的同时也努力使自身价值得以体现，能力、学识得以提高。人力资源管理人员在注重工作成效的同时，也应重视管理工作的过程。尤其在人才培养方面，漫长的培养过程，不仅需要有严谨的培养计划、培养举措，还需要有个人的成长过程，每一环节都体现着组织与个人的互动。

人力资源管理应灵活运用系统方法，系统方法要求开展人力资源工作把研究对象当作一个整体来对待，不孤立对待，综合分析其纵向横向的相互联系与利弊，形成可能的系统方案。人力资源管理开展的每项具体工作都要把预期目标和实现目标的过程有机地统一起来，并运用先进的理念和科学方法来实现既定目标。人力资源管理欲与时俱进，就必须不断地进行改进，不仅要对既定的 PDCA 循环过程加以完善提升，而且要对目标的制定、规章制度的修订、工作方法的提炼、员工的技能提升等方面都做出持续的改进，以促进预期目标的达成和管理水平的提升。人力资源管理还应把基于事实的决策方法贯穿始终，虽然人是最活跃的因素，但人力资源管理必须遵循实事求是的原则。做方案和决策应当注重调查分析，依据深入分析产生的数据来做决策。人力资源管理工作应努力实现互利多赢的局面，以实现组织的目标和员工发展的目标，围绕让组织的客户满意、组织满意、员工满意来开展工作，寻找组织与个人共同成长的最佳结合点，通过科学合理的人力资源投入，促使员工个人处于勤学习和高绩效的状态。企业通过参与组织文化设计和变革、人才培养、优化团队建设来不断提升企业的竞争力。

2. 用 PDCA 原理规范人力资源管理工作程序

PDCA 循环原理是一种管理产品质量的方法，又叫戴明环。PDCA 的含义是：P（Plan）计划，D（Do）实施，C（Check）检查，A（Action）改进和提高。旨在对任何一项任务或工作都要进行计划，计划好后再展开实施，在实施过程中注意检查纠偏，最后评估实施的成效，总结成功的经验并加以肯定和适当推广，吸取失败的教训，并引以为戒，对于未得到解决的问题进入下一轮的 PDCA 循环里，持续进行改进和完善。

PDCA 的四个阶段并没有清晰的界定，PDCA 是交错循环持续进行的过程。同样，在人力资源管理工作中，在处理一件事情的同时很有可能会产生或者引发另一件事情，但每件事情的处理过程都可遵循 PDCA 的逻辑程序。在人力资源管理过程中运用 PDCA 原理可以把人力资源管理上存在的问题进行多次循环以有效解决。

3. 建立有效的质量激励机制，采取正确的激励策略，定期评价员工的满意度

（1）实现员工的自主参与管理。给予员工更大的决策权限，当然也要求员工为决策负相应的责任。企业对人力资源管理部门设置质量标准，由人力资源管理部门自主决定管理过程、方式和方法，但要保证达到企业要求的人力资源管理质量标准。让员工在工作过程中能更多的认识和了解到自身的水平，以便于员工实现自我提升。员工之间的信息交流和顺畅的沟通可以有效地提高人力资源管理水平。

（2）注重人力资本投资。企业应将对物质资本的依赖转为对人力资本的利用，人力资本就是指经过培训具有经济价值的人力资源。企业应加大人才培训等方面的人力资本投资力度，提高员工的质量和高质量员工的比例，抽出一定的人力、物力和财力，用于员工的教育、训练等各种技能、知识和智力开发活动，也可以把人力资本投资视为人才投资、教育投资、素质投资等为改变人本身的种种投资。通过这种投资和开发，为员工创造一个有助于他们发展的环境，以提高他们的满意度。

（作者单位：北京物资学院劳动科学与法律学院）

参 考 文 献

［1］ William J. Miller. Working Definition for Total Quality Management Researchers ［J］. Journal of Quality Management，1996（2），149—159.

［2］ 赵曙明. 企业人力资源管理与开发国际比较研究 ［M］. 北京：人民出版社，1999.

［3］ 赵曙明. 人力资源管理研究 ［M］. 北京：中国人民大学出版社，2001.

［4］ 加里·得斯勒. 人力资源管理（第六版）［M］. 北京：中国人民大学出版社，1999.

［5］ J. Storey. Developments in the Management of Human Resource ［M］. London：Blackwell，1992.

［6］梁工谦．质量管理学［M］．北京：人民大学出版社，2010．

［7］唐贵瑶，魏立群，贾建锋．人力资源管理强度研究述评与展望［J］．外国经济与管理，2013（4）：40－48．

［8］姚丹．论全面质量管理中的人力资源管理［J］．东北财经大学学报，2008（2）：67－71．

基于全面质量管理探讨图书馆
人力资源管理问题

田艳杰　解进强[*]

内容提要： 图书馆在推行全面质量管理过程中，必须要结合 ISO 9000 族标准对人力资源管理的要求，切实做好图书馆人力资源规划和发展，从而提高全体馆员的综合素质，逐步完善适应新形势的图书馆全面质量管理体系构建的理论框架，从而推动图书馆人力资源管理创新理论的深入研究。

关键词： 全面质量管理　人力资源管理　图书馆

一、引言

随着知识经济时代的到来，人力资源对组织发展的重要性急剧提升，已经成为组织的核心资源。通过提升人力资源管理水平，可以优化组织结构，提升组织生产效率和产品质量。当前新形势下，图书馆所处的社会、政治和经济环境发生了很大的变化，特别是网络技术的快速发展使图书馆的人力资源管理面临着新的机遇与挑战。虽然近年来，图书馆已经引入了岗位管理等管理理论与方法，这些方法在一定程度上对图书馆的管理起到了促进作用，但是在从根本上提高图书馆人力资源管理质量方面仍有局限性。全面质量管理在企业界已经实行多年，管理理论已经非常成熟，将全面质量管理理论引入到图书馆人力资源管理中，将有助于指导图书馆的管理工作，从而提高图书馆服务质量和服务水平，更好地满足读者的需求。

---

* 田艳杰（1989—），女，河南周口人，硕士研究生，研究方向为企业人力资源管理；解进强（1978—），男，河北赵县人，博士，副教授，研究方向为组织与人力资源。

二、图书馆全面质量管理研究综述

1. 图书馆全面质量管理的概念

全面质量管理 TQM（Total Quality Management）是指组织以质量为中心、以全员参与为基础，通过让顾客满意、让组织中的成员和社会都受益而达到长期成功的一种管理理念。全面质量管理作为一种科学的管理思想和管理方法，在实践中不断地发展和完善。

图书馆全面质量管理，即图书馆以全面质量为中心，以馆内各部门、各层次和全体员工参与为基础，通过综合运用管理技术、专业技术和现代化设备，建立健全质量保证体系，对各个业务流程的设计和运行进行全面的控制，做到以最经济合理的方式给读者提供最满意的信息产品与信息服务，使读者、图书馆全体员工和社会都受益，从而达到长期效益的管理途径。

与工商企业的全面质量管理相比，图书馆提供的产品是较单一的知识信息产品，所以图书馆的服务对象为两类人：一类人是从事科研、教学工作或承担着学习任务，希望能从图书馆获取对他们的工作或学习有帮助的信息。这要求图书馆能够给人们提供及时、准确的服务；另一类人则是将进入图书馆看书当作一种精神享受，希望通过阅读陶冶情操。这类顾客要求图书馆内部馆藏丰富，并且对他们具有足够的吸引力。

2. 图书馆全面质量管理的特点

图书馆全面质量管理与传统的图书馆的管理相比，具有以下特征：

（1）强调质量第一。全面质量管理认为，质量控制在管理过程中起决定性作用，建立全面质量管理体系可以对图书馆管理的各环节进行有效的质量控制。

（2）强调读者第一。图书馆全面质量管理强调的是以读者满意度作为评价图书馆管理质量的标准，一切从读者的需求和期望出发。

（3）强调全员管理。全面质量管理要求图书馆全体员工都要参与到图书馆的质量管理过程中。

（4）以事前预防为主。图书馆的全面质量管理是事前管理，通过控制影响服务的各种因素，实现过程管理，实现管理的主动，改变传统管理中的结果管理。

（5）强调内部用户关系。在图书馆管理的所有工作流程中，后一个流程就是前一个流程的用户，为了使后续流程及整个流程进展顺利，前一个工作流程的工作不仅必须要达到质量标准，还要使下一个工作流程满意。

3. 图书馆全面质量管理的研究成果

国外图书馆早在 20 世纪 90 年代初便开始实行全面质量管理，哈佛大学图书馆等在实践中积累了很多经验。而我国相关研究起步较晚，罗曼在《国外图书馆全面质量管理的实施与进展》一文中介绍了美国等发达国家在图书馆的全面质量管理应用方面的情况，是国内图书馆全面质量管理的研究较早的引介性成果。目前，我国关于图书馆全面质量管理的研究内容主要是 ISO 9000 族介绍、全面质量管理的概念、图书馆全面质量管理的内涵、图书馆实行全面质量管理的必要性与可行性以及图书馆全面质量管理的内容等。从研究的结果来看，ISO 9000 系列标准已发展为通用标准，在这一标准中，"产品"即"活动和过程的结果"。从图书馆的角度来看，图书馆的"产品"是一种服务，也是读者再生产以及信息再生产。

图书馆工作者从不同角度探讨了全面质量管理在图书馆的应用前景，涉及图书馆、研究型图书馆等实施全面质量管理的具体情况，包括全面质量管理在采访、书目质量控制、参考咨询和馆际互借等图书馆具体工作中的应用。孟广钧和罗曼分别在《国外图书馆全面质量管理的实施与进展》和《图书馆全面质量管理（TQM）模型研究》中通过对国外图书情报机构全面质量管理实践的研究，提出了图书馆实施全面质量管理的要点和模型等。李刚在《试论 TQM 在图书馆质量管理中的应用》一文中论述了图书馆全面质量管理的内容和特点。卢盛华在《全面质量管理理论与图书馆管理》中介绍了全面质量管理理论的含义及基本思想，阐述了将全面质量管理理论引进图书馆管理的意义及作用。张玉凤在《论图书馆全面质量管理》中阐述了图书馆全面质量管理理论的概念及体系结构，对图书馆全面质量管理的理想模型作了初步探讨。董颖在《试论图书馆的质量管理思想》中从管理学角度分析质量管理活动的整个过程，指出图书馆质量管理过程控制、重视记录和讲究协作等重要思想的内涵，这对于我国图书馆质量管理思想引进方面有重大意义。

国内外图书馆在全面质量管理实践上成功的经验表明，在图书馆推行全面质量管理不仅能够改善图书馆业务流程和工作质量，而且能建立"质量第一，读者至上"的文化，有利于整个图书馆的良性发展。

三、图书馆推行全面质量管理对人力资源的要求

图书馆推行全面质量管理是基于 ISO 9000 族标准实施全面质量管理，在 ISO 9000 标准中突出了组织对组织资源的管理，尤其是强化了对图书馆

管理中人力资源的管理，注重以有效的人力资源管理来保障质量体系的持续有效性，在产品和服务实现保证的同时也不断提高，最终达到顾客满意的目标。根据全面质量管理的一般特点和 ISO 族标准，图书馆人力资源应关注以下几点。

1. 转变思想观念

全面质量管理要求图书馆管理过程中转变观念，由传统的观念转为全新观念，即以质量为中心，服务于用户，并不断提高自身能力。把工作中每个岗位，每一项具体工作都以高质量为要求以保证服务的质量，将高质量的产品和服务提供给工作中后一个环节的"用户"，并在此过程中全面提高工作人员各方面的能力。

2. 提高业务能力

确定从事影响产品和服务质量工作的人员所必需的能力，明确各不同岗位的任职资格要求，包括学历、经历和培训等，以此作为人力资源配置的依据。图书馆全面质量管理要求馆员适应网络时代的要求，迫切需要馆员掌握计算机技术、外语、网络信息检索技术相关方面的知识。以工作人员的能力为依据，制订相关的培训计划，定期实施培训，使员工具备相应的能力，从而满足质量活动的要求。

3. 良好的思想道德素质

推行全面质量管理对馆员的评价与考核会更加严格，而图书馆员的薪酬和其他福利待遇却不一定有更多的增加。这就要求图书馆馆员有良好的思想品格，热爱自己的本职工作，同时有高度的事业心和责任感，把读者的利益放在第一位，全心全意为读者服务。

四、全面质量管理相关标准中对人力资源管理的要求

ISO 9000（2000 版）族标准中对人力资源管理提出了要求。标准总则明确提出：基于适当的教育、培训、技能和经验，从事影响产品质量工作的人员应是能够胜任的。所以，组织应该对影响产品质量工作的人员进行适当的教育、培训，使他们真正具备所要求的技能和经验。根据"总则"的要求，图书馆人力资源管理包括以下几项内容：

（1）明确馆员的能力要求。这是从事人力资源有效管理的前提。人力资源管理必须明确每一个岗位应该具备的能力，以此作为人员配置的依据，从而有针对性地确定不同的管理措施。

（2）开展馆员培训。要提供培训或采取其他措施满足这些岗位能力的要

求，强调培训的重要性，制订培训计划并实施，提高员工相应的能力。

（3）对培训的有效性进行评价。对馆内各岗位的员工培训后，要观察效果，考察员工是否具备了相应的能力，是否能够胜任所在岗位的工作。这是对人力资源管理效果的检验。如果培训对员工能力提高作用不大，或者说还存在有员工不能"胜任"所在岗位的工作，这就表示要对培训计划进行反省，采取改进措施，比如说调整培训内容、培训方式或者调整员工作岗位。

（4）明确馆员的定位与职责。首先，员工必须明确自己在组织中的地位，明确自己所从事的岗位与组织中其他人的关系，以及与整个组织的使命的关系，从而正确地为自己定位。其次，员工必须要有自己的行动计划和目标，努力履行自己的职责，做好自己的本职工作。

（5）重视培训记录。要"做好教育、培训、技能和经验记录"。质量管理是精细的过程，管理的成效必须通过平时的观察、记录、分析、评判来实现，这样才能发现问题，解决问题，从而进行改进。

五、全面开发图书馆人力资源

1. 树立"以人为本"的观念

世界著名图书馆学之父阮冈纳赞说："图书馆事业成败的关键在于图书馆工作者。"在推行全面质量管理过程中，人是影响服务水平和服务质量的首要因素，图书馆要把人力资源管理工作作为图书馆管理工作的重中之重。随着经济的不断发展，现代图书馆的管理和服务不仅要重视读者对信息资源的需求，更要充分地考虑到图书馆工作人员的需求。因此，要树立"以人为本"的服务理念和管理理念，在重视读者需求的同时，也要重视图书馆工作人员的需求。通过全面质量管理活动的开展，在读者获得满意的服务的同时，也使馆员的素质得到全面地提升，充分调动馆员的积极性、主动性和创造性，从而提高工作效率。

2. 制定切实可行的人力资源发展规划

图书馆进行全面质量管理，具有长远的战略意义，要深入地开展这一管理活动，必须制定中长期的人力资源发展规划。首先，制定人力需求计划。根据全面质量管理组织活动的需求合理地进行岗位设置及相应专业分工，制定人才需求计划，包括图书馆工作人员的专业结构、学历结构、职称结构等。其次，制定人力资源引进和培训计划。根据人才需求情况，制定出分期的引进计划；同时，将引进与培训相结合，建立全员常态化培训机制，全员培训与重点培训结合，为有前途的图书馆工作人员制定中长期的培训计划。

最后，制定人才激励计划。要稳定图书馆员的队伍，提高图书馆工作人员的工作积极性、主动性和创造性，就要适时地对他们进行激励。因此，制定人才激励计划就变得尤为重要，包括薪酬计划、奖励计划、晋升和培训计划等。

3. 推行全面质量管理具体步骤

首先，基于全面质量管理体系的要求，调整岗位设置，明确岗位的职责要求。在全面质量管理过程中，图书馆应根据读者的需要设置部门和岗位，根据岗位的需要来配置人力资源，以科学的态度正确对待馆员的特性，调整岗位设置，明确岗位职责，做到人事相宜。其次，进行有效的绩效考核。图书馆馆员的绩效考核就要针对图书馆各个馆员所承担的工作，应用各种科学的定量、定性方法对馆员工作的实际效果及对图书馆的贡献进行考核和评价。然后，对图书馆员的能力和岗位匹配情况进行动态化管理。根据全面质量管理的要求，对员工的考核情况进行详细记录和分析，岗位职责履行较好，读者评价较高的馆员，应及时奖励或升迁到更重要的岗位。而岗位职责完成不好的应及时查明原因，进行培训、轮岗学习等，直至适应工作。

六、结语

未来的图书馆向着信息化、数字化、网络化的方向发展，图书馆工作的知识技术含量、专业化程度更高，图书馆工作的开展越来越依赖于图书馆工作人员的知识、技术、专业水平和自身素质。图书馆推进全面质量管理是一项具有长远战略意义的管理活动，要深入、持久地开展这一管理活动，切实做好人力资源发展规划、具体行动计划，从而提高图书馆的服务质量，推动图书馆的可持续发展。

（作者单位：北京物资学院劳动科学与法律学院）

参 考 文 献

[1] 陶冶. 全面质量管理——21 世纪图书馆管理改革的方向 [J]. 图书馆工作与研究，2002（1）.

[2] 罗曼. 国外图书馆全面质量管理的实施与进展 [J]. 中国图书馆学报，1998（6）.

[3] 罗曼. 图书馆全面质量管理（TQM）模型研究 [J]. 图书馆，2001（2）.

[4] 李刚，张智慧. 试论 TQM 在图书馆质量管理中的应用 [C]. 北京：改革与探索：

面向二十一世纪的中国图书情报事业，1997.

［5］卢盛华．全面质量管理理论与图书馆管理［J］．焦作工学院学报（社会科学版），
2002（4）．

［6］张玉凤．论图书馆全面质量管理［J］．图书馆工作与研究，2001（2）．

［7］马芝培．图书馆人力资源质量管理研究［J］．图书馆论坛，2006（4）．

［8］李春．高校图书馆全面质量管理体系下的人力资源管理［M］．北京：北京大学出版
社，2008．

基于 PDCA 循环构建企业
培训管理体系

燕闪闪　李广义 *

内容提要：培训是企业风险最小、收益最大的战略性投资。ISO 10015 培训标准指出了培训包括确定需求分析、设计和策划培训、提供培训、评价培训效果这四个阶段，也即企业培训管理体系就是对这四个阶段的管理；PDCA 循环理论的循环过程依次为 P（plan，计划）—D（do，执行）—C（check，检查）—A（act，处理），企业培训一般管理体系与 PDCA 循环模式的"计划—执行—检查—处理"的管理流程是相通的。因此，本文将借鉴 PDCA 循环模式来构建企业培训管理体系，并且还引用一般控制理论对企业培训进行全过程的质量控制，旨在提高企业培训质量进而为组织带来理想绩效。

关键词：PDCA 循环　培训管理体系　控制

一、引言

IBM 用于员工培训的经费为人均每年 3000 美元；美国联邦快递公司每年花费 2.25 亿美元用于员工培训，这一费用占公司总开支的 3%；联想成立了中国科学院联想学院；海尔建立了海尔国际培训中心；京东建立了京东大学。

近年来，从高科技企业到服务型企业，从国外到国内，有远见的企业家都清晰地意识到培训是企业不可忽视的人本投资，是提高企业造血功能的根本途径。据美国培训与发展年会统计：投资培训的企业，其利润的提升比其他企业的平均值高 37%，人均产值比平均值高 57%，股票市值的提升比平

---

* 燕闪闪（1991—），女，河南禹州人，硕士研究生，研究方向为企业人力资源管理；李广义（1962—），男，陕西大荔人，教授，研究方向为人力资源管理与社会保障。

均值高 20％。

我国于 2001 年 3 月 20 日正式发布了 GB/T 19025—2001idtISO 10015：1999《质量管理培训指南》国家标准，这是对国际标准化组织（ISO）《ISO 10015：质量管理——培训指南》的等同转化。ISO 10015 培训标准指出了培训包括确定需求分析、设计和策划培训、提供培训、评价培训效果这四个阶段，也就是说，企业培训管理体系就是对这四个阶段的管理。

二、PDCA 循环的适用性说明

PDCA 循环理论最初由休哈特于 1930 年提出构想，1950 年被美国质量管理专家戴明博士挖掘出来并得到了广泛应用，其循环过程依次为 P（plan，计划）—D（do，执行）—C（check，检查）—A（act，处理），该理论的基本思路是，做一项工作首先要有计划，其次要严格执行计划，第三要对计划执行情况进行检查，最后要对检查结果进行处理，由提高每一过程质量到提高总体质量的循环往复，最终实现企业绩效的螺旋式提升。

企业培训一般管理体系与 PDCA 循环模式的"计划—执行—检查—处理"的管理流程是相通的，而且 PDCA 循环强调的是"周而复始、逐步改进"，这种循环管理的思想有利于提升企业培训的战略性作用，更符合现代竞争环境下企业培训的投资性概念。

员工培训是企业风险最小，收益最大的战略性投资，既然是投资，那就必须有收益，为了保证实现培训目标并带来投资性收益，那就必须对培训的全过程进行有效的质量控制。企业的每一次培训都可以当作一个项目来管理，参照项目管理的一般控制理论，控制可以分为事前控制、事中控制和事后控制，因此，培训的全过程质量控制可以依照这三阶段来有效进行。

因此，本文认为，企业可以以 PDCA 模式为基础，遵循项目管理的一般控制原理，按照"制定培训战略规划—实施—检查—处理"的思路构建企业培训管理体系。如图 1 所示。

三、基于 PDCA 循环构建企业培训管理体系

1. 制定培训战略规划

P—plan 计划，在这里称为培训战略规划，它主要包括培训需求分析，制订培训计划，培训前准备工作三方面。这是整个培训工作的指导性文件，做好培训战略规划是对培训质量的事前控制。

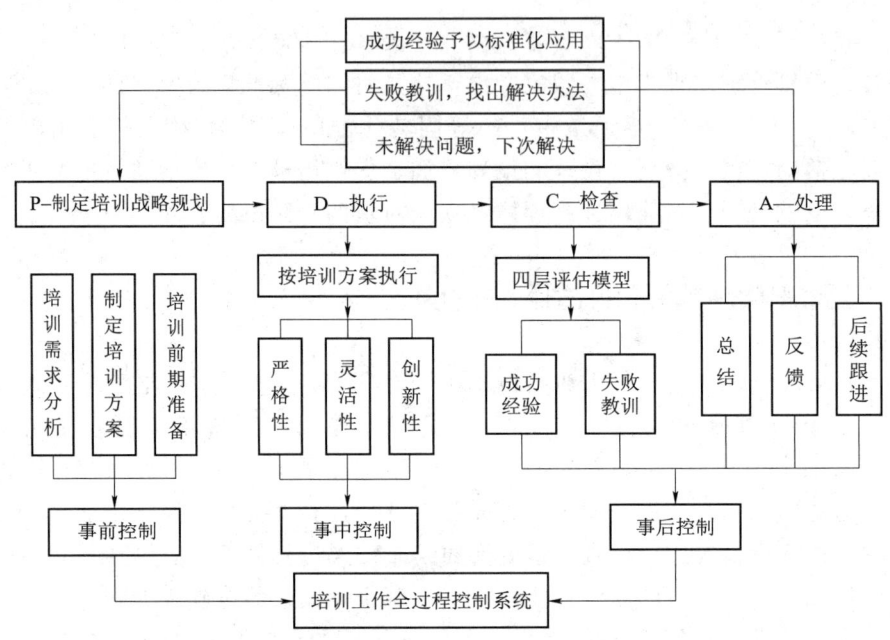

图1　基于 PDCA 循环构建企业培训管理体系的思路

（1）培训需求分析

培训需求分析旨在搞清楚为什么要培训、谁需要培训、培训什么、怎么培训等问题。它是确定培训目标、制订培训计划、做好培训准备工作、有效开展培训的前提以及后期培训评估的基础。

McGehee 与 Thayer 于 1961 年提出关于培训需求分析理论的 OTP 模式。他们认为，培训需求分析应该包括组织、任务和人员三个层次。从收集到的文献来看，我国学术界关于培训需求分析的论述大多引用的也是此理论。特别需要指出的是，原来的集中于个体和组织的培训需求分析更偏重于对组织的过去和现在的分析，而在如今飞速发展的时代，企业更强调的是培训需求的未来分析，即战略分析。因此，战略分析被单独作为一个层次来分析，例如匡晓蕾、高扬等在《人员培训与开发——理论、方法、工具、实务》中指出，培训需求的分析层面包括组织战略、组织目标、执行差距、胜任要求和企业文化五个层面。

综合各位学者关于培训需求分析理论的观点，本文认为，培训需求分析的层次包括战略层、文化层、组织层、工作层、员工层。

① 培训需求的战略层分析。培训对实施组织的战略有深远影响，那些

培训投资大、频率高、效果好的组织的战略实现程度要远远高于随意进行培训活动和缺乏战略考虑的组织。同时，组织的战略也影响着培训工作的开展。培训需求的战略层分析应考虑组织优先权因素的改变、人力资源储备信息、技能储备信息等。其中，引起组织优先权改变的因素有很多，例如新技术的引进、财政预算上的限制、组织的合并、分立或者撤销以及各种突发事件。人力资源储备信息和技能储备信息很大程度上决定了培训的频率、范围、深度。

② 培训需求的文化层分析。文化作为企业软实力的重要性是不言而喻的，培训需求的文化层分析旨在了解员工对组织文化的认可度，考察组织管理者和普通员工对培训的态度，收集员工对组织的工作环境、相关福利待遇的态度和满意程度，掌握组织氛围指数（出勤率、生产率、离职率）。通过培训需求的文化层分析，组织能够找出影响培训开展的促进因素和阻碍因素，从而为组织培训工作尽量营造支持性的文化环境。

③ 培训需求的组织层分析。培训需求的组织分析主要是通过对组织的目标、特征、环境因素的分析，准确地找出组织存在的问题及问题产生的根源，以确定培训是否是解决这类问题的最有效方法。组织层分析的内容，详见表 1。

表 1　培训需求的组织层分析内容

组织层分析项目	项目具体内容
组织目标	员工是否清楚组织的长、中、短期目标
	组织是否有明确的长、中、短期经营计划
组织特征	组织是否制定了适当的管理机制，并坚决贯彻执行
	组织是否有通畅的信息传递系统
	组织是否有明确的奖惩制度并有详细的执行标准
组织环境	组织应对市场变化的调整能力
	组织能够保证员工对于新法律、新制度、新规范的认知

④ 培训需求的工作层分析。工作层分析对培训效果有直接影响，其在于了解与组织理想绩效有关的该工作的详细内容、标准和达成理想绩效所应具备的知识和技能。工作层分析一般包括工作规范分析、工作复杂程度分析、任职资格分析、工作环境分析，详见表 2。

表 2　培训需求分析的工作层分析内容

工作层分析项目	项目具体内容
工作规范分析	主要包括对工作内容、工作责任、工作量、工作关系的分析
工作复杂程度分析	以工作的每一个工作要项为基础，分析其工作标准、程序、特点、所需技能、安全及注意事项等
任职资格分析	主要是对工作岗位要求任职者所具备的学历、能力、经验、心理素质等因素进行分析
工作环境分析	主要对工作的客观物理环境、安全环境等因素进行分析

⑤ 培训需求的员工层分析。工作层分析已经明确了理想绩效对工作者的学历、技能、经验等个人综合素质的要求，而工作者分析就是找出员工现有综合素质与要求的综合素质之间的差距，从而确定谁需要、谁应该接受培训以及培训的内容。根据员工在组织中的工作状态，员工层分析将员工划分为新员工、骨干员工、管理层三种，详见表 3。

表 3　培训需求的员工层分析内容

员工类型	培训内容
新员工	融入组织培训包括文化融入、工作环境融入、团队融入
	职业化培训包括职业态度、职业意识、职业规则
	岗位技能培训包括职责要求、岗位使命、岗位基础知识和技术等
	职业生涯发展培训为新员工展示职业发展通道，培训其做职业发展规划的能力
骨干员工	时间和个人效率培训
	团队精神培训以提高员工对集体的认可度从而提高团队凝聚力
	工作技能培训旨在提高其业务工作能力
	创新能力培训是为了提高其创造性开展工作的能力以促进企业核心能力的培养
	形象与心理培训旨在保证员工内外在健康
管理层	基层管理人员培训的主要内容是提高其管理与领导能力及实际工作技能的培训
	中层管理人员培训的主要内容是提高其管理能力与业务能力的培训，并根据晋升要求具体设置培训内容
	高层管理人员培训的主要内容是提高其全局观、知识结构、理念与管理能力的培训

（2）制订培训计划

培训计划是培训工作的操作指导手册，培训计划的质量直接关系到具体培训工作的质量。培训计划内容主要包括九个方面：① 确定培训管理制度，这是培训工作顺利进行的重要保证；② 确定培训目的和目标，这是整个培训方案编制的依据；③ 确定培训对象及内容，这个主要根据培训需求分析来确定；④ 确定培训规模，这个要受培训性质、培训参与人数、培训费用预算等因素的影响；⑤ 确定培训方式，即培训采用何种组织方式，如学徒制培训、工作指导培训、课堂讲授、视听培训、模拟式培训等；⑥ 确定培训时间，这里涉及三层意思。第一是培训周期的确定，例如专题性培训应该采用连续几天集中强化式培训，专业技能性培训应该在一定时期内采用固定周期式培训，培训周期的确定要根据培训内容的复杂性、培训的时间紧迫性等因素；第二是单次培训时间的确定，这里主要考虑到学习曲线效应，学习曲线在一天中的后半天是下降的，所以，全天的培训没有大半天或者半天的培训效果好；第三是培训时机的选择，培训过早会存在遗忘效应，培训过晚已经丧失优势，总之，过早或者过晚都失去了培训原本的意义；⑦ 确定培训师资，首先根据内容要求确定是内部培训还是外部培训，如果外部培训，可以从学历、资格证书、工作经验、培训经验等指标考察外部培训师资质；⑧ 明确培训考核方法并制定奖惩方案，而且企业应该将培训考核的结果与员工的晋升、薪酬挂钩；⑨ 确定培训费用预算，培训对企业来说确实很重要，但培训是有成本的，包括时间成本、机会成本、人力成本、资金成本等，企业一定要在收益与成本之间做出权衡，找出相对较佳的成本收益比。总之，一个有效的培训方案应该具有科学制定、内容完备、有实操性的特点。

（3）培训前期准备

培训方案制订后，企业就要根据培训工作的实际需要做培训的前期准备工作。第一，做好培训前的人资和物资准备工作；第二，做好受训人的培训前动员工作，这主要包括三个方面：① 培训的组织者应当将培训的基本情况告诉受训人；② 与受训人讨论他们为什么要参加此次培训，要特别强调培训对企业和受训者个人的重要意义，旨在提高受训人对培训的接受度、认可度和参与度；③ 组织要对受训方有基本的了解，要考虑到不同员工的工作性质、学习能力、学习态度、个性特点等因素，这点组织可以通过问卷调查获得，并根据获得的数据和问卷的统计给出评价结果，可以将员工分为若干类，了解可能存在的特殊培训需求，并以此来指导培训工作。

2. 执行

D—do 执行，执行培训规划，开展实际的培训活动是整个培训工作的实质性部分。执行培训规划是事中控制或者内部控制培训质量的重要手段，这里的内部控制可以从受训者个人、培训实施方和企业管理层三个角度来谈。

培训规划已经制定，关键在于执行。培训效果的好坏依赖于规划的执行情况，执行培训规划要坚持严格性、灵活性、创新性。在开展培训工作的过程中，企业必须注意以下两个问题：第一，企业应当尽可能为受训者提供与其实际工作环境相似的培训体验和条件；第二，培训工作的主体应该是受训者，培训者应该多给受训者提供练习机会，在练习中将受训者的注意力引导到实际工作中去，为他们讲解标准的工作方式，并且提醒他们影响工作质量的关键点，通过强化练习形成工作惯性。

3. 检查

C－check 检查或评估，指将培训工作的实际执行情况与培训计划做比较，旨在评估上一阶段的培训工作是否实现了既定目标、达到既定绩效，要通过评估，明确哪些是成功经验，哪些是失败教训，为后续的总结反馈改进工作提供依据，这属于事后控制。

培训效果评估模式主要有柯克帕特里克的四层次评估模型、考夫曼的五层次评估模型、菲利普斯的五级投资回报率模型。目前国内运用最为广泛的培训评估模式是柯克帕特里克的四层次评估模型，该模型是从评估的深度和难度将培训效果分为四个递进的层次：反应层、学习层、行为层、结果层，详见表4。

表 4　四层评估模型介绍

项目层次	反应层	学习层	行为层	结果层
所属层次	第一层次	第二层次	第三层次	第四层次
内容	培训管理过程、培训内容和形式、培训师资和设施、培训目标实现情况	知识、技能、态度	知识、技能、态度在实际工作中的应用	数量、质量（产品合格率）、效率（生产率）、安全（事故率）、成本收益率等目标
时间	培训结束时	培训的前、中、后	培训结束后 1～6 个月	培训结束后半年或一年
评估方法	问卷调查法、面谈法、小组谈论法	笔试考试、实地操作、工作模拟方法	访谈法、调查问卷法、360 度评价	对比法、成本—收益分析法、专家评估法

4. 处理

A－action 处理，这是整个培训工作的最后环节，首先要根据评估结果进行培训总结，总结的意义在于找出成功经验和失败教训，对成功的经验加以肯定，并予以标准化，对于失败的教训也要总结，找出修正措施。对于没有解决的问题，应提交给下一个 PDCA 循环去解决。总结一定要保证"不偏不漏"，有根有据，防止总结流于形式。其次，就整体培训情况向管理层、受训人员做反馈，反馈就是要根据评估结果和总结报告对相关培训参与人员进行奖惩，实施奖惩旨在于鼓励后进，激励先进，一定要公平、公正、公开地进行。反馈结果与员工的绩效、晋升和薪酬是紧密相关的。最后，特别要注意进行后续跟踪。培训工作的效果往往不是立竿见影的，因此对受训人进行后期跟踪很重要，通过对培训效果的跟踪，组织者可以观察受训人如何将培训所学新技能和形成的好习惯转移到实际工作中，并且了解哪些不显著的因素会影响培训效果。这部分工作属于事后控制，它的重要意义在于为下一个 PDCA 循环的培训工作提供借鉴。

四、总结

摩托罗拉公司专门的调查研究表明：企业投入人力资源的开支和回报比率竟高达 1：30。完善的培训体系提高了员工本人的素质和能力，增加了企业产出的效率和价值，提高了企业的整体绩效。企业给员工提供培训的直接也是根本目的是保证员工完成企业所需要的工作绩效。培训后的员工能为组织带来高绩效，高绩效会给员工带来更多的学习新知识、新技能的机会，随着员工在实际工作中积累的经验越来越多，在培训中学的越来越多，员工的各方面素质都会得到大幅度质的提升，而这最终有益于提高组织绩效。总之，这是一种持久的良性循环。

（作者单位：北京物资学院劳动科学与法律学院）

参 考 文 献

[1] 周正勇，周彪 . 员工培训管理实操从新手到高手 [M]. 北京：中国铁道出版社，2014.

[2] 袁薇，刘缨 . 基于 PDCA 的企业培训系统构建 [J]. 电子科技，2013 (8)：188－189.

[3] 刘广生，陈强 . 基于 PDCA 模式的企业营销成本控制体系构建 [J]. 中国石油大学学报（社会科学版），2013 (5)：82－87.

[4] 季贤 . 企业培训质量控制研究 [J]. 山东商业职业技术学院学报，2012 (6)：10－27.

[5] 匡晓蕾，高扬 . 人员培训与开发——理论、方法、工具、实务 [M]. 北京：人民邮

电出版社，2012.

[6] 李广义. 人力资源管理 [M]. 天津：天津大学出版社，2009.

[7] 李兰. 基于 PDCA 循环的企业培训效果提高途径 [J]. 人力资源管理，2015 (8)：130.

SWOT 分析法在制造企业
人力资源规划中的应用

靳正伟[*]

内容提要： 当前我国经济下行压力加大和全球经济形势的复杂性几乎对所有企业都是一个严峻的挑战。所以企业保持竞争优势至关重要，而制定一个出色的人力资源规划可以借用 SWOT 分析法以减少决策的难度使企业保持竞争优势。本文重点探讨制造企业在企业人力资源规划中应用 SWOT 分析法的步骤、优点、缺点并进行了一些分析，也提出了一些对人力资源困境的解决方法，以期能够对企业有效地在人力资源规划中应用 SWOT 分析法，从而对提高企业核心竞争力有所帮助。

关键词： SWOT 分析法　人力资源规划　核心竞争力

一、前言

当今世界经济、科学技术等很多方面都在迅速发展变化，尤其是世界经济全球化、一体化过程的快速演进，全球信息化网络的建立和消费者需求的多样化，企业所处的内外环境更为开放，与此同时也带来了各种各样的不确定因素。这种变化无一例外对所有企业都是不可忽略的因素。正是因为这种情况，企业保持持久的竞争优势至关重要；企业要保持持久的竞争优势归根结底是要有优秀人才队伍作保障，所以，人力资源因素尤为重要。一个出色的人力资源规划不仅保证企业有人可用，而且在现在经济下行压力增大，企业间竞争日益加剧的情况下，对企业持续健康发展具有重要影响。制定一个出色的人力资源规划可以借用 SWOT 分析法来分析企业劳动力状况的优点与缺点，清楚自身的人力资源需求；分析公司外部环境、潜在应聘者和来自

---

   * 靳正伟（1988—），男，河南安阳人，硕士研究生，主要研究方向为人力资源管理。

同行的影响以制定合理的招聘计划，确定恰当的薪酬水平等；全面认清自己的优点与缺点还有外部影响以减少制定决策的难度，更精准地制定人力资源规划，使企业在快速变化的市场环境中保持竞争优势。基于上述情况，本文拟对在企业人力资源规划中应用 SWOT 分析法进行论述，以期为企业提供一些参考。

二、理论综述

1. SWOT 分析法简介

SWOT 方法就是采取联系的、全面的方式对组织内的优点、弱点和组织外的机会、威胁采用列矩阵的方法对这些因素进行分类，之后要对这些因素进行全方位的分析，从而得出相应的策略，以减少制定决策的难度，使企业在快速变化的市场环境中保持竞争优势。

2. 人力资源规划的内容与意义

人力资源规划（Human Resource Plan，HRP）通常也被称为人力资源设计，也就是说，根据组织的战略和战术，对组织未来的人员需要和通过各种渠道为组织提供人员的能力进行综合研究和评估，对组织中人员的获得、安排、有效发挥作用、保障等诸多方面进行系统分析，最终使企业有恰当的人才在必要时刻、相应位置上推动组织高效运转。

3. 在人力资源规划中应用 SWOT 分析法的可行性分析

SWOT 分析法其本质就是对组织内外各种因子——组织本身的长处和不足、组织外部的威胁和机遇的观察和分析，并把这些因素采用有效的方法逐一列出，然后把这些因素进行归类，最终要把它们落在一个矩阵中从而使它们一目了然。在建立矩阵后再采用完善的分析方法，主要是系统的分析方法把这些因素联系起来，使各种因素得到优势互补，依据这种原则确定一系列的规划和方案，使组织的决策变得更加容易。从以上的简要分析可以看出，这种分析方法具有相当大的通用性，只要分析客体所面临的各种条件与上述的描述相符合就能有效地应用这种方法，由此可见这种方法在企业中可以达到有效的应用来帮助企业提高经营水平，特别是在人力资源规划方面应用这种方法的优势更为明显，因为人是企业竞争的关键所在。在人力资源规划中同样具有这种分析所有的因素：企业内部的人员优势，组织内部在人力资源上的缺陷，企业在外部环境中人力资源方面的机遇和挑战，然后把这些因素进行归类，最终要把它们落在一个矩阵中，从而使人力资源规划的制定更加准确。

三、用 SWOT 分析法分析制造企业的人力资源现状

目前我国经济下行压力日益加大，经济增长趋缓，这导致企业间竞争日益加剧。2015 年 11 月 25 日新京报报道，仅东莞在 2015 年还没有过完就有 4000 家企业关门。在这种形势下制造业企业面临的压力可想而知，加强企业核心竞争力显得尤为重要；从我国制造业企业自身来看，我国制造业经过改革开放以来尤其是加入世界贸易组织以来，经过初步的发展有了自己的一套管理风格和范式。

具体而言，我国制造业企业在内外部环境中的优势、劣势、机遇和威胁分别如下：

1. 制造企业内部人力资源所具有的优势

制造业企业经过这几年的发展，虽然其一线员工流动性很频繁，但是在企业管理岗位特别在上层管理岗位的员工和一些技术骨干人员对企业的忠诚度很高，流动性很小，形成了一支稳定的核心人才队伍。这样一支核心人才队伍对企业的人力资源队伍的稳定起到了关键的作用，它可以保持企业的核心技术、核心文化不流失，同时也对其他员工起到示范和带动作用，尤其对新招来的员工可以在无形中传授企业文化、企业理念。

制造企业大多有一套自己的独特内部管理制度，我国的制造业企业在我国市场经济不完善的时期发展起来，为了适应环境制造业企业形成了各种各样的制度和文化氛围，虽然这些制度和文化氛围大多建立在经验管理的基础上，但在长期的发展过程中，经过不断的磨合渐渐形成了以辛勤工作、对工作负责、团队合作、资源共享等为主要内容的企业文化。这些企业文化对制造企业而言有助于员工高效地工作，提高企业生产效率，提高企业适应性。

2. 制造业企业内部人力资源的问题和弱点

招聘制度不完善。在我国制造业企业在招聘中存在的问题主要是招聘的目标、程序、对象往往偏离了招聘的要求，脱离了原有的目的，在聘用人员时往往夹杂着个人的好恶，戴着有色眼镜来工作。招聘没有一个系统的规划，什么时候缺人了什么时候想起来招聘，使招聘变成了救火行动，最后使企业反反复复的到人力资源市场上去寻找人才，这样浪费了企业的大量人力、财力还得不到良好的结果。招聘程序不严格不科学，导致招聘中容易出现失误。有时候人力资源部直接决定录用，或者总经理直接决定，用人部门不参与招聘造成不科学的招聘结果。

绩效管理体制不完善。在我国制造企业绩效管理体制中普遍存在的问题有：没有一个完善的绩效评估系统。在企业的绩效管理体系中，往往只注重绩效的设计和绩效评价这两个步骤，却忽略了对绩效评估动态的跟踪修改以不断适应新情况、新问题，对绩效评估的结果也往往被忽略，不能够意识到绩效评估结果在后期应用中的价值；考核的标准设计过于模糊，缺乏可行性。这样就不可避免地导致了考核人员在招聘时偏离了本来的目的，特别容易受到考核人员的主观态度，甚至心情的影响，导致有问题的考评结果。

3. 制造业企业外部环境中人力资源方面的机遇分析

随着社会的发展，我国人才质量有了很大的提高。我国在 2010 年 6 月 6 日制定了《国家中长期人才发展规划纲要（2010——2020 年）》，这是我国第一个中长期人才发展规划，是当前和今后一个时期全国人才工作的指导性文件。制定并实施《人才规划》是贯彻落实科学发展观、更好实施人才强国战略的重大举措，对于提高我国人才质量具有重大意义。这样企业在招聘中有了更多的高素质潜在应聘者，有助于使企业保持一支高素质的人才队伍，为企业的发展提供有力的保障。

目前政策环境为制造业企业提供了良好的机遇。在政治层面国家出台了一系列关于促进就业减免税收的政策，如财政部、国家税务总局关于支持和促进就业有关税收政策的通知，对企业在刚刚设立的职位中，本年刚录用拥有《就业失业登记证》的人，跟他订立 1 年以上的用人契约，在 3 年中依真实用工数予以定额实施企业税收优待。经济环境方面，党的十八届三中全会全面深化改革将更加充分发挥市场在资源配置中的决定性作用，政府职能加快转变，企业的发展环境持续优化，将进一步激发企业的发展活力，这样减少了政府干预促进了劳资双方自由选择。

4. 制造业企业外部的人力资源威胁分析

目前我国经济下行压力日益加大，经济增长趋缓，导致企业间竞争日益加剧，制造业企业面临新一轮淘汰潮；另一方面，随着经济的发展用工成本逐渐提高，近十年来我国经济保持了快速的增长，人民的生活水平进一步提高。目前，中国人均 GDP 超过 4000 美元，土地价格大幅上涨，能源、水资源等价格也在大幅上升，用工成本必然要与当前的经济发展水平相适应。用工成本的上升，使我国制造业企业失去了成本上的优势。

在全球化环境中复杂的全球经济形势增加了企业的不稳定因素。经济全球化的推进使全球经济系统联系更加紧密，在全世界任何一个地方的变化都会被迅速传导扩散，这种影响同样也会波及人力资源市场。

四、建立 SWOT 矩阵，制定合理的人力资源规划

1. 构建 F 企业的 SWOT 矩阵

表 1　基于 F 企业人力资源分析的 STOT 矩阵

	优势：S 1. 稳定的核心人才队伍 2. 企业有一套行自己独特的管理制度和文化	劣势：W 1. 招聘制度不完善 2. 绩效管理体制不科学
机会：O 1. 我国人才质量有了很大的提高 2. 目前政策环境为企业提供了良好的机遇	SO 策略： 发挥优势，抓住机遇 1. 巩固核心人才队伍，注重吸纳优秀人才 2. 进一步完善管理制度 3. 发挥独特的企业文化优势，抓住有利的政策因素	WO 策略： 抓住机遇，转化劣势 1. 健全招聘制度，完善绩效考评机制 2. 注重吸纳优秀人才进行有效的招聘
威胁：T 1. 当前经济下行和用工成本逐渐提高 2. 复杂的全球经济形势增加了企业的不稳定因素	ST 策略： 发挥优势，回避威胁 1. 发挥人才队伍和制度上的特点 2. 加强员工培训，提高企业的资本有机构成 3. 制定有效的招聘政策以应对不确定因素	WT 策略： 减少劣势，回避威胁 1. 健全招聘制度，完善绩效考评机制 2. 制定有吸引力的招聘政策，加强员工培训，提高企业的资本有机构成，制定有效的招聘政策以应对不确定因素

2. 发挥优势，抓住机遇的人力资源策略

这种人力资源策略的要点如下。

（1）巩固核心人才队伍

制造业企业在发展过程中形成了一支比较稳定的核心人才队伍，这样一支核心人才队伍对企业的整体人力资源队伍的稳定起到了关键的作用，它可以保持 F 企业的核心技术、核心文化，对其他员工起到示范和带动作用，可以在无形中传授企业文化、企业理念，所以企业应该给这些员工更多的保障，提高他们的忠诚度。

（2）进一步完善管理制度

我国制造业在我国经济环境的变化过程中逐步形成了在经验基础上形成的制度，这种制度对我国环境有一定的适应性，但由于缺乏科学性在实际的

操作中往往带有主观性，这导致在招聘中失去对企业核心竞争力提升有用的人才，在绩效考核中、在培训中损害企业的竞争力，所以要不断以现代的企业管理理念来矫正制度的缺陷。

（3）发挥独特的企业文化优势，抓住有利的政策因素

企业文化是企业的灵魂，制造业企业应当充分发挥自己以辛勤工作、对工作负责、团队合作、资源共享、有贡献就有所得为主要内容的企业文化，适时进行有效的企业文化宣传，激发员工的归属感、使命感，使员工对公司产生认同。企业文化能激发员工的使命感，提高企业人力资源效率，同时有效地捕捉有利的政策因素提高企业竞争力。

3. 抓住机遇，转化劣势的人力资源策略

（1）健全招聘制度，完善绩效考评机制

员工招聘是一项重要工作，它与组织的未来发展密切相关。制造业企业应当建立完善的、有条理的、清晰的人员聘用制度，使招聘人员在招聘时紧紧扣住企业的需求，不会偏离企业的目标，使招聘过程中有明确的依据和标准，最大限度地减少招聘时主观因素对招聘结果的影响，完善招聘制度，重新对招聘人员进行必要的培训，加强各级人员对人员选拔的认识，规范招聘条例，明确各部门在招聘中的位置，避免错位现象，从而为企业招聘到优秀的人才做准备。

完善绩效考评机制。良好的绩效评估程序能极大地发挥企业员工的潜能，提高员工工作的积极性，为企业创造优异的业绩。企业应当建立完善的绩效评估系统，详细地列出各项规定，减少因考核人员的个人爱好、固有偏见等方面主观因素的影响，建立合理的考核内容权重和考核指标体系，根据不同岗位、不同工作内容、不同管理层次，确定各自的绩效评估要求和评估指标。在确定考核标准的过程中，要考虑定量考核和定性考核的有机结合，最大限度寻求定量标准，保证考评的公平性和合理性；在设置考核指标时，把定量考核和定性考核有机结合起来，尽量选择能够量化的指标，不能量化的指标需要细化，以减少人员考评的主观影响，增加考评的客观性，提高考评结果的准确性和科学性。

（2）注重吸纳优秀人才进行有效的招聘

企业是否有一支高素质的人才队伍关系到一个企业的兴衰成败，企业应当在招聘中注重吸纳优秀人才，制定有吸引力的招聘政策为人才提供一个展现自我的平台，从制度上为企业的人才提供保障，使企业在招聘中能够吸引更多的高素质的潜在应聘者，有助于使企业保持一支高素质的人才队伍，为企业的发展提供有力的保障。

4. 发挥优势，回避威胁的策略

（1）发挥人才队伍和制度上的优势

如 SO 策略所述，企业应当巩固核心人才队伍，给这些员工更多的保障，提高他们的忠诚度，完善各方面的程序，并对员工进行相应的培训，发挥参谋人员在增加企业对人力资源配置的准确性方面的作用，制定量化的工作说明书。

（2）加强员工培训，提高企业的资本有机构成

为应对我国当前用工成本不断上升的挑战和经济下行的压力，企业应当改变自己的一些生产方式，在企业中增加资本有机构成，增强企业竞争力；同时，在信息化的大背景下也必然要求生产、操作的智能化，停留在原始的依靠大量人力来进行生产的企业必然会遭到市场的淘汰。为对企业中资本有机构成的提高做准备，就要对员工进行相应的培训，提高员工的技能使员工掌握现代化技术，增强员工的工作效率提高竞争优势。

（3）制定灵活的招聘政策以应对不确定因素

为应对复杂的全球经济形势带来的不稳定因素，在员工招聘中存在问题的企业应当建立系统、全面的招聘制度，注重招聘的灵活性。如在招聘时应当留一些有潜力人才，尽管现在企业不是很需要，但为减少未来的不确定性应当将他们留在企业。与一些应聘者保持联系，不单单从一个渠道获取人力资源，还要通过多种渠道如推荐、介绍等方式获取。

5. 减少劣势，回避威胁的策略

这种防御型策略，主要针对企业的弱点进行弥补。对制造业企业来说，对内就是要完善企业的招聘制度，为选拔合适的人才创造条件，完善绩效管理体制，提高考评结果的准确性和科学性，提升企业的凝聚力，提高企业的竞争力。

在外部为应对人力成本不断上升和严峻的经济形势，企业应当加强培训和增加资本有机构成，提高竞争力，为应对全球经济形势的复杂性，企业应当增加制度上的弹性，尤其是招聘政策的灵活性。

6. 结合 SWOT 分析的结果制定合理的人力资源规划

通过以上分析，企业制定合理的人力资源规划应注意以下几点：

（1）在企业内部要完善招聘制度，使企业招聘到的人才与企业的需要更加吻合，减少由于不合适的人力资源带来的损失；完善绩效管理体制，以减少在人员考评时的主观影响；增加考评的客观性、公平性，激发员工工作积极性；注重管理人性化，提高员工满意度；稳定核心人才队伍，发挥制度优势；利用企业文化，增加企业内部员工工作效率，有效控制企业内部的人力

资源需求。

（2）在外部环境中为应对不断上升的人力成本和复杂的经济形势，要增加企业资本有机构成，注重员工培训，注重招聘的灵活性以适应随着经济的发展带来的不稳定因素，捕捉有利的政策因素增强人力资源规划的准确性。

（3）最后，企业的人力资源状况是一个动态的过程，要长期保持人力资源的动态平衡就要适时对企业的人力资源状况进行监控。所以，应当建立一套基于企业优劣因素的人力资源保障制度。

五、结语

人力资源战略日益成为企业发展的关键因素，一个合适的人力资源规划能为企业提供强大的人才支持，使企业在激烈的竞争环境中立于不败之地。SWOT分析法从企业的优劣因素出发，使企业的优势、劣势、机遇和威胁都清晰地呈现出来，有力地保障了企业人力资源规划的准确性，有利于保持企业竞争优势。

（作者单位：北京物资学院劳动科学与法律学院）

参 考 文 献

［1］吴满财，乔芬，胡婷婷．高职院校的 SWOT 分析及可持续发展研究［J］．石家庄职业技术学院学报，2011（4）．

［2］文跃然．人力资源战略与规划［M］．上海：复旦大学出版社，2007．

［3］卓伟，殷宇歆，钟刘杰．基于中国人力资源的 SWOT 分析与波特五力模型的浅析［J］．中国商贸，2010（2）．

［4］蒋秋艳，郑芳梅．新建本科院校图书馆建设 SWOT 分析［J］．湖南科技学院学报，2009（5）．

［5］王琪延．企业人力资源管理［M］．北京：中国物价出版社，2002．

［6］薛丽丽．SWOT 分析法在人力资源规划中的应用［J］．合作经济与科技，2008（8）．

［7］刘明鑫，刘崇林．人力资源规划［M］．北京：电子工业出版社，2010：73－89．

［8］赵曙明．人力资源战略与规划［M］．北京：中国人民大学出版社，2012．

人才培养与就业指导

❖ 从人力资源管理课程建设视角谈科研成果引入教学

❖ 与职业岗位相对接的《社会保障学》课程改革

❖ 高校辅导员在大学生就业指导工作中的角色定位与作用

❖ 高校毕业生就业风险分析及其应对

❖ 物流类专业院校改革发展的必然趋势是校企合作

从人力资源管理课程建设视角
谈科研成果引入教学

弓秀云　周少华[*]

内容提要：本文从人力资源管理课程的视角，讨论科研在教学中发挥的作用，包括有效地提高了授课质量，将科学的思想方法、治学态度向教学转化，突破了课堂的限制等。

关键词：人力资源管理课程　科研　教学

自 19 世纪初德国人威廉·冯·洪堡提出"教学与科研相统一"的原则，并成功实践于其创办的柏林大学后，近代大学一般都具有教学与科研的双重职能。洪堡思想的精髓在于"将科学研究成果引入教学"。科研是教学的"流"，参加科研可以使得高校教师自身的学术水平和科研能力不断提高，视野思维灵活宽广，深刻理解教学内容，综合实力得到增强，并且可以通过在教学过程中向学生传授本学科最前沿的知识，介绍科研过程的思路和方法，激发学生的学习兴趣，培养学生进行探索性研究的能力，从而有效促进本科教学质量水平的提高。下面结合人力资源管理这门课程，谈一谈科研如何促进教学。

一、科研促进教师革新教学内容，有效地提高授课质量

高校教师在从事教学的同时不断从事科研，就可能使讲授的知识体系既有广度，又有深度，避免教学内容照本宣科，生搬硬套。例如，通过横向课题《首都医科大学附属北京妇产医院定岗定编设计》的研究，将妇产医院定

* 弓秀云（1978—），女，山西原平人，博士，副教授，研究方向为人力资源管理、劳动经济学；周少华（1979—），男（回族），安徽肥西人，讲师，法学硕士，主要从事大学生思想政治研究。

岗定编的实际成果带到《工作分析和岗位研究》的教学实践中，带领学生深入妇产医院进行问卷调查、访谈，并将问卷调查和访谈的结果整理成工作说明书，既解决了北京妇产医院定岗定编的问题，也将课题研究中遇到的实际问题带到了课堂，使课堂教学更加生动活泼，让学生学习的积极性更高；横向课题《朝阳区公共图书馆人才服务体系建设研究》对朝阳区图书馆出现的定岗定编、绩效和薪酬管理问题进行了分析，不仅解决了该馆人员配置不合理、绩效考核形同虚设的问题，还将研究过程中遇到的实际问题带到了《人力资源管理》课程的教学中；教材《人力资源管理法务》将人力资源管理专业知识和法律知识相结合，为本专业人力资源法务班的同学提供了教材参考；横向课题《北京天生天养食品有限公司人才培训体系的建立与实施》通过对公司目前的发展现状、面临的瓶颈和未来的发展趋向进行深入调研，提出了公司的人才发展战略构想，在此基础上，根据公司的人才队伍水平现状，构建了公司的人才队伍培训体系，并根据不同阶段、不同人才的培训需求，设计了相应的培训课程。通过 3 个月的培训课程实施，学员反应培训课程具有较强的实用性，能有效地提高他们的工作绩效。该项目收到了良好的应用效果，还将研究过程中遇到的实际问题带到了《人力资源管理》课程的教学中。

二、科研促进教师将科学的思想方法、治学态度向教学转化

科研是具有高度创造性的精微复杂的脑力劳动，它不但需要科学的思想方法，而且需要谨严审慎的治学态度，细致缜密的研究程序，实事求是的工作作风，而这些对于教学同样极为重要。如教学论文《人力资源管理专业本科教育发展现状与对策研究》对人力资源管理专业的人才培养定位、课程设置、教学方式、实习方式等进行了调查分析，对人力资源管理专业发展现状进行了分析思考；《大学生对创业教育的需求调查分析》和《大学生对就业指导课程的需求调查分析》对目前高校关注的大学生就业指导课程和创业教育进行了调查分析；教学论文《人力资源经济学之人力资本投资模块的案例研究》主要根据课程的内容，分为教育投资案例教学、培训投资案例教学、劳动力迁移投资案例教学和信息投资案例教学等，对课堂教学内容进行了细致的梳理；教学论文《论高校本科生科研活动中激励机制的构建》针对目前高校本科生在开展科研活动过程中动力不足的问题，构建科学的激励机制，坚持研究回报与学生利益关注点密切结合，内在激励与外在激励相结合的原则，并在实际实施过程中予以落实，

从而促进本科生开展科研活动的有效性。

三、科研反哺教学工作较为显著

科研促进教师培养学生可贵的创新精神和初步的科研能力，教师只有自己成为创造性人才，才能培养出创造性人才。教师只有从事科研，才能培养自己开拓进取的精神，不墨守成规，善于探索，勇于创新，通过言传或身教有形无形地影响学生，培养学生的创新精神和初步的科研能力。在教师的指导下，学生围绕自己感兴趣的科研问题，依托《大学生科学研究和创业行动计划》这个平台开展了一系列的研究，仅在 2014 年这一年中，就开展了 13 项学生的科研项目，40 余位同学参与，极大地调动了学生开展科研活动的热情。

四、科研促进教师教学突破课堂限制

科研促进教师教学突破课堂的限制，指向社会服务，指向知识经济。高校的三大职能是教学、科研和社会服务。科研会把教学和社会服务联结起来，成为学生与社会的纽带，理论与实践的中介，知识与经济的桥梁。在课堂内外，教师通过教学让学生了解科研，接触科研甚至从事科研，就可能使学生懂得应如何更新知识、活化知识、创造知识、应用知识，从而把自己培养成为适合于知识经济时代需要的智能型人才。在过去的三年里，人力资源管理专业教师积极响应学校到企业挂职锻炼的号召，共有 6 位老师到企业挂职锻炼。为企业解决实际问题的同时，也积累了宝贵的教学经验。例如，有的老师通过在中国国际人才开发中心担任测评总监，不仅为企业设计了测评业务、开发了测评工具、培养了测评团队、推动了项目的实施，还根据挂职内容，在学校申报了教育教改项目《组织行为学》中基础领导力"情景模拟"教学模式探索；参与学生处组织的实践周，为学生开设"人员素质测评技术应用"的讲座。有的老师在北京诺斯兰德生物技术股份有限公司挂职，了解公司需求和待解决的问题，培训公司人力资源预备干部，设计培训方案和人力资源测评方案，还与该企业创建校企联合的实践基地，为学生人力资源管理的实践提供了平台。有的老师在北京市人力资源和社会保障研究院挂职，参与该院重大项目《北京市高端人才引进政策研究》，进行课题调研、问卷设计、数据分析、报告撰写等工作，对北京市高端人才情况有了进一步的了解，还组织学生参与课题研究，让学生掌握问卷设计、数据分析方法。

从课程建设谈科研成果引入教学旨在强调呼唤高校管理者和教师重视"研"和"教"的关系，科研教学互动有利于教学质量的提高。通过科研教学的良性互动，培养了一支既能搞科学研究又能从事教学的师资队伍，学生学习的积极性得到激发，教师和学生均受益匪浅，教学质量得到提升。通过课程建设建立科研教学的良性循环，使课程建设在教学内容以及教材建设等方面得到支撑，科研成果及时转化进入课堂，丰富教学，提高学生的培养质量，培养了教师队伍，提升了学校的实力。教学促进科研，教学中的专业问题要勇于探索，在科研中得以解决。高校教师教学科研任务繁重，但是要能理顺科研与教学的关系，科研态度严谨端正，方法得当，经过努力可以在科研和教学上均取得丰硕的成果，完成知识探索、传播和育人的任务。通过科研引入教学，课程建设也使得科研进一步深入。

（作者单位：北京物资学院劳动科学与法律学院）

参 考 文 献

［1］王建明，周洁．从课程建设视角谈科研引入教学［J］．江苏高教，2007（3）．

［2］秦科，洪磊．关于科研和教学协调关系的研究［J］．实验室研究与技术，2007（12）．

与职业岗位相对接的
《社会保障学》课程改革*

李燕荣**

内容提要：在《社会保障学》课程中，把"社保管理师"职业资格培训的内容内化到课程的理论和实践教学中。通过对社保管理专员的岗位职责和任职资格进行提炼归总，劳动与社会保障专业学习本课程，应掌握社会保障体系以及其中各政策的相关原理的基本知识。整合主讲教师校外社保培训和企业咨询服务的经验和资料，基于社保专员的岗位职责、工作标准和对从业人员的资格要求，把"社保管理师"培训内容内化在《社会保障学》教学内容中，编写出与职业岗位相对接的《社会保障学》课程改革实施方案。

关键词：职业岗位　课程改革设计　社会保障学

《社会保障学》是一门交叉性和实践性强、同我国社会保障事业发展变革紧密关联、时代特色鲜明的课程。在《社会保障学》课程中，把"社保管理师"职业资格培训的内容内化到课程的理论和实践教学中，在各章节中设计关键性管理业务，带领学生结合理论和社保管理实践去学习、思考、操作和解决管理问题，突出社保管理业务的流程和关键环节，结合实验室模拟操作、国家和北京市社保法律法规、北京市社保界专业案例进行深入分析，实现专业课程教学与职业岗位相对接，培养和锻炼学生的社保管理操作技能和专家型咨询服务能力，是本课程改革的重点。

---

* 基金项目：北京物资学院"本科教学质量与教学改革工程——课程综合改革"。
** 李燕荣（1970— ），女，山东定陶人，副教授，全球职业规划师，高级职业指导师，星级职业指导师，研究方向为劳动与社会保障。

一、社保管理师职业岗位分析

我国《职业教育法》第一章第 8 条规定："实施职业教育应当根据实际需要，同国家制定的职业分类和职业等级标准相适应，实行学历证书、培训证书和职业资格证书制度。国家实行劳动者在就业前或者上岗前接受必要的职业教育的制度。"自 2011 年我国《社会保险法》实施以来，国家社保新政策不断涌出，地方社保经办机构的管理越来越规范，劳动者越来越关注社保权益，企业的社保管理越来越合规化和专业化。在此背景下，企事业单位对"社保专员"从业人员的需求越来越大。劳动力市场供需分析表明，企事业单位对"社保专员"从业人员的需求数量逐年上升，从 2011 年开始，劳动与社会保障专业、人力资源管理专业的本科毕业生首份工作为"社保专员"岗位的逐年增加。而且随着发展，社会对社保专员的要求也逐年提高，既要求社保专员具备企业社保实际操作技能，同时要掌握社保政策原理、能解答员工社保政策咨询和服务等，社保专员需要向实战型、专家型过渡，国家人力资源和社会保障部也推出了"社保管理师"职业培训项目，很受市场的欢迎。企业社保管理师证书已经成为企业社保管理人员从业的凭证，也是申请职业技能鉴定师职业资格培训的证明，是从业人员升职、加薪、求职、法律公证的有效证件，出国可作为专业能力凭证，全国通用，终身有效，全国各地人力资源和社会保障部门认可，具有权威性、广泛性和全国性。社保管理工作是未来十年炙手可热的职业，因社保实操具有一定的技术含量，社保管理工作成为广大应届生步入职场的一块敲门砖。而且随着各行各业从业者自我保护意识的觉醒，将会有更多的人群关注并学习社保相关知识。

对北京市劳动力市场的 287 家企业 381 个社保专员岗位招聘启事进行汇总和统计，对工作经验、工作性质、最低学历、管理经验岗位职责、任职资格等重点进行了分析，结果发现，企业对社保专员的需求与日俱增，对学历提出了本科及以上的要求占 75％以上，对工作经验、尤其是社保管理经验越来越重视，而对于社保管理专员的岗位职责和任职资格提炼归总见表 1。

表 1　社保管理专员的岗位职责和任职资格

岗位职责

1. 负责公司社保的开户、变更、注销，公司及个人信息变更等相关工作，熟练使用社保网上申报系统（增减补转变、报销、调整基数等），制作报表；
2. 及时收集社保相关信息，负责员工的各类社会保险，住房公积金的建立、维护、转移、费用缴纳等工作；审核社保月报；定期与社保机构对账、结账；
3. 办理工伤审批、生育津贴申领、医疗报销等业务；负责公司每年残保金、住房公积金的办理与缴纳；
4. 负责内退人员、正式退休人员的补贴发放工作；负责补充医疗保险、人身意外保险的申报及理赔工作等；
5. 负责与社会保险机构的沟通、协调，相关资料提供等工作，做好社会保障、福利等有关法律方面的咨询服务工作；
6. 及时学习和整理汇总国家和北京市社保最新政策；及时向相关部门及人员传达最新政策、负责解答社保相关的政策、规定等咨询与疑问；及时反馈办理情况并进行资料的整理、归档，在企业管理系统中做实做好数据核对、确认、维护等。

任职资格

1. 大学本科及以上学历，劳动与社会保障、人力资源管理、劳动经济、社会保障等相关专业毕业；
2. 1 年以上同岗位工作经验优先；有社保管理师职业资格证优先；
3. 熟悉国家、北京市相关劳动和社保的法规；熟悉国家及北京市五险一金的缴纳、申请、享受等相关政策；熟悉北京社保操作流程及社会保险相关软件；
4. 具有一定的组织能力和良好的执行能力、学习能力，积极主动、思维缜密、性格开朗，能够承受较大的工作压力，沟通协调能力强，具有很好的服务意识和较强的工作热情和责任感；
5. 有较强的数据处理能力，熟练掌握 EXCEL 等办公软件应用。

二、专业和课程特点分析

1. 劳动与社会保障专业特点分析

作为公共管理学科，劳动与社会保障专业培养目标及培养规格是：培养具有创新意识和开拓精神，具有良好职业道德，充分了解劳动力市场机制、熟练掌握劳动与社会保障管理理论知识和法律、政策，掌握现代人力资源和社会保障管理技术、具有较高职业素养和专业技能的应用型、复合型劳动与社会保障事业管理专门人才。专业特色为：劳动科学与法律学院同时拥有人力资源管理、劳动与社会保障、劳动关系和法学四个本科专业以及劳动经济硕士点，专业教学中多个专业相互支撑，培养过程中注重学生实用技能和职业素养的培养和历练，就业范围广泛，学生毕业后可在各级人力资源与社会保障部门、民政部门、各种人才、职介机构、工会系统、社保基金、各类企业和事业单位人力资源部门、社区基层等从事劳动人事、社会保障管理与服务等工作。专业核心课程有：劳动经济学、公共管理学、就业管理、劳动关系与劳动法、社会保障学、人力资源开发与管理、社会学、人口学、薪酬管理、职业安全与健康、社会保险管理实务、劳动争议处理实务、工作分析与岗位管理、社会调查方法、社会工作等。

2.《社会保障学》课程特点分析

《社会保障学》课程作为劳动与社会保障专业的核心课，是在经济学、管理学、社会学等多学科基础上发展起来的一门综合性、交叉社会科学，它是一门理论性、实践性都很强的专业基础课。课程涉及社会保障理论和应用两方面知识，包括养老保险、医疗保险、失业保险、工伤保险、生育保险和社会福利、社会救助等的理论和应用。因此对于该门课程的教学，既需要学生掌握社会保障理论和政策，也需要在立足现实的基础上，培养学生应用理论知识和相关政策解决实际问题的能力。

劳动与社会保障专业学习本课程，应掌握社会保障体系以及其中各政策的相关原理的基本知识，能够运用原理，结合中国实际情况查找问题并分析问题。本课程学习社会保障的基本原理、基本概念，认识国外社会保障实践和发展现状、趋势，学习理解中国社会保障制度的主要政策规定及制度特征，包括养老保险制度、医疗保险制度、失业保险制度、工伤保险制度和生育保险制度，以及最低生活保障制度等。学习社会保障管理实践中基本法规和政策的应用，熟练运用社会保障管理的基本理论和知识解决现实管理中有关社会保障的实际问题。学生熟悉社会保障制度规定，对掌握社会保障管理的基本技能具有引导作用。课程定位在帮助学生建起科学的社会保障理念，在掌握较为全面的社会保障理论和熟知中国社会保障制度规定的基础上，培养学生社会保障管理实践能力，为学生后续专业课程的学习和社会实践活动打基础。

三、与职业岗位相对接的《社会保障学》课程改革设计

整合主讲教师校外社保培训和企业咨询服务的经验和资料，基于社保专员的岗位职责、工作标准和对从业人员的资格要求，把"社保管理师"培训内容内化在《社会保障学》教学内容中，编写出与职业岗位相对接的《社会保障学》课程改革实施方案（见表2）。

表2 与职业岗位相对接的《社会保障学》课程改革实施方案

社保专员岗位职责及从业条件	社保管理师培训内容	《社会保障学》课程教学内容	课程教学方法
岗位职责 1. 负责公司社保的开户、变更、注销，公司及个人信息变更等相关工作，熟练使用社保网上申报系统（增减补转变、报销、调整基数等），制作报表； 2. 及时收集社保相关信息，负责员工的各类社会保险、住房公积金的建立、维护、转移、费用缴纳等工作；审核社保月报；定期与社保机构对账、结账； 3. 办理工伤审批、生育津贴申领、医疗报销等业务；负责公司每年残保金、住房公积金的办理与缴纳； 4. 负责内退人员、正式退休人员的补贴发放工作；负责补充医疗保险、人身意外保险的申报及理赔工作等； 5. 负责与社会保险机构的沟通、协调，相关资料提供等工作，做好社会保障、福利等有关法律方面的咨询服务工作；	第一章 职业岗位资格培训内容：介绍社会保险的基础原理、重要概念，企业办理社保业务需要面对的相关部门；获取社保信息的渠道；常见的社保基数核定规则、缴费核算办法、社保查询办法、地方社保经办常规步骤	前言 第一节 社保时代下的人力资源管理 第二节 人力资源管理下的社保管理 重点：社保专员职业与职业资格	讨论； 课件演示； 案例教学：社保与职业与生活 头脑风暴法：我知道的社保
	第二章 从社会保险法入手，介绍社会保险法的立法背景、政策变化，分险种详细解读各大险种的缴费基数、比例、待遇等相关政策规定。并从用人单位角度，详细解读社会保险法的影响。前瞻性介绍整体劳动用工政策的走势以及企业未来用工的方向	第一章 社会保障概述 第一节 社会保障体系 第二节 社会保障制度沿革 第三节 社会保障基金管理重点；社保的基本概念、历史及模式	课件演示； 讨论； 相互考查：案例分析
	第三章 养老保险实务精解：从劳动者职业周期曲线入手，图示化讲解养老保险基础原理。并介绍养老保险制度历史沿革、北京地方政策四大重要节点：183号另令养老金计发办法详细解读，指数化原理形象化讲解。养老保险待遇影响因素详解；退休经办流程实务；异地转移的退休办法	第二章 养老保障 第一节 人口老龄化与养老保障 第二节 养老保障制度的基本框架 第三节 我国的养老保障重点：统账结合，工龄和缴费年限，企业年金	课件演示； 讨论； 待遇高低 法律法规； 案例分析； 业务报表填报

续表

社保专员岗位职责及从业条件	社保管理师培训内容	《社会保障学》课程教学内容	课程教学方法
6. 及时学习和整理汇总国家和北京市社保最新政策；及时向相关部门及人员传达最新政策、负责解答社保相关的政策、规定等咨询与疑问；及时反馈办理情况并进行资料的整理、归档，在企业管理系统中做实做好数据核对、确认、维护等。 任职资格： 1. 大学本科及以上学历，劳动与社会保障、人力资源管理、劳动经济、社会保障等相关专业毕业； 2. 1年以上同岗位工作经验优先；有社保管理师职业资格证优先； 3. 熟悉国家、北京市相关劳动和社保的法规；熟悉国家及北京市五险一金的缴纳、申请、享受等相关政策；熟悉北京社保操作流程及社会保险相关软件；	第四章　失业保险实务精解：我国失业保险制度的历史沿革；失业保险金领取条件，失业金待遇计算；失业期间享受基本医疗保险待遇政策详解；无固定单位期间个人社会保险的三种选择及其优劣势比较，失业与劳动者身份、档案的关联等	第三章　失业保障 第一节　就业与失业保障 第二节　失业保障制度的基本框架 第三节　我国的失业保障重点：失业保险金待遇、失业与合同管理	课件演示； 讨论：待遇标准 法律法规手册； 案例分析； 业务报表填报
	第五章　医疗保险实务精解：医疗保险的原理和历史沿革；医保存折个人账户、医保手册、社保卡等详细解读；顶点医院选择、异地安置医保政策及经办流程实务、特殊病的医保政策及经办流程实务；4类保险情形图示化精细解析；医保报销省钱秘籍	第四章　医疗保障 第一节　医疗保险付费模式 第二节　我国的养老保障 第三节　医疗风险的管理重点：医保报销、医疗期管理	课件演示； 讨论： 法律法规学习； 案例分析：医疗期 业务报表：医保
	第六章　工伤保险实务精解：工伤保险三大原则，工伤保险的历史沿革；工伤的认定和不认定情形；工伤的4阶段处理经办实务；工伤保险10级待遇深度解析，社保支付待遇、用人单位支付待遇的量化分析；工伤违法成本计算；工伤的3大阶段处理应对关键点；工伤风险防控指引	第五章　工伤保障 第一节　工伤保险原则 第二节　我国的工伤保障 第三节　工伤管理的流程重点：工伤认定、工伤待遇、工伤人员的劳动关系管理	课件演示； 讨论； 法律法规自学； 案例分析； 工伤认定业务报表；工表7

续表

社保专员岗位职责 及从业条件	社保管理师培训内容	《社会保障学》 课程教学内容	课程教学方法
4. 具有一定的组织能力和良好的执行能力、学习能力，积极主动、思维缜密、性格开朗，能够承受较大的工作压力，沟通协调能力强，具有很好的服务意识和较强的工作热情和责任感；	第七章　生育保险实务精解：生育保险的覆盖范围、享受条件；3类生育保险待遇详细解读；北京生保险政策的历史严格；产前检查费报销、住院分娩费用结算，生育津贴申领等的经办流程实务；产假的若干规定	第六章　生育保障 第一节　生育保险的基本框架 第二节　我国的生育保障 第三节　生育人员的管理重点：产假、生育津贴、生育人员的管理和服务	课件演示； 讨论：生育的责任 法律法规学习； 案例分析：生孩子丢位子 业务报表：生表6
		第七章　社会救助 第一节　社会救助概述 第二节　最低生活保障 第八章　社会福利 第一节　社会福利概述 第二节　住房保障 第三节　残疾人保障重点：残疾人就业保障金、住房公积金	实践：参保状况的调查 课件演示； 法律法规学习； 案例分析：退出机制 业务报表：公积金报表 残疾人保障金缴纳
	第八章　社会保险热点难点解析：社会保险热点新闻背景解读，社会保险热点咨询解答技巧剖析，社会保险难点咨询解答技巧	第九章　社会保险费征缴业务 第一节　社会保险费征缴业务政策与业务规定 第二节　社会保险费征缴业务示例重点：社保登记、变更、增减员、注销、基数核定、月报	课件演示； 操作业务报表：登记表、变更、增减员、注销费基核定表； 月报表

续表

社保专员岗位职责及从业条件	社保管理师培训内容	《社会保障学》课程教学内容	课程教学方法
5. 有较强的数据处理能力，熟练掌握 EXCEL 等办公软件应用	第九章　社保内训模拟实战：社会保险内训设计、实施及模拟实战	第十一章　社会保险待遇给付业务 第一节　社会保险待遇给付业务政策与业务规定 第二节　社会保险待遇给付业务示例（五大险种）重点：养老、失业、医疗、工伤、生育保险待遇申领	操作：失业金标准； 工伤待遇 生育津贴及产假案例分析：
		第十一章　社会保险纠纷 第一节　社会保险纠纷类型 第二节　社会保险纠纷的积极应对重点：社保争议的类型、风险及应对策略	课件演示； 讨论； 社保违规的风险； 法律法规学习； 案例分析：企业的社保职责

为保证教学改革任务的落实，必须做好教学资料的准备工作，包括教学大纲的编写、教学日历的设计和学习材料等。尤其是教学实施方案，是教师组织教学的流程，是教师实施教学的指导文件。为此，本课程组在本学期课件、教学日历编写的基础上，重点完善了与职业岗位相对接的《社会保障学》课程改革实施方案。

四、与职业岗位相对接的《社会保障学》课程改革实践

1. 课程内容与社保专员岗位职责和工作标准相对接

目前全国开办劳动与社会保障专业本科有 189 所大学，他们的《社会保障学》大都侧重于社保理论和基础知识的学习，基于劳动与社会保障和人力资源管理专业的相互支撑，从 2008 年开始关注专业建设与职业岗位（群）的联系，建设了"社会保障管理实务实验室"，在《社会保障学》课程教学

中尝试实践教学。本项目以社保专员的岗位职责和工作标准为参考，重新系统化设计课程教学与实践内容，模拟管理场景，利用实验软件等让学生快速掌握社保管理业务流程和业务环节，历练职业技能。而且随着发展，社会对社保专员的要求也逐年提高，既要求社保专员具备企业社保实际操作技能，同时要掌握社保政策原理、能解答员工社保政策咨询和服务等，社保专员需要向实战型、专家型过渡，国家人力资源和社会保障部推出的"社保管理师"职业培训项目和职业资格证书已经成为企业社保管理人员从业的凭证，也是申请职业技能鉴定师职业资格培训的证明，是从业人员升职、加薪、求职、法律公证的有效证件，出国可作为专业能力凭证，全国通用，终身有效，全国各地人力资源和社会保障部门认可，具有权威性、广泛性和全国性。在教学中除了给够学生基本理论和基本知识，本项目组在实施中注重从岗位职业素质和技能出发，让学生有机会接触和解决现实管理问题，有能力进行专家咨询式训练。如在工伤保障部分，除了借助课件演示、讨论和工伤保险法律法规的学习外，通过案例教学分析让学生真正掌握工伤认定的条件，同时通过业务报表工表训练工伤待遇申领业务技能。在生育保障部分，重点结合"生孩子丢位子"案例的探讨和业务报表——生表6业务的处理，具体为"公司人力资源管理者看到不少员工在公司网站的论坛里追问北京生育保险待遇享受问题，一些员工道听途说，似是而非，王经理觉得有必要对员工进行专门解析，于是责成人力资源部社保专员，负责完成本公司社会保险宣教材料之一：《北京市生育保险待遇说明》（字数：500～800字）。"目的是让学生进行角色扮演：社保专员来完成工作任务——社会保险宣教材料，让学生在模拟场景中掌握住流程管理技能和咨询服务能力。

2. 采用互动式教学方式

在学习中，我们对教师的定位是：教师是引领者和陪伴者，而学生是探询者、争讨者和实践者；注重教师与教师的互动，同时也注意学生与学生之间的互动，学生分团队相互质疑、相互支持；并通过案例与实际问题的引导让学生进行理论与实践的互动，通过摆问题、分析问题、思考问题、解决问题来与课程的理论与知识进行不断地交叉和互动，并在学习中继续使用有效的"社保调查"来进行课内与课外的互动，课堂的学习、讨论和操作与现实中的参保、缴费、待遇、争议等问题及社会调查的实践不断互动。实践也证明，互动式教学有利于提高学生参与学习和实践的积极性，教学效果将优于单纯的课堂理论讲授。另外，个人感觉教师与学生的互动不只是在课堂，如我们在整个教学过程还包括课后的学习和师生的互动。如课后，有多名学生发来他们继续思考和探索的电子版，老师及时给予回复和交流的同时，在下次课堂上也注意把学生比较好的、有启发的地方与其他学生简单回顾一下，当然还包括下课后、其他业余时间，主动找老师问问题、与老师一起找机会来讨论的同学明显地比过去要多许多。

3. 考核以能力评价为核心

课程改革的一环还包括课程的考核。本课程尝试提高对社保管理工作岗位所需的基本技能和知识的综合运用能力，不再只是重视学生对知识的掌握程度，更重视对学生创新精神、实践能力、态度等综合素质的考查，而且是平时考核和期末考核项集合。如在"北京市参保状况调查"中，鼓励学生结对以小组的形式进行社会实践，建议学生进行社保对账单的收集、工资条的讲解和对调查对象的社保咨询和服务。很多学生是京内京外相结合，通过对亲戚朋友甚至是其他上课的老师进行调查和访谈，获得了一手的真实的资料，对参加保险的状况，从基数、比例、结果及感受方面做了全面的了解，远比我们在课堂上直接把现状给予介绍要来得直接、有震撼力。从评价重心来说，我们改变了过去只评价结果的现象，重视过程性评价，更多地考虑学生的进步和努力程度等因素。在课程期末考试中，传统的考试模式是一张试卷，而且试卷中那些实践性、能动性强的内容无法反映，只有回避，因此，学生们只要死记硬背就能顺利通过考试，这样不太适用于检查社会保障学课程的学习效果。本学期限于考试条件，虽仍采用期末卷面考试，但不再以概念、简答题的形式等进行考试，对于核心的、业务关键点采用填空和判断对错的形式进行重点考试，对于业务，按照场景实操的形式以关键报表业务进行考试，而对于创新和能力的考核，以分析论述题目要求学生结合管理实际进行延展式地拓宽思路和鼓励创新。考试内容以社保管理师职业技能为主要内容，一个2小时的考试也是学生梳理和总结工作内容的时间，目的仍是——帮助学生走上工作岗位后能得心应手，游刃有余。

五、与职业岗位相对接的《社会保障学》课程改革教学反思

从教学效果来看，采用与职业岗位相对接的课程改革提高了大部分学生的主动性和积极性，充分发挥了他们的动手力和行动力性，并最终呈现了丰富的学习成果，因而该教学法的应用相对比较成功。但是，在教学过程中也存在着一定的不足。如在课堂教学时，按照职业能力组织教学，部分学生认为动手操作、实地调查等就是作业，反映作业太多，在团队行动中有搭便车现象。对此我们做了分析和反思，准备在下一轮改革中，对部分业务进行改进，多结合真实案例精简部分内容，并由浅入深，便于学生自主学习。另

外，与职业岗位相对接，不只牵涉社保理论与知识，而学生对企业人力资源管理中的其他内容的掌握程度明显影响到社保管理能力的锻炼，如对于员工管理的"进"和"出"两个关口，牵涉员工合同的签订、实习期、合同的终止、中止、解除、除名等，部分学生因在其他课堂上只注重学习理论而缺乏自我判断和管理能力，作为管理专业的学生到了大三仍没有"工作""岗位"意识，这和我们专业课程结构比较封闭有关，学生在学习中往往是相对封闭地学习每一门课程，对于如何综合运用各门课程所学知识缺乏训练。在现实中讲授各门课程的教师也是相对封闭地传授知识，缺乏相互之间的沟通与合作。由于各门课程之间的衔接与沟通不足，缺乏人力资源管理业务流程这条主线的贯穿，学生在分别学习这些专业课程后，却仍然对各子系统以及各业务流程缺乏全面的认识，无法独立完成实际人力资源管理操作任务。而且，这种课程结构还在一定程度上阻碍了学生知识体系的融合和综合思维能力的培养。如对于社保管理在人力资源管理中的地位和作用、社保管理如何与其他子系统管理相衔接、相融合，学生缺乏思考和实践，而我们老师是有责任的：独自为战、各司其课，没有从学生成长和学生专业技能训练的角度去有意拓宽、延展学习内容和专业技能，这方面需要教师真正"用心"去思考学生的成长。关于这一点，我们认为，以往以单一课程学习的方式可以在高年级尝试打破惯例，以专题的形式，如"员工离职管理""劳动合同签订的前前后后"等进行专题式综合分享，或就在大三、大四进行综合实践课程的开设。

下一步教学计划是：课程教学与职业资格证相对接的同时，鼓励并支持学生考取社保管理师职业资格证。随着《社会保险法》等有关社保法律法规的健全，员工的社保权益的意识越来越强，企业对员工的代扣代缴的社保管理工作也越来越重视，国家人力资源和社会保障部协同中国就业促进会开发的"社会保险管理师"在一定程度上反映了实际工作岗位对职业技能的要求。下一步我们计划将职业资格证书考试的核心内容融入课程中，在"工作任务"的创设过程中参考职业资格证书考试的内容，这样既可以提高学生学习的积极性，也可以使学生更好地满足未来工作岗位的要求。但这对课程的授课教师要求更高，除了要全面把握课程教学内容外，还要熟悉职业资格证书的考试内容，起码要参加过职业资格的考试，最好是参加职业资格证书的培训师和辅导者，并对企业社会保险管理工作熟悉和有切身管理经验，将职业资格证书考试内容巧妙地融入工作任务中，这样通过课程的学习帮助和促进学生获取职业资格证书，真正体现"双证书"教育的特色。另外，结合职业岗位的需求与变化，对《社会保障学》课程的教学大纲、教学日历、课件等进行再修订。

（作者单位：北京物资学院劳动科学与法律学院）

参 考 文 献

[1] 麋丽琼．浅谈如何开展人力资源管理专业中社会保障课程的教学［J］.中国科教创新导刊，2010（12）．

[2] 曾煜．社会保障课程教学改革探讨［J］.中国电力教育，2010（8）．

[3] 张新文．对高校社会保障课程教学及实践模式的思考［J］.中国西部科技，2011（7）．

[4] 张俊娜．《社会保障理论与实务》课程考核方式改革探索［J］.职业时空，2012（7）．

[5] 谭晓辉．对社会保障概论课程教学改革的探索［J］.求实，2010（2）．

[6] 赵巍巍．激励在社会保障管理教学中的应用［J］.北京劳动保障职业学院学报，2009（4）．

[7] 代利风，周非．案例教学法在社会保障学教学中的运用［J］.黑龙江教育学院学报，2010（5）．

[8] 刘同苔，郭健美．互动式案例教学法在社会保障教学中的应用［J］.考试周刊，2007（22）．

高校辅导员在大学生就业指导
工作中的角色定位与作用

内容提要： 近年来，大学毕业生的就业问题日益凸显，毕业生就业工作已经摆在了高校突出的重要位置。本文就辅导员在大学生就业指导工作中的角色定位、存在的主要问题，以及如何进一步发挥作用等问题进行相应的阐述和探讨。

关键词： 辅导员　大学生　就业指导　角色定位

一、辅导员开展就业指导工作的优越性

1. 辅导员是高校学生就业工作中的规划者

大学生的学习与生活中，辅导员是他们最熟悉也是最信赖的人，也是最了解他们的人。大学生从开始跨入高校到毕业离校，自始至终和辅导员保持密切的接触。在新生入学开始，辅导员结合职业生涯规划课，根据学生成长的不同阶段合理设计就业创业指导方案。辅导员应是大学生职业生涯规划的指导者。学生一进入大学，辅导员就应针对学生特点开展形式多样的就业指导教育，帮助学生端正学习态度，树立远大理想，引导他们正确认识自己，制定职业规划，明确职业生涯每一个阶段的奋斗目标和实现目标的具体措施。辅导员可从日常管理工作中根据学生的实际情况参与学生的职业生涯规划制定，并因人而异地提出个性化的指导意见。所以，必须充分认识到的是，高校辅导员应该成为就业工作的主力军，他们对毕业生情况最熟悉，与

---

* 周少华（1979—），男（回族），安徽肥西人，讲师，法学硕士，主要从事大学生思想政治研究；赵恒（1979—），男，河北邢台人，讲师，体育人文社会学硕士，主要从事大学生思想政治研究。

其接触最密切，对其影响最直接。辅导员可以帮助学生明确现阶段的各项发展指标符合自身职业发展目标要求，并向学生传递社会现阶段本专业的发展状况和人才需求状况等信息，以及适当的就业期望值；辅导员引导学生做好自身职业生涯发展的中长期规划，以职业发展规划为目标，并配合就业指导课专业课教学以及平时的各种活动，带动学生全面发展，规范学生的各项行为，对学生加以培训和提高，逐步树立学生正确的择业观、价值观。让大学生以良好的智商、情商来主动适应社会。在就业指导工作中，能充分考虑到每个学生的家庭背景、性格、特点、专业能力、综合素质等，开展个性化的就业指导。帮助学生及时分析自身存在的优势与不足，转变就业观念。实现顺利就业，以提高就业指导工作的针对性。通过对这些情况的综合考虑，可以对学生的优点和劣势进行深入分析，让学生清楚自己的长处和不足，有针对性地改进，提高综合素质和求职竞争力，实现顺利就业。

2. 辅导员是高校就业工作中的服务者

辅导员作为大学生日常思想政治教育的工作者，也在就业指导工作中扮演着重要角色，是就业指导工作的具体实施者。辅导员通过与学生长期接触，掌握学生的性格特点，了解学生的特长和喜好，清楚学生的专业能力，熟悉学生的心理特征，是就业工作中最理想的一线指导师。

充分发挥辅导员在大学生就业指导工作中的作用，按照"全程化、全员化、信息化、专业化"的要求，辅导员在建立学生就业档案、收集就业意向、及时掌握政府对大学生就业创业的最新动态、就业工作程序的及时宣讲以及就业手续的办理等相关环节真正扮演了服务者的角色。辅导员积极发挥自身优势，在服务大学生就业工作中，积极拓宽毕业生就业信息渠道：与企业进一步加强联系，向用人单位推荐优秀毕业生，在学生与用人单位之间沟通对接的渠道；利用报刊、广播、网站等宣传手段和阵地，开辟大学生就业专栏，通报就业政策和就业信息。在毕业生与社会用人单位之间搭建信息平台做好大学毕业生的推荐工作，并做好对毕业生就业后工作情况的跟踪调查和用人单位评价的反馈，加强与用人单位的联系，形成长效机制，是就业工作中一线的具体实施者和指导服务师。

3. 辅导员是高校大学生就业工作中观念的引导者

如何积极引导大学生转变就业观念，树立正确就业观正在成为辅导员面临的重要任务。党和政府十分重视大学生就业工作，每年制定出台一系列支持、扶助政策，教育行政部门和学校有一套完整规范的管理服务办法和程序。新形势下，职业对学生的专业素质与能力有了新要求，就业所引发的职业道德问题日益凸显，辅导员是就业形势和就业政策的宣传者。

思想政治教育是辅导员的主要工作职能，辅导员可以在大学生的日常管理工作中加强价值观、就业观的教育。辅导员在加强对学生就业创业指导的同时可以充分发挥组织第二课堂的优势，将理想、信念、教育贯穿于学生培养全过程，引导学生摒弃唯金钱、唯权利的错误观念，树立国家利益为重，以社会发展为先的价值取向，将个人的命运同祖国的命运紧密联系，乐于奉献，乐于到祖国最需要的地方建功立业的成才观和就业观。辅导员有针对性地加强大学生的择业教育，引导学生更新就业观念，正确认识和评价自己，避免好高骛远，选择一些非自己专长的工作岗位，如政府机关公务员等。鼓励学生到基层去，到西部去、到更需求人才的地方去，为国家奉献的同时实现自我的人生价值。通过辅导员针对性的指导，鼓励学生多渠道就业，提高学生就业率，为学生发展、社会稳定和谐发展做出贡献。

4. 辅导员是大学生就业心理问题的疏导者

近年来，由于就业竞争日趋激烈，大学毕业生在求职过程中不可避免地遇到各种困难和挫折，从而引发焦虑、自卑、抑郁、嫉妒等心理问题。为了消除学生就业创业困惑，对于大学生在求职过程中所遇到的一些困难，比如求职受挫后产生的一些消极思想，辅导员会及时与其进行交流，分析其中的原因，并给予鼓励，帮助其克服困难，走出困境。辅导员本身心态健康，对于心理咨询的相关实践和学生个体的性格特性、行为方式等有较好的了解，比较容易依靠身份、阅历等优势为学生正确分析、认识自己，消除自卑心理、放弃心理，成为学生的就业心理咨询员和困惑的疏导员。要引导学生努力消除依赖心理，全面客观地认识和评价自己，要引导学生发挥自己的优势，扬长避短，调整就业期望值，树立积极向上的态度，不断完善自我，才能使学生在择业竞争中占据主动。对于那些在求职择业过程中信心不足，甚至自卑的学生，尤其是大学生在职业规划、求职择业过程中遇到的情绪波动或心理障碍，辅导员容易凭借角色优势，帮助学生客观分析问题，扬长避短，走出误区，最终实现顺利就业，保证毕业生就业的质量不断提高。

二、辅导员在就业指导工作中存在的问题

辅导员作为高校就业工作体系的重要一环，在就业方面开展了一系列工作，但仍存在着一些问题，这些问题影响了就业工作的有序开展。主要表现在以下几个方面。

1. 辅导员对大学生就业指导工作理论与实践知识掌握不突出

就业指导是一项涉及教育、管理、心理等多种学科知识的工作，具有较强的专业性。如何发挥高校辅导员在就业指导工作中的作用，是一项专业性很强的工作，这要求辅导员需要掌握系统的理论知识，了解国家就业方针政策。目前高校辅导员大多数没有系统学习就业指导理论及方法，在对学生进行就业指导时显得力不从心，指导也缺乏针对性和科学性，使得就业指导工作的专业化程度降低。另外，大部分高校辅导员队伍大都趋于年轻化，本身没有职场打拼的经历，缺乏社会经验和相应的人生阅历，缺乏必要的社会实践经验和实践知识，对就业指导的形式和内容比较分散、单一、针对性差，不能满足学生的需要，很多辅导员在对学生进行就业指导时，大多以就业政策传达、就业信息传递、毕业手续办理等为主，缺乏对学生连续性、针对性的指导和规划，不能提供贴近市场实际的高水平指导，且就业指导的内容过于肤浅，大部分只是讲讲就业形势和应聘技巧。讲择业的多，讲敬业的少，片面理解就业与择业的关系，忽视了正确认识社会需求规律的现象。

2. 辅导员就业创业指导队伍整体素质不专业

高校中从事就业创业指导的教师出身于各不相同的专业，各高校在就业创业指导队伍的组建上缺乏系统规划，几乎涵盖所有专业领域，但真正从就业相关专业或者心理学毕业的寥寥无几，队伍构成模式不够合理，而且大多没有经过专门的培训，水平参差不齐，目标模糊，对就业指导、职业生涯规划理论缺乏系统的学习和掌握，就业创业指导培训体系缺乏实效，导致人心不稳，流动性过高，从业人员缺少对此项工作的认可度，积极性和责任感不强，严重降低了就业创业指导工作的效果，影响了就业创业指导队伍的建设进度。一些辅导员缺乏系统的就业指导工作理论，在给学生进行就业指导的过程中显得力不从心，停留在讲解就业政策、收集需求信息、分析就业形势等，随意性强，缺乏科学性和针对性，不能帮助学生掌握一些有效的求职技巧，影响其自身素质的提高。

3. 有关辅导员就业工作的工作考核体系不完善

现在大部分院校的就业工作考核体系或制度都非常强调就业率，但并没有把辅导员平时的就业工作纳入就业考核工作中来，还没有制定具体的管理和考核办法，缺乏有效的管理和监督。这就导致辅导员职责不够明确，工作积极性不高，很多时候未把学生就业指导工作纳入到具体的日常工作中去，从而导致了自上而下的忽视和辅导员对就业工作的重要性和紧迫感的认识不足，影响其开展就业指导工作的积极性和实效性。学校在对辅导员的考核中更多地侧重辅导员在量方面的考核，轻视了对质的要求。从而造成学生就业的实际状况与辅导员的工作业绩考核关系不大的问题，影响了辅导员从事就业指导工作的积极性。有的辅导员仅凭着对学生的爱和关心默默工作，具有一定的盲目性，阻碍了辅导员系统和科学地开展大学生就业指导工作，制约了大学生就业质量的提升。

4. 辅导员工作模式制约着就业工作的开展

辅导员的工作中多为常规性工作，经常整日陷入事务性工作当中，形成了一种防御型、任务式的被动工作模式，每个辅导员都肩负着巨大的工作任务和工作压力，从而分散了从事就业指导工作的时间和精力，这种工作模式让辅导员很少有时间去了解和研究当前的就业形势，从而疏于对大学生进行科学的职业生涯规划指导和个性化的辅导，而只是满足于一般的就业信息服务。由于多种原因，使辅导员不知不觉中放松了对就业指导理论的学习，导致其没有足够的理论知识来指导学生的就业工作。这种工作模式在很大程度上制约了其在就业指导工作中的系统开展，没有形成从入学到就业全过程系统、规范和科学化的就业指导体系。

三、对辅导员做好大学生就业工作的思考

大学生就业质量高低不仅事关学生个人和家庭的幸福，而且还在一定程度上影响着高校的建设和发展，甚至生存，同时对构建和谐社会，全面建设小康社会同样具有十分重要的现实意义。

1. 加强理论学习，健全学习机制

就业指导工作是一项实践性很强的工作，就业指导的内容也需要与时俱进，不断更新，这就要求辅导员除了参加培训外，还要注重加强自身的学习，在平时工作中多钻研，多积累，提升就业指导能力。学校也应加强对辅导员就业工作指导能力的培训，并使培训成为一种制度。培训的内容包括理论培训、技能培训、调研学习、工作研讨等形式，不断提高辅导员老师的自身素质和业务水平。只有如此，辅导员才能得心应手地开展大学生就业指导和服务工作。因此，学校应健全学习机制，丰富辅导员就业指导知识，提高他们的就业指导能力，充分发挥辅导员在就业指导中的作用。可邀请就业指导方面的专家学者向辅导员进行就业指导方面知识的专题辅导，有计划、有步骤地分批选送辅导员参加就业指导相关培训，特别是参加职业指导师资格考试的相关培训并争取取得资格证书。

2. 提高自身素质，满足就业需求

就业指导是一项专业性很强的工作，无论是理论水平还是实践能力，对

辅导员的要求都很高。这就要求其一方面要具有广博的文化知识，即应具有教育学、心理学、管理学等综合知识，另一方面要具备调查研究和预测能力，以便准确把握、正确分析、科学判断就业发展趋势，同时还要具备获取信息、处理信息的能力及良好的沟通能力。

辅导员应认真学习就业指导理论及方法、研究就业形势和就业市场，了解当前大学生的就业观念和思想动态，有的放矢地加强就业指导工作。首先，必须丰富自身的就业指导知识，包括就业形势和国家相关方针政策、职业生涯规划理论和方法、求职择业技巧及相关心理知识等。其次，学校应健全辅导员学习机制，丰富辅导员就业指导知识来更充分地发挥辅导员在就业指导中的重要作用。对辅导员进行专门的培训，邀请就业专家向大学辅导员进行就业指导方面知识的专题辅导，有计划、有步骤地分批选送辅导员参加就业指导相关培训，并取得资格证书来提高他们的业务能力；辅导员自己也应该虚心学习，树立终身学习的理念，增强主动学习意识，丰富自己的就业指导知识，多听取就业指导方面的专家学者开设的理论实践报告和专题讲座；辅导员自己要勤思考，通过认真地思考找出自己在就业指导的实践工作和理论学习中存在的问题，针对问题再进行有效的学习和实践，做到理论与实践相结合，使自己成为一位知识化、专业化、专家化的就业指导老师。

3. 健全考核机制，提高工作热情

高校在制定辅导员工作职责时，要将学生就业指导工作作为辅导员的重要职责之一。如果在辅导员的工作职责中明确写入学生就业创业指导这一内容或将就业创业指导作为一部分辅导员的主要工作职责，将帮助辅导员明确自身在学生就业与创业工作中的角色与工作范围，从而对学生就业创业指导工作更加重视，自觉调整工作安排，制定相应计划，同时有章可循地开展工作。建设专门化的高校辅导员就业创业指导队伍，辅导员是关键，只有使他们身份明确、权责明晰，才能从根本上发挥辅导员队伍在学生就业与创业工作上的优势。

学校要建立完善的辅导员学生就业指导工作奖惩机制。第一，学校要对辅导员提出明确的工作目标，对于就业辅导工作考核优秀的辅导员要给予奖励，如对工作突出者给予物质和精神奖励、开展先进表奖等评选活动等。在对辅导员进行考核时，既要重视工作的量，更要重视工作的质，既要尊重辅导员的劳动成果，又要奖惩分明，以此来发挥高校辅导员在就业指导工作中的作用；第二，要明确责任，建立辅导员责任追究制度；第三，要努力形成从入学到就业全过程的系统化、规范化、科学化的就业指导体系。第四，在职称评定、职务晋升等方面，考虑其在就业创业指导方面的工作表现和实绩，将其在就业创业指导方面的工作量作为量化指标纳入评审体系，充分调动辅导员开展学生就业创业指导工作的积极性，提高工作水平；第五，要建立有效的管理和监督机制，只有明晰权责，将学生就业创业指导工作划入辅导员职责及考核范围，建立和完善包括激励机制，政策导向、规范管理等在内的驱动系统和调控系统，才能让辅导员把学生的就业指导工作作为一项主要的重点工作来抓，这也是学校开展就业工作的重要保障。

4. 营造新型模式，构建渠道畅通

就业关系到每个人的生存和发展，对初入社会的大学生来说，就业可能会影响他们一生的发展。辅导员必须站在这个高度看待就业工作，树立全程化服务的意识。要通过对新生的就业指导使新生具有进校就应该具有的观念。因为从他们开始报考学校、专业，就已经考虑到了自己的就业问题，所以我们在日常的思想政治工作中就应该时刻为他们的就业作铺垫。把学生的职业规划纳入到日常思想政治教育和管理之中，通过职业生涯设计来引导学生主动设计自己的人生。辅导员应积极投身到全员化、全程化的就业指导工作中去，努力工作，引导大学生遵循职业选择规律，遵循职业发展规律，科学理智地选择好第一份工作，开始自己的职业生涯，从而促使高校大学生就业工作更加系统规范、扎实有效地进行。辅导员应树立全程化服务意识，突出就业指导的针对性。应根据各个年级学生的特点，各有侧重，分步实施。一年级应侧重于指导学生适应和规划大学生活，教育学生树立职业生涯概念，培养职业意识。二年级应侧重于指导学生正确认识和完善自己，激发专业兴趣，根据社会需求和个性特点来设计自己未来的职业生涯，建立合理的知识能力结构，提高综合素质。三、四年级应侧重指导学生了解就业市场状况，进一步挖掘潜力，调整就业心理，逐渐适应社会。

总而言之，高校毕业生就业是一项内容十分广泛的系统性工程，需要来自个人、学校、家庭和社会等多方的共同努力。高校辅导员作为高校就业体系的中坚力量，更要充分认识到自身在高校毕业生中的独特优秀作用，根据学生的特点，高度关注就业工作，不断探索就业工作的规律和科学方法，大胆创新、勇于探索，敢于实践，结合自身工作实际科学有效地协助解决大学生就业问题。促进毕业生的充分顺利就业，对提高高校毕业生的就业率具有非常重要的现实意义，也为高校校园安定和谐发展奠定了坚实基础。

（作者单位：北京物资学院劳动科学与法律学院）

参 考 文 献

［1］李志．充分发挥辅导员在大学生就业指导工作中的作用［J］．消费导刊，2010（1）．

［2］唐黎，连瑞瑞．发挥辅导员优势，做好就业指导工作［J］．中国大学生就业，2008（24）．

［3］吴济龙．高校辅导员参与大学生就业创业指导工作研究［J］．佳木斯教育学院学报，2012（3）．

［4］钱坤．如何发挥高校辅导员在就业指导工作中的作用［J］．环球市场信息导报，2011（7）．

高校毕业生就业风险分析及其应对

何浩淼*

内容提要：在我国已经进入高等教育大众化阶段的背景下，高校毕业生的就业也面临着很大的挑战，就业难的问题更加突出。社会、学校和学生自身等方面存在的一些问题，使高校毕业生就业时的风险加大。因此，要通过政府制定相关法律法规和政策，学校进行改革和加强学生各方面的教育，学生自身提升整体素质并且转换就业思路来应对高校毕业生就业时存在的各种风险。

关键词：高校毕业生 就业风险 应对

据人力资源和社会保障部数据显示，2014 年全国高校毕业生人数达到 727 万人，相比 2013 年 699 万毕业生增长 28 万人次，增量不大但总量很大，再创历史新高，被冠以"更难就业季"称号。从 2001 年至 2014 年的 13 年间，全国高校毕业生总量由 115 万人次增长到 727 万人次，翻了近 6.32 倍，就业形势严峻。在这种大环境下，就业市场的竞争压力在增加，高校毕业生的就业风险也日益凸显。高校毕业生的就业是整个就业市场的很重要的一部分，也可以说是国家宏观经济的重要组成部分。就业问题是学生、家长乃至整个社会都迫切关注的事情，它是关乎人民切身利益，影响社会和谐安定的重大问题。因此，高校毕业生如何甄别就业时存在的风险以及能否很好的应对，是顺利就业并实现人生价值的重要前提。

一、高校毕业生就业时的风险

1. 高等教育进入大众化阶段带来的就业风险

（1）就业人数众多带来的就业风险。大众化教育即是教育面向大众，高

---

* 何浩淼（1992—），女（蒙古族），内蒙古自治区赤峰人，硕士研究生，研究方向为法律经济学。

等教育大众化就是使大众都有接受高等教育的机会。毫无疑问的是，大众化教育可以提高全体国民的素质，可以体现中国正在学习西方发达国家成功的教育大众化的经验，也是我国在知识经济时代的竞争中发挥人才优势的发展战略目标。但是，我们不能否定的是，目前我国社会和经济的各种制度仍然无法与高等教育大众化的高速发展势头相匹配。比如：相对薄弱的基础教育；高等院校学生数量的增长水平无法与其质量的提高水平相匹配；一些民办高校无法在短时间内承担高等教育大众化的重任。一个同样重要的方面是目前的经济发展水平无法提供足够的就业岗位来满足人数日益增多的高校毕业生。这就导致了为数众多的高校毕业生面临着毕业即失业的风险。

（2）教育管理、环境以及师资等方面带来的就业风险。在信息不对称的市场环境下，信号机制成为交易双方传递信息的重要途径。在劳动力市场环境中，学历文凭、职业资格证等是劳动者传递自身资质的重要信号。所以，在校期间的学习成绩、各方面表现的水平证明、毕业证以及学位证等都是高校毕业生在就业求职过程中的重要砝码和"敲门砖"。但是，在取得这些证明的过程中会出现一些问题，自然这些问题会将风险延续到高校毕业生的求职过程中。

目前高等教育大众化还在发展阶段，程度还有待提高，各个方面还有待完善。在这种教育背景下，教育管理方面的难度加大，教育环境和师资问题也日益突出。高等院校由于在校学生人数众多，管理压力骤然增加，学生的日常管理从思想教育到行为约束都存在着一些滞后。高等院校招生人数规模的急剧增大导致师资力量不足，教师教学任务的压力变大，因此参与学术研究的时间相应减少，这就导致授课质量会有一定程度的下滑。教育整体环境也在这种教育大众化的背景下有所下降，一些如"高校宿舍不够用，学生校外租房"的标题经常见诸报端。这种情况，一方面，无法保证学生在校学习期间的人身安全；另一方面，在校大学生还处于人生观和价值观尚未定型的发展阶段，需要学校进行相关的约束和指导。这些因素都会对高校毕业生的整体素质造成影响，并因此使他们的就业产生一定的风险。

2. 用人单位和社会上的一些不诚信行为所带来的就业风险

（1）应届毕业生劳动协议的不合理签订。《全国普通高等学校毕业生就业协议》是应届毕业生第一次就业时所必须签署的协议，简称三方协议。三方协议由毕业生、用人单位和学校三方之间就学生就业方向签订的一种协议，对签约的三方都有约束力。就业协议在毕业生到单位报到、用人单位正式接收后自行终止，因此具有时效性。此就业协议是明确毕业生、用人单位、学校三方在毕业生就业工作中的权利和义务的书面表现形式。其中，毕业生的就业风险主要存在于就业协议上的试用期、见习期的时间以及违约金的问题等方面。根据合同期的长度，试用期可以是1~3个月不等，通常试用期为3个月，不得超过6个月。但是，一些用人单位就利用毕业生在就业难的背景下而产生的弱势就业心理，随意延长试用期。或者试用期期满，就将毕业生辞退，以此来获得廉价劳动力。在签订协议时，为了留住人，有些用人单位会将违约金的数额定的很高。违约金是约束用人单位和毕业生双方的条件，然而一些用人单位只是单纯规定毕业生违约应该支付的违约金，却没有规定自己违约应该支付的违约金。这种不公平的就业协议给高校毕业生的就业也带来了很大的风险。

（2）"黑中介""高薪招聘""传销陷阱"。目前我国已经进入互联网时代，科技进步的同时也在改变着我们的生活方式。现在大部分的高校毕业生不再穿梭于各大招聘会，而是选择网投这种方式来找工作。"福兮祸所伏，祸兮福所倚"可以解释高科技给我们带来便利的同时也给我们带来了麻烦。用人单位也在各大招聘平台上进行招聘信息的发布。一些"黑中介"便应运而生，通过发布虚假招聘信息来实现不法目的。这些黑中介通过在网上复制招聘信息然后发布到58同城、赶集网等招聘网站上，将招聘条件降低，打着免费介绍工作的旗号吸引求职者的关注。一旦有人来应聘，这些黑中介便向求职者索要几百或上千元的管理费、服装费、培训费等。当招聘人员到招聘公司报到时，得到的答复往往是不符合条件或者已经招满。当求职者再次返回到中介公司时，他们又会编造各种名目，继续骗受害人的钱财。这种现象无疑会给高校毕业生求职时带来很大的风险。

一些用人单位打着"高额薪酬、理想职位"的旗号进行招聘，同一家单位的同一个岗位几乎每周都在招聘，相同的招聘内容，甚至连笔试和面试内容都相同。求职者入职后，发现用人单位根本无法兑现招聘信息中的诺言，工作内容也是无一例外地与承诺不符。还有一些用人单位在网络上进行所谓的高薪招聘，求职者无论是以什么职位进行应聘，最后都被分配去做一些工作环境很差且工作强度很大的工作。这些打着"高薪招聘"的幌子，并且相应的招聘要求较低的招聘信息，求职者无一例外地要被收取一定名目的费用。

一些不法分子利用学生社会阅历浅，急于找工作的心理，以招聘、实习等名义，通过各种渠道向校园渗透。利用网络平台，以"网上培训""网络加盟""私募资金""股权投资""网络销售""网上培训"等面目出现，在互联网上发展人员，要求缴纳一定费用或购买产品、积分、返利等。由于高校毕业生的生活经验不足以及对传销的危害性不是特别清楚，导致一部分毕业生在求职阶段误入歧途。

3. 高校毕业生个人层面问题导致的就业风险

（1）知识结构与就业需求不匹配。当今时代，只掌握一个专业或者只是掌握教科书上的知识是远远不够的。因为，目前市场经济环境复杂多变并且作为经济主体的企业的预期也不尽合理。这些都导致了在动荡的宏观环境下，需要毕业生的知识结构更加多元，知识网络更加庞大，以此来应对不断出现的新状况。目前高校毕业生自身知识结构的不完备也导致了就业的风险。因为永远不要把所有的鸡蛋放在同一个篮子里，通常高校根据"社会需求方法""人力需求方法""技能需求方法"预测教育需求，并且根据教育需求的预测结果，分门别类地培养学生，按照学生所学专业把他们分配到相应的岗位上。可是，运动是事物存在的属性，任何理论和方法都不是绝对正确的，都有一定的适用范围和条件。当大学生毕业的时候就业环境已经发生了改变，现实与学校之前的一些预测产生了偏差，就会导致之前培养的一些专业的毕业生供过于求并因此难以就业。

（2）个人期望与就业需求不符。由于传统的高校精英教育理念已经深深地驻扎在中国人的心里，所以即使目前已经处于高等教育大众化的阶段，很多大学生工作预期很不符合就业需求。比如，一些人一毕业就期望得到一份高薪并且发展空间大的工作，甚至期望马上就可以买房买车。这些期望和想法虽然合理，但却有些急功近利，导致在就业时不能正确地定位自己。个人期望和就业需求不符，就会产生用人单位和毕业生之间选择的博弈。一方面，求职者很难找到自己心仪的岗位；另一方面，企业对求职者的了解仅仅凭借一张简历和一两次短暂的面试是片面的。根据毕业生的要求将其安排在并不适合的岗位上，导致其不能很好地发挥自己的聪明才干。一方面会影响毕业生的发展前景，另一方面也会给企业造成时间成本和资源浪费。

由于我国地区经济发展不平衡，东部沿海地区经济发展水平较高，相应的就业岗位也较多，毕业生比较愿意留在东部沿海地区。然而，挑战与机会并存，这些地区的就业竞争压力也很大，工作岗位的人员流动性也大，高校毕业生的就业风险也随之产生。西部偏远地区仍然有待开发，发展过程中也蕴含着很多的机会。但是那里目前工作种类相对比较单一，工作岗位也相对较少。毕业生去西部就业也许在有限的条件下约束自身的发展，但也有可能会最大程度的发挥自己的优势。这些都是高校毕业生在就业时个人期望与现实就业需求之间博弈所产生的风险。

二、高校毕业生就业风险的应对

1. 从政府层面应对高校毕业生就业风险

高校毕业生的就业是我国在新时代背景下，人才发展战略的重要实现形式，是社会大众极其关注的问题，是每一个高校毕业生人生理想实现的重要途径，是实现中国梦的重要基石。创造一个安全并有保障的就业环境，首先要关注的就是政府的力量。政府应该加强顶层设计，把高校毕业生的就业真正纳入到社会整体福利体现的重要组成部分中来。政府应该出台一些政策来规范就业市场的秩序，制定有关条例来规范用人单位招聘信息的发布，建立信息真实可靠的信息发布平台。加强对用人单位从招聘信息的发布到具体招聘过程全程化的监管，以此来克服就业市场这方面的缺陷，确保高校毕业生在就业市场上的安全，维护就业市场有序运行。政府还应该对就业歧视等阻碍就业市场健康发展的不平等行为作出相关规定进行解决。同时，要对毕业时未能马上就业的毕业生提供一些必要的生活援助的保障。这样既可以缓解高校毕业生的一些就业压力，也可以在一定程度上维护社会稳定。

政府需要增加就业渠道，从政策上引导高校毕业生另辟就业途径。北上广这些一线城市，还有东南沿海经济发达的地区，这些地方有着得天独厚的就业资源和就业机会，但是竞争的压力也是非常的大。目前，国家也在大力地发展中西部以及东北老工业基地，政府可以出台一些优惠政策，鼓励一些新兴行业、前沿行业、大型生产线去这些地方发展。在我国中西部和东北老工业基地的广袤天地里，高校毕业生完全可以投身其中，没有一线城市和东部沿海城市的拥挤和激烈竞争，每个人都有更多的机会去实现自己的中国梦。

2. 从学校层面应对高校毕业生就业风险

高校要改善专业结构设置。现在高校毕业生就业存在风险的一个原因就是很多专业的毕业生产出过剩，还有一些专业所学的知识并不能应用于相关岗位上的工作中。高校应该根据社会经济形势、各个行业发展状况、自己院校的资源优势等条件来设立相关专业，科学的计划相关专业招生人数，而不应该盲目跟风地设置一些目前所谓很"火"的专业。任何产业都有生命周期，其中包括初创期、成长期、成熟期和衰退期。现在很热门的产业有可能正处于成长期或者成熟期，高校就势设置了一些相关的专业，并且招生人数较多。这些专业有可能在短短的几年内因为经济形势的变动和政府政策的变化，相关行业开始进入衰退期，必然导致需求的就业人数下降。高校应该大力发展应用学科和前沿技术学科，对于传统学科可以从课程设置、培养模式、教学方法等方面进行改革，引导学生更多地进行自我学习和研究。目前就业市场普遍反映出的情况是"学生找不到工作，企业招不到人"。因此，教育部要求 1999 年后专升本的 600 多所地方本科院校转型为应用型大学。

高校还应该加强学生的就业指导，从多个方面帮助学生提升就业水平。首先，学校应该从学生一入校就开始进行就业相关培训，从就业政策的解读、就业环境的分析、就业信息的筛选等环节进行训练。学校还可以举办一些就业讲座，邀请一些企业来为学生讲解就业时需要具备哪些条件。学校可以和一些企业建立良好的合作关系，实行订单式的培养模式，这样也可以使高校毕业生学有所用。高校应该加强学生法制意识的培养。目前就业市场上出现的"黑中介""高薪陷阱""传销陷阱"等现象，一部分原因是高校毕业生的法律意识薄弱，无法分辨和判断一些不法现象。学校应指导学生学习好《劳动合同法》《劳动法》和《劳动合同法实施条例》等法律法规，使毕业生能够运用法律武器保护自己应有的权益。

3. 从个人层面应对高校毕业生的就业风险

学生应该加强自身素质的提高。在进行专业学习时，对于知识要进行多元化的学习。一方面，不能仅仅学习本专业的知识，还要学习其他相关专业的知识，以使自己的知识网络更加全面。同时，也不能仅仅学习课本上的知识，因为课本上的知识大部分是进行原理性的阐述，应用性不强。要想能够顺利地就业，还需要学生们去深入了解目前市场上相关行业的发展形势以及前沿技术。所以，学生在校期间应该更多地注重实践方面的训练，不仅要掌握扎实的专业理论基础，还需要锻炼其他方面的素质，如人际交往能力、环境适应能力、组织管理能力、创新能力等其他方面的能力。

学生还应该合理设置自己的就业预期。多关注各种正规渠道的就业信息，合理地定位自己，开拓自己的视野，同时要放宽自己的就业范围，不要给自己设限。因为，有时换个角度看问题，就会别有洞天。

（作者单位：北京物资学院劳动科学与法律学院）

参 考 文 献

[1] 傅雪松. 我国大学生就业风险的类型化分析和风险防范 [J]. 经济研究导刊，2014 (17).

[2] 王荣，崔权维，张玉杰. 关于工科院校大学生挂科现象的探析和思考 [J]. 科技风，

2014（24）.

［3］崔得华，刘春丹．论高校大学生就业风险意识和职业选择［J］.西南农业大学学报（社会科学版），2013（5）.

［4］洪欣．目前大学生面临的主要风险及对策分析［J］.江苏科技信息，2013（14）.

［5］杨建超．大学生就业弱势全体存在的社会风险分析及其应对［J］.教育与职业，2011（14）.

［6］王德炎．金融危机下大学生就业应对策略的思考［J］.中央社会主义学院学报，2009（4）.

［7］武向荣．大学生就业风险和职业选择［J］.当代教育论坛谈，2005（11）.

［8］孟祥龙，李莹．影响大学生就业因素分析和应对策略［J］.沈阳农业大学学报（社会科学版），2007（1）.

物流类专业院校改革发展的
必然趋势是校企合作

杨 狄 *

内容提要：通过对物流人才现状进行分析，发现高校物流人才培养过程中存在的若干问题，基于相关理论与实践提出校企合作，构建物流专业学生素质拓展课程与实践环节实施方案。

关键词：校企合作 物流人才 课程

一、引言

我国物流行业产生较晚，从 20 世纪 80 年代至今，国内经济体制改革带动了商品流通和国际贸易的发展，物流活动也随之转型升级，物流技术、物流服务管理水平、物流服务质量和服务能力都有了显著提高。现代物流是国民经济的基础，国民经济各个领域的物流经济活动横向构成了物流产业。目前国内物流呈现了需求扩张，企业物流社会化与专业化增强，物流企业追求个性化，物流市场日益国际化，物流基础设施建设与整合加强等趋势，物流行业的竞争也日益加剧。

当前，我国物流行业的整体水平与发达国家相比仍存在一定差距。现有的物流从业人员综合素质较低，缺乏专门的物流管理人才，物流服务体系不够完善，面对转型期的需要，传统企业的经营模式不适合现代化的物流管理系统，粗放式经营的格局没有得到根本性改变。物流行业也面临着转型和升级，对各层次物流人才的数量和能力需求随之改变，这对高校物流人才的培养提出了新的挑战。我国各层次物流人才结构严重不合理，低层次操作型人员较多，而既懂技术又懂管理的复合型高级人才极为短缺。为了能够提高高

---

* 杨狄（1963—），女，北京人，副研究员，研究方向为教育管理、应用社会学。

校物流人才培养与社会需求的匹配度，本文将主要从校企合作的角度研究高校物流专业学生的教学如何进行改革。

二、现代物流人才现状分析

1. 现代物流人才定义

现代物流系统化、信息化、网络化、国际化、成本最小化和供应链一体化等特征，对物流人才又提出了新的要求。现代物流人才是指那些不仅了解专业物流知识，而且还掌握管理学、经济学、计算机科学、物流相关法律、外语等方面知识的人才；现代物流人才要具备极强的业务能力、职业发展能力（如学习能力、人际沟通能力、计划组织能力、异常事故处理能力、创新能力）、团队合作精神及吃苦耐劳等品质，能够有效解决物流活动中存在的管理、运输、信息、法律、语言等多方面问题。

2. 现代物流人才分类

现代物流人才按类别可分为物流企业人才、企业物流人才、规划咨询物流人才、国际物流人才、科研教学物流人才等；按层次可分为基层管理和操作人才、中层和高层管理人才，目前国内物流人才结构呈现"金字塔"状（如图1）。

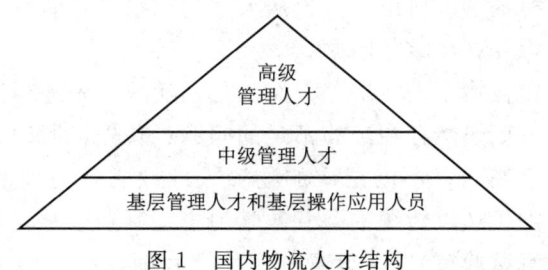

图 1　国内物流人才结构

3. 现代物流人才需求现状

2015 年是物流产业转型升级的一年，在互联网＋时代，电子商务高速发展，中国的传统产业产生了革命性的颠覆，当今现代物流是集管理、采购、仓储、运输、包装、配送、经济、社会、计算机等多方面知识和技术于一体的综合性行业，必然对专业物流人才产生了大量需求。而国内物流人才一方面存在数量缺口，尤其是那些高级物流管理人才和技能型人才，另一方面存在能力差距。

2011 年我国专业物流人才的需求量近 40 万，其中沿海地区对中高级物流人才的需求约以 15％ 的速度增长。根据经验数据，物流产业高端的规划型人才大约占总需求的 10％ 左右，其中物流规划咨询、物流外向型国际人才、物流科研人才最为缺乏；中级管理型人才大约占总需求的 30％，初级基层人才和一般的操作人员大约占总需求的 60％。

三、国内高校物流人才培养存在问题分析

高校承担着物流人才培养的重任，9 月 19～20 日，由中国物流与采购联合会与教育部高等学校物流管理与工程类专业教学指导委员会联合主办的"第十四届全国高校物流专业教学研讨会"在镇江召开，热议"一带一路"下的物流人才培养，旨在探讨自贸区与物流人才培养若干问题，并加强国际合作与交流，向国际化人才培养目标看齐。

我国目前约有 450 所本科院校和 923 所高职院校、867 所中职院校开设了物流专业（主要分为物流管理和物流工程两个方向），物流专业毕业生的数量迅猛增加。据统计，我国现有物流从业人员中拥有研究生学历者比率约为 3％，本科学历者约为 19％，专科学历者约为 37％，中职学历者约为 41％。根据美国奥尔良大学进行的全美物流业管理者教育程度调查显示：美国大约 92％ 的物流业管理者具有学士以上学位，41％ 具有硕士以上学位，22％ 具有从业资格证书。所以，无论从人才的数量还是质量来看，我国物流专业人才的培养都存在严重的问题。

尽管我国高校在物流人才培养方面也是紧随国外先进步伐，但国内高校在物流人才培养方面仍然存在经验不足的问题：首先，所构建的物流人才培养方案滞后于社会需求，不同层次的物流人才缺乏针对性的培养标准；其次，在教学模式上仍然以传统的课堂教学为主，实践教学大多流于形式（如模拟实验室、仿真试验室），所设置的实操课程缺乏统一的标准，实践教学质量难以把握；对物流人才的就业指导工作落实得不够彻底，对物流就业市场的调研工作力度欠缺；校内物流师资力量薄弱，部分教师缺少实践教学经验，校内实践设施、校外实践基地紧缺。

这些问题的存在，使得高校物流人才的培养存在一定滞后性。一方面存在严重的工序不匹配问题，目前国内院校的物流人才培养呈橄榄形，即两头小中间大，高端物流管理人才和技术型人才较少；另一方面由于大量的物流专业毕业生的动手实践能力偏弱，与社会需求的复合型物流人才的要求存在差距，从而降低他们的就业竞争力。因此，物流人才"用工荒"和"就业难"并存的局面得以出现。

四、校企合作的物流人才培养研究

校企合作教育是以市场需求为导向的一种教育模式，学校与企业（社会）合作，以实现资源共享和优势互补。校企合作是理论与实践相结合的教学方法，兼顾学生理论教育和实践能力的培养，给学生提供良好的实践机会和实践条件，有助于提升高校育人的针对性和适用性，增强学生的就业竞争力。同时，校企合作教学模式能为企业所需人才进行"量身定制"，所培养的人才能更好地满足企业的需要，为企业的发展储备人才。另外，在某种程度上起到了一定的公关宣传作用，提高了企业知名度，真正实现了学校社会效益最大化和企业效益最大化的有机结合。北京物资学院校长王旭东教授在光明日报上发表文章指出："更好地为本区域经济发展、社会进步服务是地方大学存在的价值所在，是其自身发展的动力来源，也是其获得地方政府、企业、社区各方面支持的保证。大众化教育与精英化教育的一个根本区别即高等学校与社会的联系日益密切，实施大众化教育和普及化教育，主要任务是由为数众多的地方大学来承担的，地方大学必须加强与社会的联系，增强社会服务意识。"基于这种办学的指导思想，近年来学校自上而下地开展了一系列的从教学、科研以及学生社团活动趋向于培养学生综合素质发展，提高毕业生就业竞争力的全方位、多角度、各部门联合连动完善培养目标，一切为提高教学水平和质量，培养出合格的企业所需人才。

1. 强化师资力量的专业精神与研究机构的社会服务意识

从强化丰富教师专业精神的角度，2012 年年初，学校启动"教师赴企业挂职锻炼"工作，北京物资学院党委书记李石柱指出："作为一所应用型人才培养高校，挂职锻炼是青年教师成长的重要途径，也是改进课堂教学进而提高人才培养质量的重要途径。"他将青年教师走出校门挂职锻炼归纳为四个层次，即提高自身的综合素质、把学生带进企业实习实践、与企业联合申请项目和从企业拿到科研项目。这些层次由浅到深、由低到高，挂职教师应该结合自身能力逐步开展。学校为支持和鼓励 45 岁以下青年教师进入企业挂职锻炼，保障挂职教师能学有所获和发挥专长，在挂职企业的选择上学校颇费心思，基本上为报名参与的教师"定身量制"，结合教师的挂职意向、学术专长和企业的用人需求，学校出面与企业接洽，通过企业与教师的对接双向选择最终确定。为解决挂职教师的"后顾之忧"，该校还为教师挂职出台了周密的保障措施，例如，在挂职期间，生活方面给予额外补助，教学工作量酌情减免，以及挂职教师在职称评定、晋职方面优先考虑，跟踪解决挂职中出现的问题等，并定期召开汇报会与师生交流挂职体验。

目前，京津冀协同发展已经上升为国家战略，为推动国家重大战略实施，北京物资学院举办了"第九届中国北京流通现代化论坛暨京津冀物流协同发展高峰会议"，以此推动社会各界探讨与交流京津冀协同发展过程中物流一体化的理论与实践问题，为政府决策和行业发展提供指导与参考。北京物资学院的专家教授们纷纷建议设立区域性的物流企业集团，如京津冀航空集团、京津冀港务集团、京津冀地铁集团等，推进京津冀内外贸一体化的港口物流体系、航空物流体系建设，建设多种运输方式相互协作的多式联运系统，建设布局合理的物流通道和陆运口岸、货运场站等物流节点系统，推进京津冀物流一体化信息系统建设。另外，早在几年前北京物资学院中关村现代物流产业技术研究院已初步建立，搭建起校内资源转化升级平台、物流产业链融合平台和高校教育改革试验平台，实现了对外开放、服务社会的功能。期间，中关村科技园管委会和 70 多家中关村企业负责人纷纷到北京物资学院调研和实地考察，就相关合作问题进行了交流，现在已有"中关村电子商务与现代物流产业联盟"揭牌成立，该联盟由在电子商务与物流产业链上下游具有优势的企业和科研机构共同发起成立，联盟集聚了中关村的一批优势企业，包括京东商城、当当网、凡客诚品、拉卡拉、普天物流、慧聪网、联想、联想神州数码等 33 家会员企业。今后将共享资源，共同攻关技术，全面提升北京市电子商务与现代物流业的服务水平。该联盟的成立表明了物流类专业性较强的大学服务社会的责任感与价值所在，同时也为发挥教师的专业特长和建立大学生课程实践基地搭建了广阔的平台。

2. 构建基于校企合作的物流专业学生素质拓展课程与实践基地建设

物流管理是一个复合性专业，是一个操作性非常强的专业，对于物流管理专业的核心专业课的教学来说，职业技能的培养和职业态度的养成比理论知识的学习更加重要。因此，教学内容要更多地关注应用性的知识和实际操作技能。

目前国内教育界所提倡的创新型人才的培养涉及大学生的专业素质、职业素质和创新素质。针对目前物流行业的现状，用人单位普遍青睐那些综合能力强的求职者。为了增强物流专业学生的就业竞争力，我们可通过素质拓展课程，如人文素质、科学技术、艺术选修课等显性课程，以及名人讲坛、校企论坛、职场化实训、创业方案设计等培养学生职业素质、社会交际能力的隐性课程，强化以职业素质训导为核心，提高物流专业学生的思想道德素质、身心素质、职业素质、人文素质和基本能力（信息处理、自学、语言文字表达、合作协调、英语应用、创新创业能力等）。

物流专业实践性强的特点决定了高校在物流教育中要重视实践教学，校企合作教学模式下，实践基地的建设和有效利用是保障高校实践教学效果的关键。高校在选择合作企业时，应以组织结构健全程度、管理体系有效性、经济效益稳定性为参考标准，以实现校企合作关系的长期良性运转。物流实践基地的稳定性、专业性和技术设备先进性，能为该类专业的学生提供良好的实践平台，让学生从职场化的实践教学中受益，从而激发学生的创新潜力，强化学生的动手操作能力。此外，高校可以发挥自身人才培养优势，为合作企业提供咨询服务，合作企业也会在为高校物流专业学生提供实践机会的同时为合作企业提供物流人才储备，使学校、企业和学生共同受益。

为了开展"实践教学"，2001 年物流学院院长邬跃教授负责筹建了国内第一个"物流系统与技术实验室"，为学生学习和教师科研服务。在他的牵头下，逐渐形成一套规范而系统的物流实验室建设模式和实验教学体系。如今，已是"国家级创新人才培养模式试验区"的实验室成为了物流专业教育的知名品牌，在国内物流实践教学领域起到了显著示范作用。

日前，北京物资学院还举行了隆重的聘任仪式，聘请中关村 6 位企业家担任名誉院长和兼职研究生导师，以培养学生的实际应用能力和创新能力。该校将与中关村企业采取"一来二去"的合作模式，"一来"即把企业家引进学校来，"二去"即老师去企业学习，学生去企业锻炼。此合作模式在加强校企合作的同时，也为学生的实践、实习和创新能力培养搭建良好的平台。

物流专业目前与中都物流有限公司建立了合作关系，大三的学生定期要去中都物流实践基地学习、交流。浏览物流学院的网页，您就会看到大量的"中都杯"物流文化节的专题新闻，校企合作的办学模式氛围已经像空气般渗透到日常的学校教育教学活动中，很多高年级的大学生已经通过各种实践活动、学术讲座、模拟课程训练拉近了与企业的距离，使学生们进一步了解了企业文化，更让他们明确了自己的职业与人生规划。总之，学校在师资培训、课程设置、实践基地建设、校企合作平台搭建等所做的一切改革与尝试，都是在向把大学毕业生评价为"半成品"的现象说再见。

3. 建立基于校企合作的物流人才自主学习平台

高校通过校企合作办学，根据社会需求设计明确的物流管理岗位以及构建其应用技能，开发出基于物流业务流程的网络课程教学，建立开放的物流相关课程选课平台，为物流专业的学生和合作企业的员工提供更便捷的学习途径和更丰富的自主学习的资源。其中，物流专业课程的设置，要以增强物流专业学生就业竞争力以及职业发展为目标，充分体现相关岗位胜任力的要求，在课程设置上，教学内容要以"实用性、实践性"为特色，以"实用性"为目的，将执业资格标准和校内课程设置相结合，兼顾他们现在就业和将来职业发展，课程应具备执业提升的职业素质、职业技能及理论知识，增强学生以及合作企业员工的职业发展的潜力。

（作者单位：北京物资学院劳动科学与法律学院）

参 考 文 献

[1] 中国物流与采购联合会.中国物流发展报告（2009—2010）[M].北京：中国物资出版社，2010.

[2] 梅园.我国物流管理现状及对策分析 [J].中国市场，2011（32）.

[3] 王旭东.社会服务地方高校的边界在哪里？[N].光明日报，2013-09-18（14）.

[4] 苟建华.校企合作共建高职物流实践技能课程的探讨 [J].职业教育研究，2008（3）：64-65.

[5] 许恒勤，马成林，赵亚慧.新时代物流专业学生实践能力培养 [J].森林工程，2012，28（2）：94-96.

[6] 张大成.走校企合作之略，开展物流专业人才培养模式研究 [J].经济师，2011（3）：136-137.

[7] Sarana Mandip. Key logistics education requirements in industry [J]. Logistics &Transport Focus，2006，8（3）：30-31.

[8] 顾全根.基于校企合作的物流专业人才培养模式创新实践 [J].物流技术，2012，31（12）：463-465.

[9] 姚建明.我国物流人才培养的关键问题分析及解决途径——建立区域联合培养实践基地的战略思考 [J].当代经济管理，2011（8）：68-73.